高等院校"十四五"应用型经管专业精品教材
省级一流课程广告学配套教材

# 市场营销
# 案例分析教程

主　编　李晓亮　赵　成　王　勇
副主编　黄志红　龚荷英　陈　华

东南大学出版社
SOUTHEAST UNIVERSITY PRESS
·南京·

## 内 容 提 要

本书以《市场营销学》经典教材框架及内容为参照,立足于应用型人才培养,编写中突出案例选材的典型性、时代性和全面性以及问题设计的针对性、专业性和层次性,同时结合案例的内容特点,适当融入课程思政相关元素,通过讨论等教学形式实现"立德树人"的人才培养目标。本书按照"学习目标—知识要点—案例介绍—思考讨论"的体例展开编写,强化目标导向和案例讨论,旨在有效加强学生对理论知识的掌握与巩固,提升理论与实践结合的能力。

全书分为十六章,对营销理论、营销策略及营销管理进行了全面系统的分析。其中第一章至第三章主要分析了营销与营销学、营销观念、企业战略规划等基本理论;第四章至第七章主要分析了营销环境、消费者市场、组织市场及其购买行为、市场营销调研与预测等营销活动基础;第八、九章主要分析了目标市场营销、市场竞争等营销战略;第十章至第十四章主要分析了企业产品、品牌、定价、分销、促销等营销策略;第十五、十六章则主要分析了企业的营销管理过程及数字化营销发展趋势。

本书可作为应用型本科院校市场营销专业的学习配套教材,或者高职高专院校、成人高校市场营销专业的学习教材,也可作为相关管理专业学生的选修、自学教材,或者作为企业营销人员的培训或拓展阅读教材。

### 图书在版编目(CIP)数据

市场营销案例分析教程 / 李晓亮,赵成,王勇主编
. — 南京:东南大学出版社,2023.9(2025.1 重印)
ISBN 978-7-5766-0793-2

Ⅰ.①市… Ⅱ.①李… ②赵… ③王… Ⅲ.①市场营销—案例—教材 Ⅳ.①F713.50

中国国家版本馆 CIP 数据核字(2023)第 118111 号

责任编辑:陈 佳　责任校对:子雪莲　封面设计:顾晓阳　责任印制:周荣虎

**市场营销案例分析教程**
Shichang Yingxiao Anli Fenxi Jiaocheng

| 主　　编 | 李晓亮　赵　成　王　勇 |
|---|---|
| 出版发行 | 东南大学出版社 |
| 社　　址 | 南京市四牌楼2号　邮编:210096 |
| 出 版 人 | 白云飞 |
| 网　　址 | http://www.seupress.com |
| 电子邮箱 | press@seupress.com |
| 经　　销 | 全国各地新华书店 |
| 印　　刷 | 广东虎彩云印刷有限公司 |
| 开　　本 | 787 mm×1092 mm　1/16 |
| 印　　张 | 13 |
| 字　　数 | 310 千字 |
| 版 印 次 | 2025 年 1 月第 1 版第 4 次印刷 |
| 书　　号 | ISBN 978-7-5766-0793-2 |
| 定　　价 | 48.00 元 |

本社图书若有印装质量问题,请直接与营销部联系,电话:025-83791830。

# 序 言

随着我国经济发展进入由高速增长转向高质量增长的新阶段,社会对应用型人才和技能型人才的需求越来越旺盛,培养大批满足高质量发展需要的应用型和技能型人才成为当下经济发展新阶段的重要任务。市场营销专业是一门实践性很强的专业,对学生的动手操作能力有较高的要求。然而在实际工作中,很多市场营销专业的毕业生却常常遇到不胜任岗位的尴尬,企业对此也十分苦恼。究其原因,很重要的一点就是学生在学校学习期间缺少系统深入的实务训练,不能把专业知识和具体实际有效结合。案例教学是管理类专业中常用的实践教学方式,能有效帮助学生建立理论与实际的联系,提升学生运用理论知识发现问题、分析问题和解决问题的能力,使其能更好地胜任日后的营销岗位工作需求。

本书秉承市场营销学经典教材的理论体系,在框架上分为市场营销与市场营销学、市场营销观念、企业战略与规划、市场营销环境、消费者市场及购买行为、组织市场及购买行为、市场营销调研与需求预测、目标市场营销战略、市场竞争战略、产品策略、品牌策略、定价策略、分销策略、促销策略、市场营销管理、数字化营销等十六个章节,这些内容涵盖了营销理论、营销战略与策略、营销管理、营销发展等多个模块,内容覆盖较为全面。同时,为便于理论知识的掌握及案例分析效果的提升,本教材在编写中特别突出了以下几点:

1. 在体例安排上,本书遵循目标导向—重要理论铺垫—案例介绍—思考讨论的逻辑思路。首先让学生明确学习目标,然后充分了解案例分析所需运用的重要理论知识,之后阅读案例详情,最后用相关理论知识分析解决具体问题。

2. 在案例选用上,本书坚持典型性、时代性和全面性标准。案例是理论和实践之间的纽带,是学生实务训练和能力提升的基础。因此,本书在案例选择上坚持案例的典型性、时代性与全面性相结合。书中所选案例大部分是近三年的营销动态,素材新颖,具备较好的时代性。另外,案例中涉及的企业基本都是业内的知名企业,分析的问题也是营销中的典型问题,学生普遍有一定的前期了解,并且资料查阅也比较方便,分析时更容易拓展和发散。同时,案例类型及所涉及的内容比较全面,案例类型既有营销得当的成功案例,也有营销不当的失败案例。案例分析所涉及的内容基本覆盖全书重要知识点。

3. 在问题设计上,本书突出针对性、专业性、层次性以及思政性。问题紧密贴合学习目标和理论内容,避免空泛而不着边际。同时,不同问题之间体现一定的层次性,有相对简单的问题,也有需要归纳、提炼与总结的问题,还有学生需要提前查阅资料进行深入了解才能正确回答的问题;既有个人思考,也有共同讨论;既有学生的当场回答,也有小组讨论后的汇报,做到由浅入深和形式多样。另外,本书对案例教材的思政育人进行了一些初步探索,根据案例内容设计了一些融合思政元素的讨论题,通过教师的循循诱导和学生的深入讨论,引导学生思考、领悟和内化。比如社会营销观念中的社会责任、企业竞争战略中的进取精神、目标市场营销中的定位意识、分销渠道管理中的互利合作理念、产品开发中的创新精神、品牌策略中的文化自信等等,在案例分析中都有涉及和体现。

本书由李晓亮、赵成、王勇任主编,黄志红、龚荷英、陈华任副主编。在具体分工上,教材的体例及框架由李晓亮、赵成共同确定,第一——四章由李晓亮负责编写,第五—七章由赵成负责编写,第八—十章由王勇负责编写,第十一、十二章由黄志红负责编写,第十三、十四章由龚荷英负责编写,第十五、十六章由陈华负责编写。全书由李晓亮、赵成负责统稿及修改定稿。在教材编写过程中,阅读了不少相关著作、报纸、网络资料,参考了众多专家、学者的研究成果,成书过程中也得到了东南大学出版社相关编辑老师的大力支持与热情帮助,在此谨向各位表示最诚挚的感谢。同时特别感谢上海热风时尚企业发展有限公司刘理文先生为本书提供的企业案例。

由于时间、条件、水平等的限制,书中难免存在疏漏和不妥之处,恳请各位读者批评指正,以便今后再版时充实完善。

编　　者

2023 年 4 月于长沙

# 目 录

## 第一章 市场营销与市场营销学
一、知识要点 …………………… 003
二、案例分析 …………………… 003
　案例1　山姆用付费会员制满足会员顾客的差异化需求 …………… 003
　案例2　云南白药牙膏的营销策略 …… 011

## 第二章 市场营销观念
一、知识要点 …………………… 017
二、案例分析 …………………… 018
　案例1　五菱宏光MINI EV的营销观念 …………………………… 018
　案例2　康师傅的绿色营销 …… 020

## 第三章 企业战略与规划
一、知识要点 …………………… 027
二、案例分析 …………………… 028
　案例1　长城汽车2025年战略 … 028
　案例2　小米公司多元化战略 … 032
　案例3　美的集团多元化战略 … 034

## 第四章 市场营销环境
一、知识要点 …………………… 041
二、案例分析 …………………… 041
　案例1　比亚迪停产燃油车 …… 041
　案例2　香飘飘的没落与危机 … 045

## 第五章 消费者市场及购买行为
一、知识要点 …………………… 051
二、案例分析 …………………… 051
　案例1　新时代的汽车消费特点及变化趋势 …………………… 051

案例2　中国"Z世代"的美妆消费特点及趋势 ·········································· 058

**第六章　组织市场及购买行为**

　　一、知识要点 ············································································································ 067
　　二、案例分析 ············································································································ 067
　　　案例1　宁德时代与特斯拉的强强联手 ············································· 067
　　　案例2　苏宁易购与海尔的战略合作 ··················································· 070

**第七章　市场营销调研与需求预测**

　　一、知识要点 ············································································································ 075
　　二、案例分析 ············································································································ 077
　　　案例1　王老吉的品牌定位调查 ··························································· 077
　　　案例2　麦当劳的选址及商圈调查 ······················································· 080
　　　案例3　宝洁"润妍"洗发水的推出调查 ··········································· 083

**第八章　目标市场营销战略**

　　一、知识要点 ············································································································ 089
　　二、案例分析 ············································································································ 090
　　　案例1　完美日记的目标营销 ······························································· 090
　　　案例2　海澜之家的市场定位 ······························································· 093

**第九章　市场竞争战略**

　　一、知识要点 ············································································································ 099
　　二、案例分析 ············································································································ 100
　　　案例1　格兰仕的竞争战略 ··································································· 100
　　　案例2　茶颜悦色的差异化营销 ··························································· 102

**第十章　产品策略**

　　一、知识要点 ············································································································ 107
　　二、案例分析 ············································································································ 108
　　　案例1　戴森的精益产品研发 ······························································· 108
　　　案例2　格力电器的产品组合 ······························································· 112

**第十一章　品牌策略**

　　一、知识要点 ············································································································ 119
　　二、案例分析 ············································································································ 120
　　　案例1　比亚迪品牌高端化与年轻化之路 ········································· 120
　　　案例2　"三只松鼠"的品牌营销 ······················································· 122
　　　案例3　百雀羚的品牌复兴 ··································································· 127

## 第十二章　定价策略

- 一、知识要点 ······ 133
- 二、案例分析 ······ 133
  - 案例 1　春秋航空的定价策略 ······ 133
  - 案例 2　越来越贵的波司登羽绒服 ······ 135
  - 案例 3　"低价为王"的蜜雪冰城 ······ 139

## 第十三章　分销策略

- 一、知识要点 ······ 145
- 二、案例分析 ······ 145
  - 案例 1　海天味业分销渠道管理 ······ 145
  - 案例 2　格力空调的渠道改革 ······ 149

## 第十四章　促销策略

- 一、知识要点 ······ 159
- 二、案例分析 ······ 160
  - 案例 1　花西子的"线上＋线下"品牌推广 ······ 160
  - 案例 2　立马电动车国庆、中秋双节促销 ······ 163
  - 案例 3　胖东来的公共关系营造 ······ 167
  - 案例 4　一次成功的热水器推销 ······ 172

## 第十五章　市场营销管理

- 一、知识要点 ······ 177
- 二、案例分析 ······ 177
  - 案例 1　永辉超市新十年规划 ······ 177
  - 案例 2　海底捞的员工管理 ······ 180
  - 案例 3　娃哈哈的分销渠道控制 ······ 182

## 第十六章　数字化营销

- 一、知识要点 ······ 189
- 二、案例分析 ······ 189
  - 案例 1　安踏数字化营销样本 ······ 189
  - 案例 2　热风的数字化营销转型 ······ 193

**参考文献** ······ 197

# 第一章 01

# 市场营销与市场营销学

## ◎ 学习目标：

1. 掌握市场的概念及组成因素；
2. 掌握市场营销的概念及要点；
3. 了解需要、欲望、需求的概念与区别；
4. 掌握识别、激发与满足客户需求的重要意义及途径。

## ◎ 案例分析：

案例1阐述了沃尔玛山姆会员商店如何用会员制商业模式来满足顾客的差异化需求。案例详细介绍了当下中国消费环境的变化以及山姆如何精准识别并有效满足顾客的差异化需求，通过分析深化学生对识别、激发及满足需求的概念认知与途径把握。

案例2分析了云南白药牙膏在市场竞争中如何根据顾客需求制定营销策略，使其在同类产品中高居市场占有率第一。通过该案例的分析，一是让学生掌握需求的差异性，二是让学生了解企业为满足客户需求需要制定正确的营销组合策略。

## 一、知识要点

1. 市场

市场有狭义和广义之分,狭义的市场是指买卖双方进行商品交换的场所。广义的市场是指那些有特定需要或欲望,而且愿意并能够通过交换来满足这种需要或欲望的全部顾客。市场营销学所指的市场是广义的市场。市场由人口(购买者)+购买力+购买欲望构成,市场的大小取决于人口、购买力、购买欲望三个因素,它们相互制约、缺一不可。

2. 市场营销

市场营销是个人和集体通过创造产品和价值,并同别人自由交换产品和价值,来获得其所需所欲之物的一种社会和管理过程。市场营销的最终目标是满足需求和欲望。这一概念包含以下要点:(1)市场营销的基本目标是"获取、维持和增加顾客"。(2)交换是市场营销的核心。市场营销的基本业务就是为了实现交换,不断地"创造、传递和传播"卓越的顾客价值和管理顾客关系。(3)交换过程能否高效进行,取决于营销者创造的产品和价值满足顾客需求的程度,以及对交换过程管理的水平。

3. 需要、欲望和需求

(1)需要。人的需要指人们因为某种欠缺没有得到满足时的心理感觉状态。需要存在于人类自身和所处的社会环境中。市场营销者不能创造这种需要,而只能适应需要。

(2)欲望。欲望是指想得到某些基本需要的具体满足物的愿望。欲望会随着社会条件的变化而变化,市场营销者能够影响消费者的欲望。

(3)需求。需求是指人们有能力购买并且愿意购买某个具体商品的欲望。当人们具有购买能力时,欲望才能转化为需求。市场营销者要了解消费者欲望,还要了解其是否有能力购买。营销者也需要注意潜在需求,随着购买力或购买欲望的提高,潜在需求可以转变为有效需求。

4. 满足顾客需求

需求是市场营销活动的中心和出发点,企业应通过各种方式深入了解顾客需求,认真研究顾客行为和偏好,据以制定自己的营销策略。企业的一切市场营销活动都要考虑满足顾客需求,从产品开发、渠道选择、促销推广到售后服务等所有方面都要紧紧围绕顾客需求,以顾客为中心开展,通过满足顾客需求来实现企业营销目标。

## 二、案例分析

### 案例1 山姆用付费会员制满足会员顾客的差异化需求

◇ 案例介绍

山姆会员商店是世界500强企业沃尔玛旗下的高端会员制商店。2019年时,山姆在全球开设了800多家门店,其中深圳福田门店更是连续11年蝉联沃尔玛全球销售冠军。截至2023年8月,山姆在中国22个城市运营37个门店,中国付费会员数量超过400万,通过电商平台覆盖全国绝大部分地区。

伴随着2009年以来电商的迅速发展,传统超市的核心地位开始受到各种挑战。一方面,越来越多的年轻人开始选择网上购物。另一方面,随着消费升级与中产阶级的崛起,越来越多的城市新中产阶级追求更好的品质生活,"高品质"成为这类人群购物时的首要考量因素。

在中国,第一家山姆会员商店于1996年8月12日落户深圳,在深耕中国的20多年里,山姆通过付费会员制的方式,用差异化的商品和服务将最优质的潜在客群抓在手里,同时,大力发展电商业务,为今后的发展奠定了扎实的基础。目前,山姆会员商店开始收获回报。2017—2019年,山姆的发展提速。另一方面,山姆结合中国电商发展所出现的到家趋势,开发出自己的云仓(前置仓)业态,用更灵活的方式接近那些需要它的消费者。

1. 会员培育

衡量一个基于会员的商业模式是否成功,其会员的留存和沉淀能力十分重要。山姆会员商店深耕中国20余年,在中国市场已经积累了超过400万的会员,其中不乏陪伴山姆发展10年甚至20多年的老会员。

这些敢于第一批吃螃蟹的老会员,是无比宝贵的财富。不过,把时间倒回到20多年以前,对于初入中国的山姆而言,要想说服中国消费者理解并接受会员制度,并非易事。

1996年,山姆在深圳的全国第一家门店开业时,慕名而来的中国消费者们最大的疑惑是,"为什么要付钱成为山姆的会员,才能够有资格进场购买商品?"彼时,消费者对于会员制的认知,还停留在办卡储值上,"会员费可以用来消费吗?"亦是他们关注的焦点。

"山姆是非常勇敢的,我们是中国第一家会员制零售品牌,在国内开创了这个业态,也培育了会员制的市场。"在山姆会员商店中国业务总裁文安德(Andrew Miles)看来,任何一个模式都有一个用户教育的过程。

事实上,20世纪90年代中期的中国市场,已从计划经济体制转型到社会主义市场经济,随着市场经济的活力逐步被释放出来,"让一部分人先富裕起来"正在变为现实,中国的消费市场正在迎来一个崭新的发展时期。而山姆全国第一家门店所在的深圳,正是市场经济发展较为活跃、消费水平较高、对新鲜模式和理解接纳程度更高的城市。

一个毫不夸张的数据是,早在1996年山姆刚进入中国时,当全国大部分城市的人均月收入还在百元到千元之间时,山姆会员就愿意花百余元仅仅是为了获得一个"购物资格",足可见山姆会员的高消费能力。

山姆看到了中高端收入家庭的消费需求和潜力,它要做的就是,牢牢抓住这些日益发展壮大的消费群体。"山姆致力于服务中高端收入家庭,以'会员第一'为出发点,提供差异化的商品、独特的购物体验服务以及独家会员权益。"文安德表示。

不同于普通零售卖场,山姆所代表的付费会员制是通过双向选择的方式,精准地定位了目标人群:中高端收入家庭,而非所有消费者。理想中的山姆会员是充满希望、抱负的中高收入的人群,他们更看重的是品质,而不是价格。在文安德看来,如果会员的需求参差不齐,在采购时就很难同时满足所有会员,这将不利于山姆整体经营发展。

而在获取和积累核心用户这件事上,山姆从不心急。与市面上一些号称会员制企业获客方式有所不同,山姆的绝大部分会员是通过朋友之间的口碑相传而来。一般而言,山姆只会在门店开业时进行会员推广,开业之后,门店新增会员大部分是老带新而来的。这在一定程度上也避免了地推容易产生的会员层级分散以及不精准等问题。

"我们观察到市场上很多企业有点浮躁,大家都想融资,说招了多少会员,但都是靠去扫码街扫回来的,对我们来讲也没有太多价值。市场上很多企业,把会员制当成一个噱头,用于宣传企业可持续盈利。所以突然间大家都开始做会员制。但是会员制的企业原则性要求非常高,是不可能一蹴而就的,有非常多基于商业本质的考量和取舍,不是弄个付费会员突然间就变成会员制企业了。"在谈到山姆如何获客时,山姆会员商店市场部高级副总裁陈志宇如是表示。

与会员数量相比,山姆更关注会员的复购率和续卡率。比如,当山姆发现有些消费者在办理会员卡之后很少去山姆购物,山姆的工作人员甚至会主动打电话给这些会员,询问是否要把会员卡给退掉。也就是说,当会员不认可或者不喜爱山姆这个品牌时,它宁愿放弃这部分会员的会员费。"我们并不是希望收了钱就结束了。"陈志宇强调,山姆非常关注续卡率,并不希望大家觉得山姆是一个卖卡的企业。相反,山姆认为能够提供独特价值,才是会员认可山姆的基础。

(1) 精选商品

作为精准定位于中高收入家庭的付费会员制商店,山姆并不是要用琳琅满目的商品让会员无从下手。作为第一家把会员仓储销售带入中国市场的零售企业,山姆深知自己的使命:帮助会员减少焦虑感,让他们享受生活。

精选是一切关于商品理念的核心。山姆的目标会员是"80后""90后"的年轻妈妈,她们大多受过良好的教育,承担着来自家庭和社会的期许。山姆通过为会员精选商品,让年轻妈妈们不需要掌握太多关于商品的知识,就可以放心选购,从而在帮助她们减轻生活焦虑的同时,也降低了她们做选择的时间成本。

"不是说 SKU(存货单位)多了就好。其实 SKU 多,效率就会降低,成本自然就会上升。"陈志宇表示,随着山姆门店数量的增加,更要注意控制 SKU,才可以把量做得最大,把最好的品质和最低的价格给到会员。

值得注意的是,虽然山姆的消费者收入水平普遍较高,但是这并不意味着他们购物时"只买贵的"。相反,山姆某种程度上是要让会员感觉到,缴纳会籍费后,山姆会持续提供"会员价值"——或许是独家销售的商品,或许同品质商品山姆更有价格优势,也可能是更节省时间的购物方式。永远不要占会员的便宜,而是让会员感觉占了便宜。

尽管山姆的 SKU 数量不多,但每种商品都必须满足优质优价的原则。首先,这需要依托强大的全球采购资源和供应链优势。在山姆,除了来自深圳总部的近两百人的采购团队,还有遍布全球的采购团队,共同为会员开发挑选来自国内外的优质商品,再加上山姆巨大的单品采购量带来的强议价能力,因此,山姆会员在购物时既可以放心"闭眼买都不会出错",也无需费尽心思多方比价,这也为会员降低了购物的时间成本。

除了通过高品质商品帮助会员提高生活质量,山姆还积极推动行业标准提升,以及倡导更为现代的家庭生活方式。

例如,对于运输、暂养要求极高的海鲜品类,山姆会员店采取了深海捕捞后快速加工冷冻,再运回国内售卖的方式,既保证了食材的安全,又尽最大努力避免其最好的营养价值遭受破坏。同样,对于草莓这样看似普通的商品,山姆也有着严格的食品安全要求:草莓是不能深度清洗的商品,容易长虫,很多种植商会使用农药。山姆优选的草莓品种,每一颗都经过90余项农残检测和严苛的品控流程。"'80后''90后'妈妈们在山姆可以放心选购,缓解了对于技能和时间上的焦虑感。"陈志宇表示。

即使是对普通如鸡蛋这样的生活必需品,山姆也有着远高于行业标准的要求。据介绍,山姆的明星商品之一Member's Mark(沃尔玛集团下品牌)鲜鸡蛋优选自德国鸡种,采用天然原粮以及智能蛋壳清洁工序,每个鸡蛋都可追溯到饲养的具体情况,山姆是业界首个实现"12天货架期"的品牌,可以保证鸡蛋的新鲜和安全。

在开发商品时,山姆还极其注重原产地问题。以Member's Mark每日坚果为例,一般消费者认为美国开心果品质较好。但部分企业看到伊朗的开心果最便宜,就会去伊朗采购。甚至会有一些无良的商家会把伊朗的开心果跟美国的开心果混到一起,但对消费者宣称是美国的开心果。"山姆的立场是先做品质,后保证价格的竞争优势,而许多其他纯电商平台的做法是先把价格做低,从而吸引客流,但缺乏对品质的保证。山姆的优势是依托沃尔玛的全球体系,我们知道品质最好的商品来源于哪里。第二,沃尔玛是全球最大的零售企业,所以我们有很高的议价能力。"陈志宇说道。

不仅货源正宗,为了方便消费者,山姆设计了一盒有30个独立包装的每日坚果,以及装有8个独立包装的新疆和田红枣,方便会员外带食用。

为了保证商品质量,山姆执行严苛的采购标准,严格把控食品供应链的安全。如果供应商和货品无法达到要求,山姆宁愿退货或退款,也不会把这些不达标的货品进到仓库里。

优质不只是指商品质量,还指必须站在会员的消费场景里,真正思考体验方面的改进空间。

事实上,冷鲜肉对切割过程要求极高,一旦薄厚不均匀,就容易造成烹饪时间不均等问题,从而影响口感。作为山姆的明星商品,澳大利亚牛肉深受会员追捧,约80%从澳大利亚出口到中国的100天谷饲冷鲜牛肉都供给了山姆。为了保证会员在家烹饪的口感仍和在门店试吃时一样,山姆还引进了专门的切割机,将牛肉进行了更加细分的切割,方便会员在家进行烹饪。

对于许多外资零售商而言,商品如何本地化是一个痛点,从进入中国市场起,山姆就决定入乡随俗,不仅精选满足会员需求的商品,而且开发出了极具本地特色的自有品牌。目前,在山姆的销售占比中,自有品牌占到了25%左右,涵盖多个品类,其中比如粽子、月饼等特色食品,以及小秋耳、红枣、枸杞等南北干货成了自有品牌的明星商品。以Member's

Mark 粽子为例,山姆以当季江南糯米、莫干山无污染粽叶为原料,此外,通过搜集会员意见,山姆改良了粽子这种传统食品的配方和制作工艺,大幅降低猪油含量,在保证口感的同时,让会员可以享用更健康、安全和高品质的粽子。

"商品结构以及消费者的需求一直在变,我们会随着会员的需求进行调整。"陈志宇说道。找到并开发出满足会员需求的商品,是山姆选品策略的核心。

同时,山姆每年都会淘汰30%～40%的商品。据山姆介绍,淘汰商品的基本依据是看商品的渗透率和复购率情况。但不是渗透率和复购率低的商品就一定要被淘汰。例如,如果一款商品的复购率高,但渗透率不高,这说明该款商品对会员的宣传和普及力度不够,需要通过会员系统进行关联,触达更多的会员。反之,如果一款商品复购率低,但渗透率高,就需要去研究是包装问题还是口味的问题等。

(2) 提供独特的购物体验

对于首次来到山姆的人来说,山姆的门店风格多少会令他们有些意外。伴随着近年来新零售概念的出现,很多超市的门店也越来越注重装修和设计。但是,山姆仍旧坚持自己的风格。

山姆认为,做会员制商店就意味着低成本运营。不做不必要的投资,不买华而不实的设备,这样才能把节省下来的钱投资到会员身上。所以山姆的门店没有花哨的广告招牌、装饰,会员看到的只是普通的水泥地面、简单的灯光等。即便如此,山姆却总能把挑剔精明的中高端消费群体吸引到门店购物。打造独特的购物体验,是其核心秘诀之一。

对于大部分拥有私家车的中高端家庭会员而言,当他们驱车前往离家较远的山姆门店一次性采购大批量生活用品时,停车问题就显得至关重要。山姆通常会为会员提供1 500个左右停车位。

相较于普通零售大卖场拥挤的购物环境,山姆为会员家庭打造的是一个层高9米,通道宽达3米,购物车能同时容纳两名孩童的家庭式购物空间。除了日常商品外,还能在这里找到时髦的电子产品、新款玩具和高档珠宝等让会员意想不到的新奇商品。这无疑给会员带来了更为畅快的购物体验,就像是到一个地方寻宝,总能发现一些意想不到的东西。

如果你在周末来到山姆会员商店,你会发现前来购物的会员基本是一大家子人——爷爷、奶奶、爸爸、妈妈带着小朋友。在这里,几十种商品的免费试吃,是深受小朋友和家长喜爱的体验活动。通过试吃,家长们也不用再担心购买回家的食物不被小朋友接受。

体验的实质是互动,关键在于舍得"成本"。例如在山姆会员商店,仅南美白虾一年的试吃量就达到15吨。对于山姆而言,比起推动销售,让会员了解商品,买到自己真正想要的商品,才是更重要的事。

不过,只是试吃并不能满足会员的需求。如何让会员对陌生的食材产生兴趣?如何让不懂烹饪的会员掌握更好的烹饪方法?这都成为山姆完善购物体验的重点环节。为此,山姆专门打造了专业厨师坐镇的"山姆厨房",以及在门店安排了许多工作人员现场加工产品,从而帮助会员更加方便地掌握烹饪知识和方法,让他们购买食品回家后,也能烹饪出味道可口的饭菜。

在文安德看来,不管中国经济或者商业未来怎样发展,他始终相信人们依然会有到实体店购物的需求和欲望,"因为山姆在会员生活当中扮演一个很重要的角色,我们给他们提供很有趣的像寻宝一样的购物体验"。

2. 山姆的服务升级

在改革开放 40 多年后,中国中高收入阶层的消费能力以及对于生活品质的要求有了全面的提升。

令山姆会员商店电商总监王婷至今印象深刻的例子是:2016 年,山姆曾找到国内最好的代工厂,合作开发出了一款售价 100 多元的电熨斗。但令王婷没想到的是,尽管山姆已经在供应链和会员价值上将这款商品做到了极致,但是该商品的销售情况并不乐观。

通过会员调研,王婷她们才发现,原来这款电熨斗完全不匹配会员的需求,山姆的会员希望通过商品为家庭带来生活品质的提升。"'80 后''90 后'会员,可能没有时间也没有能力像父母那样,把真丝衬衣、裤子熨烫得很好,他们需要一个功能强大、在短时间内解决问题的商品,而价格并不是他们首先关注的因素。"于是,山姆果断拿掉了该款商品,上架了价格在几千元到 2 万多元的挂式熨烫机。销售情况随即转变。

这个例子也表明,中高端收入的消费者是愿意为既能节省时间,同时又能带来更好的生活品质的家庭消费升级产品买单的。

"在消费升级的大环境下,零售业一定会往精细化和差异化方向发展。我们的会员是追求生活品质的中高端收入人群,他们希望通过山姆的商品及服务、会员独家体验充分享受高标准、差异化的生活方式。单一的会籍选择已很难满足所有会员的购物需求。"陈志宇表示。在他看来,在这样的背景下,山姆的更多价值在于,怎样给会员提供更好的服务。

(1) 推出"卓越会籍"服务

2018 年底,山姆推出了年费为 680 元的高端会籍"卓越会籍",这是山姆入华以来首次对会籍进行分级,目的是要抓住"头部"会员。通过提供多种会员权益,为他们打造更为高端和现代的家庭生活方式。

根据介绍,"卓越会籍"在现有个人会籍基础权益上,增加了积分返券、高端医疗服务、网购免邮等权益。主要针对中高端收入家庭,特别是"80 后""90 后"有孩子的家庭,此外山姆根据不同城市会员的生活及购物习惯、家庭喜好、商业环境等因素,适当调整具体卓越会籍权益。比如,针对年轻妈妈会员们,山姆与国内儿童内容领域领导品牌"凯叔讲故事"合作,推出双会籍服务,其权益涵盖了"畅听 8 000 多个凯叔精品故事""大语文内容""亲子课程""凯叔优选"等板块。

推出这一产品市场能否接受?事实上,在卓越会籍上线前,山姆就对会员进行了大量的调研和数据分析,甚至当面拜访会员,询问他们的需求。

"在山姆,经常会有四个字影响我们做决策,就是简单高效。"王婷透露说,因此,在考虑和设定会员权益时,山姆从节省时间、简单高效的角度出发,只设计了五大权益。但这五大权益其实对标了中高收入家庭的生活方式业态,通过围绕他们生活,提供满足家庭生活方式的服务。

而在线下,为了给会员带来更好的体验和服务,部分开业的山姆会员商店进行升级,增设了顾客服务体验区、现场厨房、品酒区,甚至还有高端眼镜中心、助听中心,让山姆会员可以体验高性价比高端品牌眼镜和专业验光服务,以及免费测试听力。

(2) 全渠道发展

"改变的速度是沃尔玛最大的改变。"沃尔玛中国总裁及首席执行官陈文渊曾如是评价包括山姆在内的沃尔玛在中国市场的发展变化。主动拥抱变革,在线上线下融合的全渠道发展上做了很多努力,是山姆这几年在中国市场的最大变化。

事实上,早在7年前,山姆会员店就开始了电商发展,不仅开设自营电商平台,包括山姆官网和山姆 app,还与京东达成合作,在京东旗舰店和京东全球购、京东到家上都开有店铺,全面布局。

山姆的电商每个平台分工明确,自营电商平台(山姆 app 和 samsclub.cn)是在山姆门店拣货,涵盖品类齐全,主要适合在有山姆门店的城市,让会员享受包括一小时"极速达"在内的配送服务。山姆还在京东平台开设旗舰店,扩大服务覆盖范围,特别适合没有门店的城市。这样也能帮助山姆做铺垫和测试,了解没有山姆实体店的城市的消费力,以及未来是否适合开实体店,同时加深当地消费者对山姆的了解。另外,喜爱进行海外采购的会员,可选择山姆全球购,享受海外直采的保真、高性价比商品。

2016年沃尔玛旗下山姆会员商店入驻京东商城。和线下门店一样,山姆在京东旗舰店走的是会员精选路线,只售卖全球最受欢迎的高品质商品,引入近2 000个全球精选 SKU,涵盖进口食品、家居厨卫、母婴等品类。2018年山姆入驻京东到家,提供约1 000余个高频次购买和高渗透率的商品,尤其是高品质生鲜的一小时送达需求。此外,山姆还在非自营平台设立了"非会员"体验系统,让非山姆会员的消费者依旧可购买山姆的商品。

近年来,新零售概念开始热起来,而新零售带来的一个变化是,越来越多的超市开始尝试为顾客送货上门。这一履约模式的改变,影响了一代人的消费习惯。在此背景下,2018年5月,山姆会员店宣布,开设独立于门店的"云仓"(前置仓)体系,开通基于自营电商平台的1小时"极速达"送达业务。

云仓可以视为通常意义的前置仓,200~300 m² 的面积,800~1 000个 SKU,一般选址在会员较集中的地方。精选会员高频次购买和高渗透率的商品,包括生鲜、母婴、个护、干货,以及网红爆款休闲零食类商品。基本涵盖生鲜全品类,为周边3~5 km 的用户提供1小时的"极速达"服务。

根据商品存储要求,云仓会分为几个不同温度控制的恒温库,一般由门店拣货,然后转运至各仓。而在商品配送中,山姆采用了高品质的保温箱和单独为冷冻食品提供冷冻效果可长达4小时的包装。另外,为客户使用方便还在配送中将一些商品拆分单独包装,以保证用户购买的生鲜足够新鲜。

整体来看,由于山姆会员商店和云仓之间是一盘货,所以云仓也是线下门店的补充。云仓系统与线下山姆会员店不是渠道的替换,而是互补的关系,可以为会员提供更方便、更适应自己生活方式的购物方式与消费场景。比如,会员在周末还是会与家人一起去山姆会员商店,在各种体验、交流中完成消费。

陈志宇表示,云仓最核心的目的,首先是增进与会员的交互,从而促进续费率提高。其次才是扩大山姆的服务覆盖面,以此来达到吸引会员的目的。这样看来,山姆云仓的核心目标还是服务现有会员。

此外,在山姆看来,云仓一定程度上会加速山姆拓展目标市场的速度。比如原来一个城市计划开设3~4家店,现在可以在开1~2家店后就拓展下一个城市,剩下的补充由云仓完成。"山姆进入中国市场20多年,它深耕培育的这个市场慢慢开始被大家所接受。"陈志宇说:"我们不担心流量或需求不够,而更关心如何满足需求、保证质量。山姆不图快,但必须保证服务质量。"

事实上,山姆的电商业务在过去几年都实现了三位数的增长,特别是在云仓推出之后,电商增长非常快。山姆发现,对比没有使用过电商服务的会员,使用电商服务的会员的续卡率更高。这说明会员体验到送达服务的便利之后,对山姆的黏性更大了。不过,文安德也表示,尽管线上业务发展很快,但线下门店也是不可替代的。对于山姆店的会员来说,独特的服务和体验是保持用户黏性的重要组成部分,而这些都离不开实体门店。

虽然山姆在加速布局,但是挑战依然很大。随着消费升级的进行,会员制会越来越受到零售商的青睐。而2019年8月27日山姆的老对手——全美第二大、全球第七大零售商Costco中国首店也在上海揭开了面纱。同样,这也是一家以会员制著称、主打全品类精选的连锁仓储式超市。对此,文安德表示,"竞争对于我们来说当然是非常好的,这会让我们变得更加强大,我们最不想做的事情就是放松,我们欢迎竞争,我们可以从中学习从而变得更好。山姆来到中国已经超过20年,我们背后有着坚实的国际业务团队,更重要的是我们培养了一批非常具有本土经验的中国采购团队,他们非常了解中国的会员,在掌握全球潮流的同时,他们也了解怎么能够买到更好的适合中国家庭的商品,这是我们非常独特的竞争优势"。

### ◇ 主要参考资料

[1] 佚名.山姆会员商店:一场长达23年的耐心狩猎[EB/OL].(2019-08-06)[2023-02-21]. http://www.ccfa.org.cn/portal/cn/view.jsp?lt=4&id=439193.

[2] 李睿奇.23年开店26家 山姆会员商店中国市场的"狩猎"之路[EB/OL].(2019-08-08)[2023-02-20]. http://news.winshang.com/html/066/1722.html.

[3] 佚名.山姆付费会员数超400万[EB/OL].(2021-11-22)[2023-02-20]. https://www.walmart.cn/newsroom/183.html.

### ◇ 思考与讨论

1. 结合市场构成要素分析山姆在中国推出会员制的主要原因。
2. 山姆采取了哪些措施来创造产品和价值以精准满足会员的需求?
3. 讨论山姆推出年费680元的高端会籍"卓越会籍"的市场前景。
4. 结合山姆会员店精准识别和满足会员需求的实践,讨论作为营销专业的大学生应该如何根据社会需求的变化提升个人能力以满足未来岗位需求。

## 案例2　云南白药牙膏的营销策略

◇ **案例介绍**

云南白药集团产品业务主要分为四大系列：药品及医疗器械系列（14个品牌）、原生药材及养生系列（10个品牌）、茶品系列（7个品牌）和大健康产品系列（13个品牌）。在大健康品牌中，云南白药牙膏可谓是扛鼎之作，云南白药、金口健、朗健、蕴康、益优清新等品牌都涉足了牙膏产品。

云南白药牙膏首个品牌创立于2004年，至今已累计实现销售额突破300亿元人民币，不仅是大健康事业部的支柱，也是云南白药集团最有价值的品牌产品之一。在牙膏市场，云南白药牙膏市场份额持续稳居全国第一，2020年市场占有率达到22.2%，云南白药作为传统中药企业结合了现代日化产品，专注于设备更新、技术改造，抓住国民对口腔健康的消费观念的转变契机，凭借自身行业属性以及企业自身所拥有的核心技术，树立了其在国民心中的口碑以及品牌形象。

总的来看，云南白药牙膏是云南白药集团跨界转型的一个品类，位于国内市场第一的强势地位，其主要竞争对手是同属于中草药牙膏并且有相似品牌经历的牙膏品牌，比如片仔癀牙膏等。在竞争持续激烈的当下，云南白药牙膏要继续改善营销策略，最大限度增加云南白药牙膏的市场占有率，让不使用云南白药牙膏的消费者使用云南白药牙膏，让原本就使用云南白药牙膏的消费者更加青睐云南白药牙膏。

1. 添入白药，打造跨界产品

伴随着中国经济的发展，中国人饮食习惯发生了微妙的变化，各种麻、辣、烫的食物风靡全国，上班族的工作压力也越来越大，超过九成的成年人备受口腔溃疡，牙龈肿痛、出血、萎缩等口腔问题困扰。

牙膏市场众多品牌包括外资品牌，其主要解决的是牙齿防蛀、美白和清洁的问题，功能依旧比较单一，而云南白药集团利用云南白药的独特优势打造了一款"非传统的牙膏"。在开发产品的过程中，云南白药坚持"像研发药品一样研制牙膏、像生产药品一样生产牙膏"的开发策略。

产品的价值主要由基本性能、附加成分、附加性能、附加价值等四个方面构成。首先，产品的基本性能是清洁美白牙齿、保护牙龈健康、防止口臭，这和当时市场上其他普通牙膏具备的基础功能是一致的；其次，云南白药牙膏除了基本的牙膏成分之外，还有不同于普通牙膏成分的附加成分——云南白药；再次，特殊的牙膏白药成分也使得云南白药牙膏有了区别于其他牙膏功能的特殊附加功能，这也是云南白药牙膏的杀手锏。

云南白药牙膏也在产品研发领域持续创新，其品类也正在逐步完善中。云南白药牙膏根据不同的受众分为不同品类。另外，牙膏的消费者按照性别可以分为男性和女性；按照年龄可以分为青少年、中年人、老年人；按照特殊的需求可以分为口腔有问题者、孕妇、吸烟者等。

不同的消费者在选择牙膏的时候会期待能够满足自己的需求，而作为牙膏行业的高端领跑者，自然要以尽量匹配消费者的需求为目的去生产产品。当然，从目前来看，云南白药牙膏的品类还不是特别丰富。就目前的产品策略而言，云南白药牙膏还是主要以云南白药作为主要的附加成分，云南白药的秘密配方也是云南白药牙膏最核心的秘密。

十多年来，云南白药牙膏开发了十数个品类，但是并没有颠覆产品最初的价值构成，而是在包装、添加成分上进行一定的调整，以应对消费者的特殊需求，比如为了应对吸烟者的需求而研发的朗健男士专用去烟渍牙膏。云南白药牙膏在产品方面的调整策略空间并不是很大，这也是所有牙膏企业共同面临的一个问题，因此，云南白药牙膏在开发新的品类的时候，也需遵循宁缺毋滥的原则，以免造成顾客对于产品的认知混乱，影响最终销售业绩。

2. 对标高端，实行高价策略

价格策略其实是产品策略的附属品，其运作方式需要遵循价值规律，也就是产品的价格要和产品的价值相匹配，否则很难持续。如果产品的价格一直虚高于产品的价值，那么最终将会失去消费者的信任；相反，如果价格一直以来低于产品的价值，那么最终就会给生产商带来经营上的困境。价格和价值相符合，是厂家制定价格策略的核心。当然，价格策略也受到很多其他因素的影响，比如稀缺性。云南白药牙膏是中草药牙膏的颠覆性产品，填补了相关市场的空白。因此，云南白药牙膏一开始就选择了高价策略。价格也是给企业收益带来直接影响的主要因素之一。

如果要以低于制造成本的价格强行决出胜负的话，即使销量尚佳也会给企业带来沉重的负担。比如某个企业随着市场竞争加剧，有可能为了抢占市场份额，而跟随市场强行降价，最终导致低价竞争永无止境。云南白药牙膏定位为高端牙膏品牌，且一直延续着一开始的价格策略。

相比于美白和清洁的需求，消除口腔之中多种问题，例如口腔溃疡，牙龈肿痛、出血、萎缩等，显然比美白清洁的需求急迫得多，如果刷牙就能解决这些问题的话，工作生活节奏越来越快的成年人显然更乐于接受。

云南白药牙膏产品的功能确实满足部分消费者的需求。从下表之中，我们可以看出在2019年10月至2020年9月期间，云南白药牙膏零售量占比为8.70%，但是零售额占比却高达13.90%，零售额占比远远大于零售量占比，可见，云南白药牙膏的价格策略是非常成功的。

表1 2019年10月至2020年9月一些牙膏品牌零售量与零售额占比

| 品牌 | 零售量占比/% | 零售额占比/% |
| --- | --- | --- |
| 云南白药 | 8.70 | 13.90 |
| 黑人 | 13.10 | 9.40 |
| 佳洁士 | 11.10 | 7.80 |
| 舒客 | 8.70 | 7.20 |
| 狮王 | 4.70 | 5.10 |
| 舒适达 | 2.70 | 4.70 |
| 高露洁 | 3.80 | 3.30 |
| 皓齿健 | 2.70 | 1.90 |
| 纳美 | 2.40 | 1.80 |

3. 聚焦线下，建构营销渠道

在 4P（即产品、价格、渠道、促销）营销组合中，产品策略是 4P 营销组合的核心，价格策略、渠道策略和促销策略都是产品策略的外围。在 4P 营销策略的内部，价格策略几乎是产品策略的附属，而渠道策略和促销策略具有相对的独立性。

从商家的角度来看，渠道策略和促销策略其本质上是同一的，只是面向的对象不同，渠道策略面向的对象是代理商、分销商，促销策略主要面向的对象是终端的消费者，所以二者之间有着天然的联系。

从传统的商业模式来看，营销渠道主要指的是从生产者生产产品到消费者购买产品等一系列的中间环节，也就是消费者购买产品的通道，主要包括多级的代理商、分销商。

传统上来看，每家公司都要构建自己的营销渠道，并且随着其市场范围的扩大，这个营销网络会变得越来越复杂，维护这些渠道，需要花费巨大的人力和物力。在网络还没普及的时候，公司的营销网络都是依靠单个的人去联系和建立的，沟通成本极高，互联网普及之后，渠道策略的建设有了极大的改变，互联网本身也成了一种渠道，这种变化不是一蹴而就的，而是有其历史性的。

营销渠道可分为线上渠道和线下渠道两种，在云南白药牙膏产品创立之初，其采取的主要是传统的线下渠道策略。云南白药牙膏在销售渠道上一开始总体上采取了"医药渠道树影响、日化渠道产销量"的渠道策略，云南白药牙膏利用自身的医药门店渠道和第三方日化渠道协同推进的策略，打开市场局面。

在渠道策略的实际运行过程中，销售团队发现消费者大多并不会专门去药店买牙膏，最重要的渠道还是商超，所以又采取了"集中优势资源，聚焦商超，布局全国"的多元化渠道策略。

随着时间的推移，网络逐渐走入了千家万户，各种互联网移动智能设备也成了人们的"掌上明珠"，云南白药牙膏抓住机遇，在电商网络渠道领域密集发力，获得了极大的成功。网络渠道的兴起并且壮大，最终占领了分销渠道的半边天，主要得益于几项关键因素的突破：

第一，是互联网技术的发展，4G 移动网络、宽带在全国范围内的覆盖，为网络购物创造了关键条件；第二，网络的普及，带动了移动终端智能设备迅速走进千家万户，让随时随地购物成为可能；第三，国家在基础设施建设领域取得了极大的成就，物流行业得到了高速发展。

云南白药牙膏在做大做强传统线下渠道的同时，在天猫、京东等电商平台也同步建设了电商旗舰店，积极布局线上渠道。电商渠道维护和传统线下渠道不同，传统线下渠道的维护是一对一的模式，电商渠道更重视互联网运营，面对的是需求各不相同的消费者群体。

4. 促销策略主打电视广告

促销策略是产品被消费者认可并购买的最后一环，也是最关键的一环。随着时代的发展，促销技术和促销手段也发生了非常重大的变化。

高端的产品定位和价格定位，线上线下结合、灵活高效的市场渠道策略，已经为一款现象级牙膏产品的畅销打下了坚实的基础;而传播和促销策略则是让这款产品进到消费者怀抱的推手,如果没有这个推手,最好的产品可能都会因为"酒香巷子深"而错过最佳的运营时机,最终被市场淘汰。

云南白药牙膏是2005年8月左右开始进行传播推广的,目前已经过了15年左右的时间。云南白药牙膏市场团队与外部专业营销公司合作,制定了全方位的传播推广策略,可以说是"诉求多段化、形式多样化、媒介多位化",还制定了"央视广告树品牌形象,报媒硬广软文深度说服促销量"总体战略,并且同步在终端进行促销活动,建立立体式的营销体系。这一策略集合了当下几乎所有的促销手段和促销形式,对消费者在各个方面的需求进行了有针对性的解答和说服。具体的促销策略主要包含以下四个方面:

(1) 以传统平面媒体为载体的品牌传播。云南白药牙膏创立的时代,还是平面广告媒体主导的时代,报纸、杂志等平面媒体是主要载体,云南白药牙膏在上市之初,便进行了多轮铺天盖地的媒体攻势,从多个角度发表了大量的软文,获得了巨大的成功。

(2) 以传统电视媒体为载体的品牌传播。相对于平面媒体的说服,电视媒体的说服更有立体感,因此,电视、网络等也被称作立体媒体。电视媒体可以从两个方面来分析,拍摄广告片和电视节目赞助。十多年来,云南白药牙膏制作了多条电视广告片,从个人、企业等多个角度深层影响着消费者的心理。

(3) 以终端活动策划为载体的品牌传播。在电视媒体和平面媒体的多层次多角度轮番配合之下,云南白药牙膏还以终端事件策划为契机,进行品牌宣传,在节假日、通过各大渠道策划了一系列的现场促销活动。

(4) 全媒体时代的品牌传播。以新媒体为代表的移动媒体传播代替了由纸媒主导的传统媒体。这一时期的具体的传播主要可以分为电视节目冠名、明星影视代言、新媒体视频网站的广告投放等,终端活动也包含了主题性造势活动和情感公益活动。

### ◇ 主要参考资料

[1] 佚名. 为了加大市场占有率,云南白药牙膏在营销上都做了哪些努力?[EB/OL]. (2022-11-18)[2023-03-11]. https://baijiahao.baidu.com/s?id=1749846625003895807&wfr=spider&for=pc.

[2] 佚名. 云南白药的营销密码,可模仿不可超越[EB/OL]. (2022-12-22)[2023-03-11]. https://www.sohu.com/a/510759758_151313.

### ◇ 思考与讨论

1. 云南白药牙膏是如何识别顾客需求的?

2. 云南白药牙膏是如何有效激发并满足顾客需求的?云南白药牙膏为此做出了哪些营销努力?

3. 随着牙膏市场竞争日益加剧、消费需求升级、新媒体时代到来等营销环境的变化,讨论云南白药牙膏在满足顾客需求上面临的新挑战。

# 第二章

## 02

# 市场营销观念

## ◎ 学习目标：

1. 了解市场营销观念的概念；
2. 掌握五种市场营销观念的内涵；
3. 掌握顾客满意与顾客忠诚的含义及提升途径；
4. 掌握顾客感知价值的内涵及提升方式。

## ◎ 案例分析：

案例1主要通过五菱汽车如何围绕消费者的需求开发产品以获得竞争优势的分析，探讨企业营销观念对企业营销行为的导向作用以及产生的不同效果，从而让学生掌握营销观念的内涵以及如何在营销中实践营销观念，提高顾客感知价值。

案例2分析了康师傅为实现低碳发展在营销上所作的努力，通过该案例分析进一步加深学生对营销观念的理解，掌握通过践行营销观念来提升顾客满意度与忠诚度的途径，同时引导学生树立正确的价值观，成为一名有社会责任感和勇于担当的公民。

## 一、知识要点

### （一）市场营销观念

市场营销观念是指企业在组织和谋划营销管理的过程中所依据的指导思想和行为准则，其实质是在处理企业、顾客和社会三者利益关系方面所持的态度、思想和观念。

### （二）市场营销观念的演变

1. 生产观念

生产观念就是企业的一切经营活动以生产为中心，围绕生产来安排一切业务，企业生产什么产品就销售什么产品，以产定销。在生产观念指导下，企业的中心任务是集中一切力量增加产量、降低成本，提高销售效率，而很少考虑或者没有必要去考虑是否存在不同的需求，因而谈不上开展市场调研活动。

2. 产品观念

这种经营思想认为，消费者或用户总是欢迎那些质量高、性能好、有特色、价格合理的产品，"花香蝶自来"，物美价廉的产品一定会获得良好的市场反应，顾客就会自动找上门来，因而无需花大力气开展营销活动。如果说生产观念强调的是"以量取胜"，那么产品观念则是"以质取胜"。

3. 推销观念

推销观念是生产观念的发展和延伸。其基本内容是：产品的销路是企业生存、发展的关键。如果不经过销售努力，消费者就不会大量购买本企业产品。换句话说，只要企业努力推销什么产品，消费者或用户就会更多地购买什么产品。因此企业的中心任务是把自己生产出来的产品，充分运用推销术和广告术，向买主大肆兜售，以期压倒竞争者，提高市场占有率并取得短期利润。

4. 营销观念

市场营销观念则是以买方需要为中心，即以市场、顾客为中心，市场需要什么，就生产什么和销售什么，按需生产，以销定产。在产品售出后，还要了解顾客对产品有什么意见和要求，据此改进产品的生产和经营，同时还要为顾客提供各种售后服务，力求比竞争对手更有效、更充分地满足顾客的一切需要，通过满足需要来获取顾客的信任和自己的长远利益。

5. 社会市场营销观念

社会市场营销观念是指企业的生产经营不仅要满足消费者的需要和欲望，而且要符合消费者自身和社会的长远利益，要正确处理消费者需要、消费者利益、企业利益和社会长远利益之间的关系。企业营销不能只满足消费者眼前的、一时的生理上或心理上的某种需要，还必须考虑到个人和社会的长期福利，如是否有利于消费者的身心健康，是否有利于社会的发展和进步，是否可防止资源浪费和环境污染等。

### (三) 顾客满意与顾客忠诚

顾客满意是顾客对一个产品实际感知的效果（或结果）与期望值相比较后形成的愉悦或失望的感觉状态。顾客忠诚是指顾客满意后而产生的对某一产品品牌或公司的信赖、维护和希望重复购买的一种心理倾向。顾客忠诚实际上是一种客户行为的持续性，反映顾客未来的购买行为和购买承诺。企业实现顾客忠诚的基础是顾客满意，企业的顾客满意对顾客忠诚具有一定程度的积极作用，顾客的满意程度越高，则购买行为越明显，对企业的忠诚度越高。

### (四) 顾客感知价值

顾客感知价值是顾客在感知到产品或服务的利益之后，减去其在获取产品或服务时所付出的成本，从而得出的对产品或服务效用的主观评价。提高顾客感知价值的途径包括：改进产品、服务、人员或形象利益以增加顾客价值；同时降低顾客选择的时间、体力和精神成本以及顾客货币成本。

## 二、案例分析

#### 案例1　五菱宏光 MINI EV 的营销观念

◇ **案例介绍**

"为谁造车、造什么车、走什么技术路线"，这是每个汽车品牌都应该明确的事情，而五菱的答案也很坚定——"人民需要什么，五菱就造什么"。在燃油车时代，五菱就靠着大众化的设计、亲民的价格以及皮实耐用、空间大、通过性好等特点获得了"神车"的称号。而到了新能源时代，五菱又用一辆宏光 MINI EV 延续了自己"神车"的称号，打造出了一款优秀的人民代步车。

1. 消费购车需求了解

目前国内一、二线城市普遍存在开车难、停车难的问题，而随着汽车保有量的增加，这样的问题会越来越明显。在这个时候，大部分消费者的购车目的就变得很简单，主要就是为了让自己开车更轻松，停车更方便，还可以满足自己上下班通勤。为了满足这些要求，微型纯电动车就出现了。这类车有足够的通勤续航能力，且足够灵活小巧，养车费用也相对更低。全新的宏光 MINI EV 就是符合这些用车需求的典型的微型纯电动车，具有实实在在的产品力。

2. 产品设计与开发

外观设计上，宏光 MINI EV 整车主要以平直线条为主，官方称之为"切边几何"的设计手法。这样设计最大的好处就是让车内空间最大化。宏光 MINI EV 没有花哨的设计语言，都是以简单为主，封闭式前格栅内部黑色装饰，和下部设计很搭配。侧面的后视镜还黑化处理了，类似于悬浮式车顶的设计，可谓点睛之笔，而且后排的三角窗是同级车中最大的，因而后排采光会更好一些,坐得更舒服。所以别看宏光 MINI EV 尺寸不大,但设计大有文章。

坐进车内,五菱宏光 MINI EV 主要以实用为主,还凸显一定科技感。比如它取消了传统中控屏幕,保留了一些物理按键和旋钮,方便调节音量和空调,空调的制冷效果与旋钮的质感较佳,还带有一个 USB 接口,方便乘客给手机充电。至于车内的液晶仪表盘,能显示相当丰富的功能,像电池电量、瞬间速度、挡位等都能一一显示。

得益于巧妙的设计,五菱宏光 MINI EV 虽然属于微型纯电动车,但是车内的空间表现很出色,全系车型的座椅均为 4 个。在实际体验中,身高 176 cm 个子的人坐在前后排可以找到舒适的坐姿,虽然头部空间没有剩下多少,但足以应付日常坐人需求。还有就是后排座椅支持整体放倒,放倒后后备箱最大空间为 741 L,像朗逸、卡罗拉这样的家轿后备箱的空间也就是这个水平,可见宏光 MINI EV 的装载能力相当出色。

动力方面,五菱宏光 MINI EV 搭载最大功率 20kW(27Ps)的驱动电机,开它的感觉就是轻快灵活,丝毫没有驾驶难度,就算是驾驶技术一般的新手司机也可以很快上手。在续航方面,宏光 MINI EV 提供 13.82 kWh 和 9.2 kWh 两种容量版本的三元锂离子电池组,其中 NEDC 续航可达 120 km/170 km,足够日常代步使用了。按一天 20~30 km 算,一周一充足矣。

不少人称宏光 MINI EV 为"大玩具",诚然,无论是价格、尺寸、还是外观造型,它都跟我们印象中的"车"有点不一样,而五菱之所以创新性地打造这类产品,正如前面所说,是出于"人民的需要",也是时代所需。

有数据表明,中国 80% 用户日均行驶里程不超过 30 km,主要用途为上下班通勤、接送孩子上学,时速不超过 30 km/h;同时中国 70% 以上的路况为四级公路,设计时速不高于 40 km/h。另外,我们也能发现,随着汽车保有量的迅速增加,城市公共资源变得越来越紧凑,车位不足带来的停车难、充电难问题日渐显现。

为此,五菱新能源汽车有限公司认为一个资源利用率最优的产品,需要在道路资源的占用上非常经济、停车面积非常小、能耗特别低,同时可以覆盖用户绝大多数出行场景,而这正是代步车的优势所在,既能满足消费者的多样化需求,也能满足新时代汽车市场的多元化发展。

五菱新能源公司通过研发代步车的电池降低用户购车成本、标配了充电桩,在家里 220 V、10 A 解决充电难题,以及续航 100~150 km 覆盖日常人民代步的需求,五菱新能源陆续推出 E100、E200 和宏光 MINIEV 等车型,受到市场广泛认可。

3. 销售效果

懂"人民"的五菱自然备受瞩目,都说"人民群众的眼睛是雪亮的",而"为人民造的"宏光 MINI EV 到底好不好,自然也需要由人民群众来评判。从 2017 年成立到 2022 年,五菱新能源仅用 5 年就成了全球最快达成 100 万销量的新能源品牌,其中,宏光 MINI EV 自上市至今,销量已经突破 90 万辆,连续 25 个月蝉联中国品牌新能源纯电轿车市场销量冠军。据 2020 年 12 月 24 日发布的《中国小型纯电动乘用车出行大数据报告》显示,2020 年,在小型纯电动乘用车市场中,五菱新能源代步车的市场占有率高达 51%。

亮眼的销量表现足以说明人民群众对于五菱新能源以及五菱新能源"人民代步车"身份的高度认可,而宏光 MINI EV 的大火也让 GSEV(五菱全球小型电动汽车架构)成为销量最高、最快实现百万销量,用户满意率最高,车型保值率最高的新能源代步车架构。

2020 年,在小型纯电动乘用车市场中,五菱宏光 MINI EV 虽然没有超强的动力性能,没有超大的空间,没有奔驰 S 级的 NVH(反映车辆噪声及震动等的一个指标)表现,但它能够满足消费者最真实的需求,停车简单、灵活好开、养车费用低,可以胜任生活的各种场景。关键是 2.88 万的起步价实在太亲民,让消费者觉得买它没压力,很划算。所以说,宏光 MINI EV 注定会受市场欢迎,"人民的五菱"这一次又给国产车争光了。

### ◇ 主要参考资料

[1] 佚名.五菱:人民需要什么五菱就生产什么:人民的宏光 MINI[EB/OL].(2020-08-16)[2023-03-12].https://www.sohu.com/a/413465500_99961543.

[2] 佚名.宏光 MINI EV 九大标准,诠释何为"人民代步车"[EB/OL].(2022-11-07)[2023-03-12].https://new.qq.com/rain/a/20221107A068VO00.

### ◇ 思考与讨论

1. 五菱 MINI EV 的推出反映出五菱汽车何种营销观念?请说明理由。
2. 五菱 MINI EV 是通过哪些营销措施来提升顾客感知价值的?
3. 五菱 MINI EV 应从哪些方面进一步提升顾客满意?
4. 讨论五菱 MINI EV 未来发展面临的挑战及应采取的营销措施。

## 案例 2　康师傅的绿色营销

### ◇ 案例介绍

2022 年 12 月 24 日,在由人民日报社指导、人民网主办的 2022 年度人民企业社会责任高峰论坛上发布了人民企业社会责任奖获奖名单。其中,康师傅控股有限公司凭借无标签产品、碳中和茶饮料以及茶饮料碳足迹/碳中和团体标准胜出,与其他 19 家国内各行业的领军企业一同荣获绿色发展奖,在全球"双碳"目标加速落地与国内低碳经济飞速发展的今天,康师傅的获奖无疑具有重要意义。本次能够荣获第十七届人民企业社会责任奖绿色发展奖,源于康师傅提报的多项国内首个创新产品及解决方案。其中,无标签产品、碳中和茶饮料和茶饮料碳足迹/碳中和团体标准,在国内均属首创。

1. 推出无标签产品

作为食品饮料消费领域最主要的包装形式之一,PET(聚对苯二甲酸乙二酯纤维)瓶的可回收绿色设计、循环回收利用向来受到极大关注。康师傅于 2022 年 3 月 3 日在减碳环保可持续发展论坛上发布无标签产品,包括无糖版冰红茶和柠檬口味冰红茶均采用无标签 PET 瓶包装。这是我国食品饮料行业内首家推出的无标签饮料产品,为行业探索饮品可持续发展提供了新思路,拓展了新空间。不仅如此,康师傅饮品事业部和百事饮品事业部还开展 R-PET(可回收利用 PET)专案,将生产过程中产生的废 PET 瓶和废瓶坯进行回收利用,预计每年可实现约 6 000 吨废 PET 循环利用。

为应对全球气候变化所引发的生态危机,绿色低碳发展已成为人类实现可持续发展的共识。2020 年 9 月,中国明确提出,二氧化碳排放力争于 2030 年前达到峰值,努力争取 2060 年前实现碳中和。

2. 推出碳足迹核算和碳中和评价两项标准

2022 年 10 月 26 日,康师傅发布了国内首款真正实现碳中和的茶类饮料——"纯萃零糖原味茶饮料"。与此同时,康师傅与广东省节能减排标准化促进会、科研机构、企业上下游等起草单位共同推出了两项团体标准,即国内首个茶饮料碳足迹核算标准《茶饮料碳足迹评价技术规范》及国内首个茶饮料碳中和评价标准《茶饮料产品碳中和评价技术规范》,分别细化了茶饮料的碳足迹核算标准,在茶饮料行业内首次规范了茶饮料碳足迹的全生命周期范围以及详细计算方法,以及在 PAS 英国标准的大框架下,在行业内首次对茶饮料碳中和评价标准进行规范。广东省节能减排标准化促进会依据英标及团标审核,最终给康师傅新推出的纯萃零糖原味茶饮料颁发了《碳减排量核证证书》《碳中和证书》。这两项团体标准均是国内首创。它们不仅是康师傅积极响应国家"双碳"战略、实现内部减碳工作的阶段性成果,也为茶饮料行业减碳事业提供了参考与经验,指明了方向。

3. 响应国家号召,积极探索低碳发展新路径

"双碳"战略在国家政策的积极推动下并在各市场主体的创新实践中,逐步加速落地。"双碳"战略倡导绿色、环保、低碳的生活方式。作为快消品龙头企业,康师傅积极响应国家政策,从覆盖源头、生产到包装等整个供应链上的每一个环节中都积极探索低碳发展途径。

2021 年,康师傅便把社会责任委员会升级为可持续发展委员会,专注于减塑与包装物、资源节约与减排、健康营养产品研发、提升可持续发展影响力等重点领域,持续推动各项专案实施。同时,加入全球最大可持续发展倡议国际组织——联合国全球契约组织,将环境友好、数字化转型等作为企业战略的重要组成部分,并确立"开展碳基线盘查""设定减排目标""设计减排举措"三步走的路线图。康师傅在国内食品饮料企业中率先开展了涵盖产品价值链上下游的全面碳盘查工作,应用国际权威的数据库及通用标准和规范,识别出康师傅各事业及各类产品的主要碳足迹,并完成公司碳排放量基线和中长期减碳目标的设定。

4. 全面开展节能减排专案活动

在生产运营方面,深入多领域开展节能减碳、减排工作,各类型节能减排专案已全面推行至全国近百家工厂。蒸箱与油锅烟囱废气回收改造项目,每年可减少二氧化碳排放 17.3 万吨;冷凝水与中水回收再利用、节水型清洗项目合计年节约用水 76 万吨;广州、西安、苏州康饮工厂和广州百饮工厂的光伏发电项目,每年减少的温室气体排放相当于约 34 万棵大树一年的碳吸收量。与此同时,推动集成全链路数字化转型,实现从原物料采购,生产制造,到仓储物流运输的全链路数字化管理,提升运营效率,进一步减少碳排放。

在产品研发方面,康师傅注重营养健康产品与低碳产品研发,以满足消费者不断升级的

健康、环保消费理念。饮品方面,康师傅在2021年推出了无糖零卡的冰红茶。根据测算,相比经典版冰红茶,每生产100万瓶500 ml无糖冰红茶碳排放可减少约29吨,相当于约1 300棵树一年的碳吸收量。

在产品包装上积极响应减塑倡议,推进饮品PET瓶减重、轻量瓶盖、纸质吸管、八角箱等解决方案。随着对更多产品进行包装优化,预计每年可减少PET粒子3 400吨,并与厂商合作开展PET回收循环利用。仅在2021年,回收的PET废料委托具备资质的第三方工厂制成了涤纶布料、包装塑料等再生商品,就减少了产生900余吨废弃塑料。据了解,在目前国内PET瓶的热收缩膜标签中,PVC(聚氯乙烯)占有相当大的比例。在收回PET饮料瓶过程中需要对PVC标签进行分拣,增加了回收成本。因此,减小饮料标签使用面积、使用更环保的非PVC标签,或者索性推出无标签瓶装饮料,都是行之有效的减碳路径。康师傅作为行业龙头企业,此次推出无标签PET瓶包装,让产品"裸装"上阵,就是企业自身对于绿色生产、绿色经营的积极探索。

2022年3月3日,2022年减碳环保可持续发展论坛暨康师傅无标签产品发布会现场,"一个瓶子的精彩旅程"讲述了"无标签 更减碳"的环保故事,当包装瓶被再回收后,也便拥有了新的生命:一种叫做R-PET的新型环保再生面料,以新的使命继续参与着地球新的发展进程。

为了让更多瓶子的旅程更加精彩,康师傅饮品事业已经将R-PET专案纳入日程,以实现废PET闭环循环利用。据了解,康师傅后续将在全国各地的工厂全面推广R-PET专案,预计每年可实现约6 000吨废PET循环利用。而这份由回收塑料瓶制成的"特别的礼物",作为现场嘉宾媒体伴手礼,完美地传递出品牌的减碳环保理念,获得一致好评。

发布会上,上海市消费者权益保护委员会副秘书长唐健盛在"可持续发展理念造就消费趋势"的主题分享中指出,"碳中和"等可持续发展及消费者对于减碳概念产品的新需求将推动更多消费产品的创新和迭代。对于康师傅推出的无标签产品,唐健盛副秘书长认为当下的时尚是由品牌和消费者共同定义的,年轻一代对于环保的推崇有望使无标签产品创造新消费趋势并引领新消费潮流,极有可能成为新的网红。

5. 追求环保消费趋势下康师傅的目标

全球市场调研机构欧睿国际发布了《2022全球十大消费者趋势》报告,报告对2022年的消费趋势进行了预测,其中,趋势之一便是追求环保。报告显示,2021年,约65%的全球消费者担心"气候变化"问题,消费者逐渐意识到个人行动对于气候变化的影响,以及气候变化对日常生活的影响,生态焦虑促使消费者们开始更加关注环保行动和购买决策。

当消费者将环保纳入消费决策,无标签产品掀起"潮范儿"也就有了更强大的市场基础。康师傅对于无标签产品的推出,背后也有着对于消费潮流的洞察,康师傅控股行政总裁陈应让在发布会上表示:"康师傅坚持一切以消费者为中心,一切为消费者服务。我们推出国内行业首款无标签低碳环保包装产品,是为了顺应广大消费者的低碳生活需求,让我们的低碳环保产品成为广大消费者绿色消费、绿色生活的一部分。"

康师傅作为有社会责任的民族品牌,未来将继续积极承担保护环境的责任,努力提升上下游协同"碳达峰,碳中和"的能力,为实现"家园常青 健康是福"不断作出贡献。

◇ **主要参考资料**

[1] 佚名.绿色发展,助力"双碳"康师傅荣获人民企业社会责任绿色发展奖殊荣[EB/OL].(2022-12-25)[2023-04-01]. https://chinanews.com.cn/cj/2022/12-25/9921056.shtml.

[2] 佚名.荣获2022年度企业社会责任绿色榜样,康师傅助力绿色减碳展现责任担当[EB/OL].(2023-01-17)[2023-04-01]. https://finance.sina.com.cn/jjxw/2023-01-17/doc-imyanwth9004901.shtml.

[3] 佚名.当包装走起极简风:康师傅的绿色营销有点看头[EB/OL].(2022-03-10)[2023-04-01]. https://hea.china.com/article/20220310/032022_1026134.html.

◇ **思考与讨论**

1. 请指出案例中康师傅的营销观念。
2. 分析康师傅采取该营销观念的背景。
3. 讨论一下康师傅围绕该营销观念的实现采取了哪些具体措施。
4. 你认为案例中康师傅所采取的措施是否会得到消费者的购买支持?讨论当代大学生应该如何践行绿色消费理念。

# 第三章

## 03

# 企业战略与规划

◎ **学习目标：**

1. 了解企业战略的含义；
2. 掌握企业总体战略规划的步骤；
3. 掌握波士顿矩阵的分析方法；
4. 掌握企业多角化成长的途径；
5. 了解企业多元化与专业化成长的优缺点；
6. 掌握企业选择多元化与专业化成长的考虑因素。

◎ **案例分析：**

案例1主要介绍了长城汽车的愿景、使命与价值观，详细阐述了长城汽车应对市场竞争的2025年战略，通过该案例的分析，加深学生对企业战略与规划的理解，使他们熟练掌握波士顿矩阵的分析方法，领会战略目标与行动举措之间的关系。

案例2主要介绍了小米公司多元化发展的战略选择及发展阶段，通过该案例让学生掌握企业多元化发展的途径，领会多元化发展的优缺点，并结合个人实际思考"精于一艺"及"多才多艺"的发展选择。

案例3分析了美的集团的多元化路径，通过该案例的分析让学生进一步掌握企业多元化战略的类型与效果、企业实施多元化战略应该考虑的因素，同时也引导学生思考企业多元化发展潜在的风险。

## 一、知识要点

1. 企业战略

企业战略是指企业面对可能发生的重要变化和趋势,为主动适应市场和环境以及求得更好生存与发展而进行的系统思考、长期谋划和总体布局。企业战略不仅是事关企业全局的大政方针,也是企业进行营销管理等的基本依据。企业战略具有全局性、长远性、纲领性等特征。

2. 企业总体战略规划

企业总体战略规划一般包含四个主要步骤:第一步,认识和界定企业使命。一般从企业愿景、业务领域、经营政策等方面进行思考。第二,区分战略业务单位。在实践中要注意坚持以需求为导向,力求切实可行。第三,明确投资组合战略。可以运用波士顿矩阵(BCG Matrix)来确定。第四步,选择业务成长战略。有密集式成长、一体化成长、多角化成长等战略。

3. 波士顿矩阵

波士顿矩阵又称市场增长率-相对市场份额矩阵,是一种用于评估公司投资组合的有效模式。该方法基于公司战略业务单位的市场增长率和市场占有率高低的组合将一个公司业务分成四种类型,即问题、明星、现金牛和瘦狗,然后对于不同类型的业务采取不同的战略对策。

4. 多角化成长战略

多角化成长战略指公司在现有业务领域基础上增加新的产品或业务的一种战略,包括同心多角化战略、水平多角化战略、综合多角化战略。同心多角化指企业利用原有的生产技术条件,制造与原产品用途不同的新产品。虽然原产品与新产品的基本用途不同,但它们之间有较强的技术关联性。水平多角化是指企业生产新产品销售给原市场的顾客,以满足他们新的需求。原产品与新产品的基本用途不同,但它们之间有密切的销售关联性。综合多角化是指以新业务进入新市场,新业务与现有的技术、市场及业务没有关联。

5. 多元化和专业化的选择

企业发展到一定阶段,会面临多元化和专业化的选择。专业化和多元化各有利弊。专业化的优点是可以在某一专业领域做深、做专、做精,取得较高的市场地位;缺点是将鸡蛋放在一个篮子里,抗风险能力差,还可能造成路径依赖,丧失发展机会。多元化的优点是可以扩大企业总体规模,化解风险,在某一专业领域没落时可谋求在另一领域的发展。若多元化的领域都建立在同一核心竞争力之上还可产生协同效应。缺点是核心资源分散,当多元化领域关联不强时,企业很难做大做强,致使各领域都沦为二流,甚至被淘汰。

6. 采取不同策略

对于企业在长期发展中到底是选择专业化还是多元化,不同的企业在不同的领域、不同的时期应采取不同的策略。在企业创业阶段或规模不大时适宜专业化,集中所有精力和资源做好一个产品、一个市场或一个服务,以便在市场上立足并最大限度地获取市场份额和顾客认可。当企业发展到足够规模,市场趋于饱和或竞争白热化,或者所处行业处于没落过程中时,企业应该考虑多元化或改变商业模式。多元化过程主要采用自主创业、合资、兼并三种方式。企业收购或兼并是多元化的一条捷径,这不仅因为它比从零开始自主创业省事很多,更重要的是它能够使企业直接跨越许多平常难以逾越的行业壁垒,直接获得较为理想的资源及市场份额,并以此为基础开展进一步的经营。合资是介于自主创业和兼并二者之间的一种方式。

## 二、案例分析

### 案例1 长城汽车2025年战略

#### ◇ 案例介绍

华为是一家时刻充满危机感的企业。这种危机感体现为华为总裁任正非的"任正非之问":下一个倒下的会不会是华为?而长城汽车也有魏建军(长城汽车董事长)之问:长城汽车挺得过明年吗?这看起来有点亦步亦趋,照猫画虎,但也正好说明了长城汽车未雨绸缪的忧患意识。企业发展应有危机意识,要做好战略规划。

2021年6月28日,长城汽车在保定哈弗技术中心举办2025战略发布会暨第8届科技节开幕式。长城汽车董事长魏建军发布了2025年战略目标的主体内容和策略:2025年,长城汽车将实现全球年销量400万辆,其中80%为新能源汽车,营业收入超6 000亿元;2023年,长城汽车全球研发人员将达到3万人,其中软件开发人才1万人,未来五年,累计研发投入1 000亿元。

此后,长城汽车轮值总裁孟祥军又专门介绍了长城汽车2025"绿智潮玩"战略,在业务层面全面介绍了其战略。就企业经营而言,战略目标、业务战略,都不是孤立的。企业战略原本就不仅仅是一个目标,也不能只在业务层面展开,而是企业愿景、使命、价值观的呈现,而且需要业务、组织、奖惩机制来帮助落实。这样的战略才能确保不跑偏以及可实现。

1. 愿景、使命以及价值观

战略不是至高无上的权威。它要服从于公司的愿景、使命、价值观。在魏建军的演讲中,可以看出长城汽车的愿景、使命、价值观。

愿景:以清洁能源为基础的新一代智能汽车,将构成未来汽车产业发展的新格局。

使命:代表中国汽车领跑新赛道。魏建军说:"中国汽车品牌要想实现真正意义上的超越,只有在这3~5年的时间里快速放大现有的优势,才有可能在新能源和智能化新赛道上领跑,而且中国汽车品牌的机会只有一次。"

价值观:加速向绿色可持续发展转型;掌控科技创新能力;全球化;持续品类与品牌创新。

**2. 战略目标**

在愿景、使命、价值观之下,魏建军提出了长城汽车2025的战略目标:"我们将通过全球化的布局,将在2025年实现全球年销售400万辆的目标,其中80%将是新能源汽车,营业收入将超过6 000亿元。"为达成这一目标,魏建军首先强调了研发投入。"未来5年累计研发投入将达到1 000亿元。"魏建军说。他列举的研发投入领域包括纯电动、氢能、混动等新能源领域,提升绿能的应用,加速从低碳到零碳的步伐;着力在低功耗大算力的芯片和碳化硅等三代半导体关键技术上的投入;以及现代传感信息融合,人工智能等方面做好软件和硬件的交互融合。魏建军介绍研发投入时说,研发投入的目标是"确保在新能源和智能化领域的技术领先优势,为全球的用户打造更绿色、更智慧、更安全的产品"。为了战略目标的落实,魏建军还提出了其他措施。

**3. 业务规划**

战略目标要拆解为业务目标。长城汽车轮值总裁孟祥军将其总结为"绿智潮玩"四个方面。

(1) 绿

目标是到2025年新能源占比达到80%。长城现在拥有欧拉、沙龙两个新能源品牌。欧拉的目标是到2023年实现全球产销100万台。长城其他品牌也在同步储备BEV(纯电动)动力平台以及相关技术。在BEV之外,长城汽车将全面加速推动混动化。当前已经发布了DHT混动变速器以及1.5 t混合动力发动机,即将推出摩卡、拿铁、玛奇朵、赤兔、哈弗XY等混合动力车型。

长城还将推出峰值扭矩750 N·m的3.0T发动机加9HAT变速箱的动力组合,应用于坦克品牌,使得坦克成为全球最强动力的越野车型。打造坦克平台越野混动系统。除了整车,长城集团也进行了节能与新能源的产业链布局。蜂巢能源自主研发的无钴叠片电池,预计到2025年将会形成215 GWh的产能。

推出蜂巢无钴叠片电池。长城还自主开发了新能源电机及电机控制器,在集成度、效率、轻量化成本等方面达到国际领先水平,产品可以满足从A00到D级乘用车以及皮卡、物流车的动力需求。在氢能领域,长城汽车集团旗下的未势能源掌握了包括燃料电池、电堆、膜电极、储存系统等全套的关键技术。目标是构建制氢、储氢、运氢、加氢、应用一体化的产业链生态,到2025年实现全球氢能市场的占有率前三。

(2) 智

长城汽车将坚定不移地加速智能化转型,围绕智能驾驶、智能座舱、智能服务,建立全站资源能力,让汽车成为会思考、能判断可持续成长的出行伙伴,实现由感知智能向认知智能的进化升级。长城汽车当前已经拥有产品数字化中心、毫末智行、仙豆智能、诺创科技4个智能化组织,拥有超过3 000人的软件开发团队,未来将达到1万人。

长城汽车将推出咖啡智驾冗余平台。在智能驾驶领域,长城汽车当前已经完成了高速自动领航辅助驾驶,记忆泊车、窄道自主探路等多场景功能的量产搭载。他们提出的目标是,2025年高级自动驾驶前装渗透率40%以上。

在智能座舱领域,长城汽车的目标是深度融合和硬件可插拔,软件可复用,打造可以生长的智能座舱生态系统。长城汽车逐步完成了语音、视觉、导航、地图、场景引擎等多领域的软件能力,通过软件能力重塑提升价值,打造产品差异化。

在智能服务领域,随着汽车产品智能终端的属性不断加强,长城还将结合用户的需求,围绕用户用车的全生命周期,构建智能服务生态,实现产品从一次性消费到持续性服务的转变。目标是使汽车行业的软件收入占比从现在的15%上升到60%。

(3) 潮

中国目前已进入个性化消费阶段,未来的购车主力将是新一代消费群体,他们是大国自信的一代,是互联网时代的原住民,对国潮、智能化、个性化定制有着更加迫切的需求。他们对产品求新求异,不仅要满足使用的要求,更需要成为他们的价值载体。由于长城汽车长期研发投入,掌握了强大的产业链整合能力、核心技术以及软硬件协同能力,一款全新产品的开发周期最快可以控制在11个月,而大多数品牌是长城的两倍以上。

长城汽车要继续基于品类创新,以品类建品牌,形成皮卡、哈弗、WEY、欧拉、坦克、沙龙六大品牌矩阵,将为中国、俄罗斯、东盟、欧盟、南北美等10大区域市场的全球消费者打造新时代的潮团潮品。在长城汽车2025年400万辆产销、6 000亿营收的总目标下,六大品牌各有承担。

皮卡:长城皮卡定位于皮卡领导者,目标是打造全球前三的品牌,当前已经连续23年国内销量第一,出口第一,国内市占率接近50%,长城炮更是开创了乘用平台的新品类不断扩展,扩大皮卡市场的边界和集团。

哈弗:品牌定位中国SUV领导者,至2021年连续11年获中国SUV销量冠军。哈弗将会持续深耕经济型SUV市场。

WEY:定位新一代智能汽车,致力于为用户提供智能化的控车体验。2021年为品牌导入了摩卡、玛奇朵、拿铁三款全新SUV,以智能加持乐趣,以智能服务出行。

欧拉:品牌定位全球第一个最爱女人的汽车品牌,凭借复古时尚的新潮造型,以及更加关爱女性的产品设计,深受女性用户的喜爱。欧拉专注于新能源汽车,关注城市精品出行,到2023年将实现新能源细分市场第一,全球销量超过100万辆。

坦克:品牌定位潮玩越野SUV,2020年推出了坦克300,引爆了坦克现象,坦克品牌以铁汉柔情为切入点,创造出了一个新的细分品类。后续长城还会推出更多更好的产品上市,将坦克打造成为全球第一的越野品牌。

沙龙:定位豪华智能品牌,将以智能豪华、极致科技、极致舒适为理念,打造极致价值体验。同时沙龙将围绕用户开展全场景的生态旅游,打造极致尊享服务,向全球豪华市场发起挑战。

2023年将推出60多款新产品,实现年产销280万台。

(4) 玩

对于这一战略,长城既要传承优秀的工程师文化,还要大胆创新,要和用户和上下游玩到一起，众智众创，打造价值新生态。用户共创方面，长城正在通过实施星火计划，围绕产品服务、品牌及价值四个维度和用户开展对话。产业链共创方面，长城汽车希望打造一个多维立体多方共赢的森林式产业生态。

4. 组织架构

在长城董事长的演讲中还介绍了其他保障战略得以落实的措施。过去的三年，长城重构了公司的组织机制、流程和企业生态，形成了强后台、大中台、小前台的3.0版本的组织架构。强后台就是要储备最优质的更加前沿的技术，通过大量的前沿的预研投入使企业保持领先。后台在广义上不仅仅是技术，它包括机制、人力资源的政策、战略的布局、资本的运作等内容。大中台则是随时向前台给予及时的补给和支援。以面向用户的小前台为核心，现在已经形成了一车一品牌一公司的组织形态，打造出了若干个运营组织、新型组织，重构了商业模式。每一个小前台组织依靠数字化技术，精准敏捷地链接用户。现在长城汽车拥有千万级的用户群体，运营平台注册量达到了500万，各大品牌日活率均处于行业的领先地位，已经迈出了从汽车制造型企业向用户运营型企业转型的关键一步。

5. 人力资源

人力资源方面，魏建军强调研发人员的投入。"我们还会加大全球化的研发人才的投入，到2023年在全球范围内的研发人员会在现有1.5万人的基础上增加到3万人，其中软件开发人才将会达到近万人。"魏建军说。拥有传统汽车制造业背景的长城，现在一方面强调研发，另一方面强调运营，并且引入研发型公司的管理理念。因此，一个明显的趋势是，优秀的车企人力资源结构将是两头大，中间小：研发和市场的人才居多，生产为少。

6. 评估、奖惩与发展

在2025年战略发布会上，长城领导层都提到了长城汽车实施的两次股权激励计划。2020年和2021年，长城连续实施了两期股权激励计划，累计受益对象超过了1.2万人，覆盖了50%的核心员工。后续，长城将滚动实施广覆盖的股权激励模式，未来将覆盖到100%的奖励员工，让员工实现由打工者向合伙人的转变。

7. "画饼"有必要，战略要可实现

在长城汽车战略发布会后，业内人士对于长城汽车2025战略的意见不尽相同。有的人认为长城就是在画饼，也有的人认为，长城包装、传播还不够。对于有意打造伟大企业的企业家来说，树立一个宏大的、激动人心的目标是必要的。而且正如稻盛和夫所说："没有足够强烈的渴望，你永远无法靠近你想得到的东西。"但是对于战略，要有系统的支持，因此，在资金、人才、组织架构、激励机制上，必须也有符合战略实现的设计。原本造车就是大军团作战，智能电动汽车时代，软硬件能力都要有，价值链又从生产扩展到服务、运营，所需要的人才更多元、规模更大。

过去30年长城汽车是成功的。但是成功企业的最大挑战是内部的懈怠、效率损耗，也就是所谓的"熵增"。从长城汽车的变革来看，不管是形，还是神，都很像华为。长城汽车不仅仅是一个变身智能电动汽车企业的样本，也是一个企业管理变革的观察样本。

◇ **主要参考资料**

[1] 电动汽车观察家.全面解析长城汽车 2025 战略[EB/OL].(2021-06-29)[2023-03-20]. https://zhuanlan.zhihu.com/p/384929902.

[2] 长城汽车第 8 届科技节开幕 正式发布 2025 战略[EB/OL].(2021-06-28)[2023-03-20]. https://www.yoojia.com/article/9571662621414024741.html.

[3] 电车汇.长城汽车 2025 战略:年销 400 万辆,新能源占 80%[EB/OL].(2021-06-28)[2023-03-20]. https://new.qq.com/rain/a/20210628A0ADQ200.

[4] 翟海潮.企业百论:从创业到基业长青[M].北京:机械工业出版社,2019.

◇ **思考与讨论**

1. 结合营销环境相关因素分析长城汽车的愿景、使命和价值观。
2. 进一步搜集资料,用波士顿矩阵分析法分析长城汽车各品牌所属战略业务单元。
3. 为实现战略目标,长城汽车在营销管理上采取了哪些措施?
4. 结合个人实际,讨论目标规划与行动措施之间的关系。

## 案例 2 小米公司多元化战略

◇ **案例介绍**

一个公司的长期可持续发展与其采用合适的发展战略密切相关。当经营发展到一定地步,公司为了扩大自身优势追求相应的规模经济以及抓住市场机会寻找新的利润来源,或者为了分散现有的经营风险,会考虑多元化经营战略。近年来,越来越多的企业开始选择多元化经营,小米公司即为其中之一。小米公司从创立之初,就立志成为基于互联网的智能手机开发和销售公司。2011 年 7 月 12 日,小米创始团队正式亮相,宣布进军手机市场。2011 年 8 月 16 日小米手机正式发布上市销售。由于创新性的互联网营销以及消费者的拥护,小米手机投放市场以后,就收获了极大的关注和不俗的手机销量。但小米并不满足仅仅生产制造手机,在手机市场取得不错的成绩之后便开始了多元化战略的征程。

1. 拓展手机相关产品及配件

2013 年小米开始多元化战略尝试,首先是拓展核心业务手机相关产品及配件,先后开发了活塞耳机、路由器、充电宝、小米盒子和移动电源、小米智能电视等产品,赢得了良好的口碑。同时,小米利用其在手机业务上积累的经验、技术等资源进一步拓展手机业务,增加更加低价的红米系列手机,满足对价格敏感、追求性价比的消费者需求。手机配件市场的开发以及红米手机的上市给小米带来了新的利润增长点,进一步开发了市场,获得了新的顾客。这一方面为小米树立了口碑,增强了品牌优势,另一方面也激励小米披荆斩棘,坚持多元化之路。

2. 进军消费物联网领域

2014 年小米开启了多元化的第二阶段,向消费物联网领域进军,这年它开始拓展智能家居业务。2014年小米公司发布了小米平板、小米4以及小米手环等,小米通过投资有潜力的企业,实现产品开发的协同,全年共投资27个生态链项目,进一步扩充了小米产品矩阵。2015年,小米公司的增长速度有所放缓。小米公司仔细斟酌了电子商务的利与弊,开创了新零售业务的发展,踊跃探索线下渠道。小米之家的线下零售店替代了售后服务类型,客户的体验效果直线提升,消费者们口口相传。

由此,小米公司基于对技术创新企业的合作,扩大生态链产品的设计和开发,与合作商为消费者共同创立良好的IoT体验,到2016年小米公司投资了相关生态链项目共计77个。到2017年,小米已经建立了一个面向消费者的IoT平台,拥有1亿多款大型智能设备。连接的智能设备数量开创了一定规模,其市场份额处于世界领先地位。

在家电领域,小米的多元化取得了不俗的市场业绩。以小米智能电视为例,小米电视每年都推出新款,不断刷新销量纪录,2019年和2020年连续2年销量第一,出货量超1 000万台,超过了众多传统电视机厂商。据洛图科技数据(2021)统计,小米(含红米)电视在2021年国内彩电市场以900万台的出货量连续三年稳居第一之宝座。此外,小米电视在国内稳坐第一的同时,在全球市场同样也表现抢眼。据奥维睿沃数据显示,小米在2021年全球市场以12.9 M(M=百万台)连续三年挤进全球第五,可谓是"墙内墙外双开花"。2018年7月23日,小米推出旗下首款空调——米家互联网空调。

从生活小家电到厨房小电器,再到空调、电视等传统家电大件,小米在进军家电界的道路上可谓越走越远。目前小米主要涉足的是电视及周边的小家电,而对于传统的白电(冰箱、空调、洗衣机),小米对应的产品和市场规模还并未形成。2019年5月17日,小米正式宣布全面进军白色家电行业(冰箱、洗衣机、空调),任命集团高级副总裁王川为大家电事业部总裁。由创始人雷军亲自挂帅兼任中国区总裁,全面跨界进军家电行业。

小米手机、小米智能家居、小米电视等产品的海量销售使得消费者不断为小米互联网服务业务付费,成为小米稳定的收入来源。

3. 跨入互联网服务领域

2015年小米开始多元化的第三阶段,跨入互联网服务业务。小米互联网服务业务的基础是2010年初自主开发的MIUI操作系统,雷军颇有远见地没有选择大多手机制造企业使用的Android系统,而是自主研发了更加优化的MIUI系统,迄今为止,该系统获得了消费者的高度认可和称赞。MIUI系统极大地提升了小米手机自带的阅读、应用商店、云服务等增值服务的收益空间,在未来小米生态系统体系中的变现途径中扮演了重要的角色。另外,小米手机的大量销售也助推了互联网服务业务的发展,小米首先将手机、智能家居等硬件产品销售给消费者,接着通过硬件产品为消费者提供软件服务和互联网服务。

2015年小米通过多种途径对积木盒子、老虎证券、51信用卡等多家公司开展了战略性投资,获得了银行、保险中介等金融资格,正式进入了互联网金融服务业,互联网服务业呈现多元化。2016年小米进军互联网广告服务业和手游运营业务,次年小米有品电商平台问世。小米互联网服务业全面开花。至此,小米完成了智能手机周边产品、IoT(物联网)生活和消费产品以及物联网服务业务的多元化布局。通过多元化战略的实施,小米从一家以智能手机制造业务为主的企业发展成现在以智能手机、IoT（物联网）消费产品以及互联网服务业务的"互联网＋制造业"型企业。

4. 进入智能电动汽车领域

尽管在多元化之路上取得了辉煌的成就，小米公司并没有停下挺进的步伐，2021年3月30日，小米集团宣布进入智能电动汽车领域，雷军在发布会上慷慨陈词：这是我人生最后一次重大创业项目。我愿意押上人生全部的声誉，亲自带队，为小米汽车而战！首期投资100亿元人民币，未来10年投资100亿美元。小米集团董事长兼首席执行官雷军将兼任智能电动汽车业务的首席执行官。小米表示，希望用高品质的智能电动汽车，让全球用户享受无所不在的智能生活。

小米进军电动汽车领域，为汽车市场的竞争注入了新的积极因素，但也面临量产规模、核心技术、价格三道坎的重大挑战。因此，小米电动汽车要想脱颖而出，成为年轻人的第一辆汽车，不仅要克服进入市场滞后的困难，还要迎接年轻消费者对中国小米的期待测试。

◇ **主要参考资料**

[1] 取胜之道？小米公司的多元化发展战略[EB/OL].（2021-10-28）[2023-03-22]. https://baijiahao.baidu.com/s?id=17148581407746938168&wfr=spider.&for=pc.

[2] 佚名.力压三星、索尼，小米电视在2021年印度智能电视市场"连庄"第一[EB/OL].（2022-03-05）[2023-03-22]. https://new.qq.com/rain/a/20220305A05N4200.

[3] 佚名.小米科技正式进军智能电动汽车行业[EB/OL].（2021-03-30）[2023-03-22]. https://auto.sina.com.cn/news/2021-03-30/detail-ikknscsk5056904.shtml.

[4] 商财.多元化经营可以给企业带来什么，小米集团的多元化战略，是什么？[EB/OL].（2022-4-13）[2023-03-22]. https://baijiahao.baidu.com/s?id=1729985835053559769.

◇ **思考与讨论**

1. 分析小米公司不同发展阶段的业务成长战略。
2. 运用波士顿矩阵分析小米公司各战略业务单元。
3. 思考小米公司多元化战略比较成功的原因。
4. 对小米公司进军智能电动汽车的战略决策进行分析，并对其发展前景进行讨论。
5. 结合企业发展过程中的多元化与专业化选择，谈谈你对大学生成长阶段"精于一艺"与"多才多艺"发展选择的认识。

## 案例 3　美的集团多元化战略

◇ **案例介绍**

企业发展到一定阶段，都会面临多元化和专业化的选择。专业化和多元化各有利弊。专业化的优点是可以在某一专业领域做深、做专、做精，取得较高的市场地位；缺点是鸡蛋放在一个篮子里，抗风险能力差，还可能造成路径依赖，丧失发展机会。多元化的优点是可以扩大企业总体规模,化解风险,在某一专业领域没落时可谋求在另一领域的发展,若多元化的领域都建在同一核心竞争力之上还可产生协同效应;缺点是核心资源分散,当多元化领域关联不强时,企业很难做大做强,致使各领域都沦为二流,渐被淘汰。美的集团在做大做强过程中将产品多元化发展作为自身的战略选择,并取得了耀眼的成绩。

1. 美的集团的多元化简介

成立于1968年且拥有50多年成长历史的美的集团,无疑是国内历经商海沉浮的企业。在规模和体量上,美的集团排名2021《财富》世界500强第288位,早已成长为国际家电巨头。在发展上,美的集团早早探路,持续发力多元化,已成为目前国内企业多元化发展颇为成功的代表企业。

美的集团在多元化战略上基本采取相关多元化策略,但早期更注重C端(消费者及个人用户)产品的多元化,如在空冰洗、小家电领域,后续逐步在机器人自动化等B端(商家用户)布局,在2020年末进行业务板块重构之后,2021年美的集团着重加码对于B端业务多元化的布局。加强To B业务领域的相关产业布局,培育新的增长点与产业平台,成为2021年美的集团的经营重点。提及加码B端业务一年来的收获,美的集团方面人士表示,公司主要在物联网、智慧建筑、机器人、新能源汽车核心零部件等领域取得进展。To B业务是美的集团未来的大方向,目前C端业务仍是美的集团的营收、利润支撑,短期直接切换到B端可能性不大,但参考国外原来的家电巨头如飞利浦等的发展历程,做B端业务几乎是必然的事情。

2. 美的集团多元化路径演进

美的集团加码B端的迹象来自2020年底的业务重构。2020年12月末,美的集团官网发布了《美的:重新出发》的文章。美的将原本的四大业务板块重新规划为五大业务板块,C端业务被集中于"智能家居事业群",包括为大家熟知的家用空调、消费电器等,另外四个业务板块均发力B端,分别为:机电事业群、暖通与楼宇事业部(后进一步更名为楼宇科技事业部)、机器人与自动化事业部、数字化创新业务。

在2021年4月发布的公司年报中,在2021年的经营重点部分,美的集团写道,"实现To B和To C业务的并重发展"。在发展战略布局方面,美的集团称"加强To B业务领域的相关产业布局,培育新的增长点与产业平台"。加码B端,也意味着美的集团多元化路径与此前相比发生变化。

一般而言,企业多元化分为相关多元化、非相关多元化,前者指有战略匹配关系的多元化,后者则指新业务与原业务没有明显战略适应性,具体到美的集团方面,其此前基本围绕相关多元化展开,多集中于家电领域的C端产品和核心零部件。1985年美的通过收购进入空调生产领域,1993年通过合作电饭煲进入厨房小家电领域,2004年通过收购进入冰箱、洗衣机领域,并在2004年之后借力收购逐步在全球市场进行突破等。

近年来,美的集团开始逐步布局B端的多元化。2017年美的集团斥资292亿元,收购德国库卡集团约95%股权,收购后,拥有暖通空调、消费电器等大量C端家电业务的美的集团,增加机器人及自动化B端业务。另外,进行数字化改造的美的集团亦逐步打造了美云智数等B端业务。

美的集团2020年底重新规划并加码发力的B端业务,包含多个领域。一个是机电事业群。机电事业群的作用,类似于将公司原来空冰洗领域的电机、压缩机、芯片、散热等核心零部件能力进行集中,利用该核心零部件能力进行跨领域渗透。美的集团的机电事业群彼时展示了诸多解决方案,最为大众所熟知的是2021年上半年宣布进军的驱动电机、电动压缩机等新能源汽车零部件(为智能交通解决方案)。除此之外,机电事业群还提供了绿色能源解决方案(储能、混合能源管理)、工业自动化解决方案(变频器、工业自动化等),2020年美的收购的合康新能便归属于该事业群。这些还只是美的集团的一个B端业务板块。在楼宇科技事业部,美的集团拥有面向B端的中央空调业务、电梯业务(2020年12月,美的集团收购菱王电梯,进军电梯业务)等;在机器人与自动化事业部,美的集团拥有库卡的工业机器人能力;在数字化创新业务方面,美的集团拥有美云智数、安得物流等能力,美的集团凭借这些能力逐步完成自身的数智化转型后,将这些能力集中打包对外进行服务。

美的集团将家用空调、消费电器汇集入智能家居事业群,正适应了目前行业内向"拎包入住"转变的趋势,而美的集团在制造、数字化升级方面积攒了两方面的面向B端的能力,一方面在制造上可以向相关的新能源汽车零部件等领域进行渗透,另一方面也可以向中小企业进行数字化转型赋能。

3. 美的集团的B端业务多元化

2018年10月,美的创始人何享健在战略发布会上表示,美的集团未来营收要达到5 000亿元。对比来看,2020年美的集团的营收为2 842.21亿元,然而仅凭家电业务是无法达到5 000亿元的。结合欧美发达国家的历史经验,2019年至今国内家电行业规模正逐步见顶,叠加与家电行业呈强相关关系的房地产行业也在降温,家电行业正进入存量时代,美的集团在诸多家电品类已经做到第一或第二的位置,想要维持增长态势就意味着在家电领域之外进行多元化。过去30年,中国家电产业发展迅速,但产业进入成熟期后,如果美的把家电作为产业边界,就会在发展中遇到瓶颈,所以企业决定进入工业控制、汽车、3C等领域。过去公司的机电事业部门一直在为家电产品供应核心部件,比如说空调压缩机、冰箱压缩机等,但调整后也要外向发展,因而公司选择进入基于电机、电控和精密机械等领域,在选择进入一个行业时,美的会考虑国产化程度以及与美的的技术相关性等两个因素。如果国产化程度比较低,而且跟公司的技术关联度比较高,就值得去做。

发力B端业务相关多元化的美的集团,亦在快速壮大各个模块的能力。以楼宇与科技事业部为例,公司在2020年8月就投资5亿元设立了广东美控智慧建筑有限公司,2020年10月又投资5亿元成立美通能源科技(重庆)有限公司,2020年12月收购菱王电梯,就是想把楼宇这块业务的框架搭建起来,及至2021年4月,楼宇科技研究院成立。值得注意的是,其他早早崛起的国际家电企业,在家电领域进行多元化扩张之后,向其他领域进行多元化的亦不乏案例。以拥有百年历史的松下电器为例,其创始人为被誉为"经营之神"的松下幸之助,根据广发证券研报,其曾借助日本家电产业蓬勃发展、全球化扩张迅速成长,截至近年其家电业务经营状况稳定,转型To B成为其各业务战略重点,目前其业务横跨家电、汽车设备、环保方案、互联连接方案等多个行业。另以多元化知名的国际巨头通用电气为例,其前身为爱迪生电灯公司,历经第二次和第三次工业革命,成长之路上业务从家用电器到飞机发动机,从医疗设备到风力发电机,后续业务横跨数字、医疗、航空、发电、可再生能源、金融等。不过饶有意味的是,2021年11月,多元化巨头通用电气宣布拆分为三家公司,多元化究竟是"馅饼"还是"陷阱",再次被学界和商界广泛谈论。回到美的集团层面,业内人士也比较认可美的集团发力多元化的逻辑,认为在国内企业中发展历史较长的美的集团,某种程度上是国内企业多元化的典型乃至成功案例。

专业化还是多元化,不同的企业在不同的领域、不同的时期应采取不同的策略。多元化过程主要采用自主创业、合资、兼并3种方式。企业收购或兼并是多元化的一条捷径,这不仅因为它比从零开始自主创业省事很多,更重要的是它能够使企业直接跨越许多平常难以逾越的行业壁垒,直接获得较为理想的资源及市场份额,并以此为基础开展进一步的经营。合资是介于自主创业和兼并二者之间的一种方式。隔行如隔山,多元化绝非通向成功的金钥匙,而是一把双刃剑。使用得当,可以提高自己竞争优势,壮大企业规模;使用不当,则会破坏企业资源的合理配置,损害企业竞争优势,甚至造成企业破产。专业化还是多元化,是企业发展过程中的艰难选择。

◇ **主要参考资料**

[1] 锦缎. 美的VS格力:白电大停滞时代的多元化赌局[EB/OL].(2021-06-18)[2023-03-26]. https://new.qq.com/rain/a/20210618A0183D00.

[2] 佚名. 家电企业多元化:美的多元化走通了吗?[EB/OL].(2022-07-15)[2023-03-26]. https://www.jiemian.com/article/7752841.html.

[3] 佚名. 干货案例:美的集团-业务布局解析[EB/OL].(2020-06-01)[2023-03-26]. https://www.sohu.com/a/398965043_100058260.

[4] 翟海潮. 企业百论:从创业到基业长青. 北京:机械工业出版社,2019.

◇ **思考与讨论**

1. 分析美的集团实施多元化战略的原因。
2. 指出美的集团多元化战略的类型。
3. 分析美的集团多元化战略的实现途径。
4. 讨论美的集团多元化的效果及潜在风险。

# 第四章 04

## 市场营销环境

## ◎ 学习目标：

1. 了解市场营销环境的概念及类型；
2. 掌握微观营销环境及宏观营销环境的内容；
3. 掌握 SWOT 分析法；
4. 了解不同环境因素对企业营销活动的影响；
5. 掌握环境威胁及市场机会的对策。

## ◎ 案例分析：

案例 1 通过对比亚迪停售燃油车战略决策的分析，引导学生思考营销环境因素的变化对企业营销决策的影响，让学生深刻理解并掌握营销环境的内容及分析方法。同时引导学生思考如何结合社会需求及时代变化在学习与工作中做出最合理的选择。

案例 2 对香飘飘没落背后的环境因素进行了探讨，通过分析让学生进一步加深营销环境因素变化对企业发展影响的认知，掌握不同营销环境下企业应该采取或预先采取的对策，并进一步引导学生树立危机意识，做到未雨绸缪，提升自身竞争能力。

## 一、知识要点

1. 市场营销环境是指影响企业营销活动并与企业营销活动有潜在关系的所有外部力量和相关因素的集合。市场营销环境的内容很广泛,根据与企业的关系,可分为外部环境和内部环境。根据对环境的控制性难易程度,可分为可控环境和不可控环境。外部环境一般是不可控因素,内部环境多为可控因素。根据营销环境的层次,可分为微观环境和宏观环境。

2. 微观环境是指与企业紧密相连、直接影响企业营销能力和效率的各种力量和因素的总和,主要包括企业自身、供应商、营销中介、顾客、竞争者及社会公众。宏观营销环境是指企业不可控制的,并能给企业营销活动带来市场机会和环境威胁的主要社会力量,包括人口环境、经济环境、自然环境、技术环境、政治法律环境以及社会文化环境。

3. 市场营销环境分析常用方法为SWOT分析法。SWOT分析法(SWOT Analysis,又称"强弱危机分析""优劣分析法"等)是一种企业竞争态势分析方法,是市场营销的基础分析方法之一。其通过评价自身的优势(Strengths)、劣势(Weaknesses)、外部机会(Opportunities)和威胁(Threats),对研究对象所处的环境进行全面而系统的研究,并根据研究结果制定相应的发展战略、计划以及对策。

4. 市场营销环境通过对企业构成威胁或提供机会而影响营销活动。环境威胁是指环境中不利于企业营销的因素及其发展趋势,对企业形成挑战,对企业的市场地位构成威胁。市场机会是指由于环境变化形成的对企业营销活动富有吸引力和利益空间的领域。在环境分析与评估的基础上,企业对威胁和机会水平不等的各种营销业务,应分别采取不同的对策。

## 二、案例分析

### 案例1 比亚迪停产燃油车

◇ **案例介绍**

2022年4月3日晚间,比亚迪在其微信、微博等多个官方渠道上称:根据战略发展需要,比亚迪汽车自2022年3月起停止燃油汽车的整车生产。未来,比亚迪在汽车板块将专注于纯电动和插电式混合动力汽车业务。

一石激起千层浪,比亚迪抛出的重磅炸弹,不仅让其成为全球首个停产燃油车的玩家,同时对汽车行业带来重大影响。对比亚迪的"断油"之举,市场上众说纷纭,但毫无疑问这是一次颇具勇气的战略性决策。停售消息发布后比亚迪A股当天开盘大涨近4个百分点,这样的走势和公司宣布的主要决定不无关系,或许股票走势就是对此事的最好回复。

以前也有不少车企宣布了停产停售燃油车的时间节点,但它们的期限往往在五年后、十年后,甚至是更久,与此同时,它们仍旧以燃油车为销售重心,似乎燃油车退出历史舞台对我们而言还是一件很遥远的事。但比亚迪打响第一枪之后,可能越来越多的人会意识到,这个时代终究变了。

1. 比亚迪的"心思"

目前汽车电动化已经是大势所趋，各大传统车企也是纷纷开启转型步伐，但它们也都是燃油、电动双线发展，并没有车企敢于放弃燃油车，把赌注全部押在电动化路线上。相比之下，比亚迪这次停售燃油车是大步走在了前面，从此成为全球第一家宣布停止燃油车生产并付诸实践的车企。为什么比亚迪敢"对燃油车说不"？在给燃油汽车生产画上句号的背后，更多的是比亚迪在新能源汽车领域的突飞猛进。倘若仔细观察比亚迪财务数据，大致就可以看出端倪了，其全面转向新能源汽车的举动绝非一时兴起。

据比亚迪财报披露，2021年其共售出554 980辆新能源乘用车。而乘着新能源概念爆火的东风，2021年比亚迪在资本市场风生水起，每股股价一度突破333元，总市值曾突破9 000亿元的高点。同时比亚迪2022年3月乘用车销量达104 338辆，电动化率100%，再次刷新中国新能源汽车月销纪录。具体来看，纯电和混动表现俱佳，EV纯电动销售53 664辆，DM插电混动销售50 674辆。显然，比亚迪坚持DM车型和EV车型"两条腿走路"的战略取得了成效。截止到2021年10月底，比亚迪汽车总销量为542 679辆，其中新能源汽车销量为418 619辆，较2020年同期增长212.03%，并占集团整体销量的77.14%。2021年1—10月，比亚迪新能源汽车销量占比从年初的47%一路攀升，9月和10月都稳定在90%以上。

从产销数据可以看出，比亚迪要全面拥抱新能源的决心和信心，同时这些数据也为比亚迪停产停售燃油车奠定了坚实的基础。比亚迪利润基本上来源于新能源车，燃油车占比非常小，所以说比亚迪停产燃油车并不会对其造成太大的影响。与其说"混日子"式的造燃油车，不如孤注一掷生产新能源车，而且越早转型越有利。

停产销量不高的燃油车可以让比亚迪聚焦于新能源汽车产研销，轻装上阵，集中资源、力量和优势，才有可能实现弯道超车。从比亚迪2021年全年业绩报告来看，比亚迪新能源汽车全年销量超过60万辆，是2020年的3倍，这个销量，在国内新能源汽车市场排第一，全球排第二，仅次于特斯拉。不过从另一个角度思考停售燃油车事件，与其说是比亚迪主动放弃了燃油车，倒不如说是因为业内发展形势需要和比亚迪内部自身实际情况，迫使比亚迪不得不停产停售燃油车。因为这对比亚迪来说不仅是市场行为，同时也是一个营销行为。

比亚迪以新能源汽车蜚声海内外，这也是其品牌内涵，基于环保和低碳出行理念，停产停售燃油汽车，是行业发展的一个必然趋势。比亚迪做第一个吃螃蟹者，是能够获取政府、行业、市场和消费者空前的好感和大力支持的。

消息出来，全屏都是比亚迪，就可以看到比亚迪这次是赚足了眼球的。这个动作，为比亚迪省下来的广告费，是三五年产销燃油车都没办法赚回来的。事件还在持续发酵，应该说，经过这一轮主动炒作和被动传播，比亚迪新能源汽车的国产龙头形象将更加根深蒂固，得到进一步巩固和夯实。

综合来说，比亚迪此次全面转型新能源车，绝对利大于弊。比亚迪"挥别"燃油车，无疑对于整个汽车行业转向新能源汽车市场有着推动作用。同时也为其他传统汽车品牌树立了表率，未来将会有其他车企跟进停产燃油车。但需要注意的是，此事业界也大可不必为了标榜自己响应号召,而刮起一阵"禁油"风。

2. 行业龙头的"隐忧"

在燃油车的百年历史里,我国汽车产业的发展天然落后于国外,且差距一直存在。而在汽车产业往新能源时代迈进的关键时刻,却赢得了难得的弯道超车的机会。比亚迪这次转型意图不言而喻,但现阶段仍然面临着不少挑战,至少在财务报表里的表现还不够优秀。

比亚迪作为当前中国新能源车企,在去年业绩年报中却出现了尴尬时刻。2021年,比亚迪实现营收2161.42亿元,同比增长38.02%;但其归属于上市公司股东净利润却同比下滑28.08%,为30.45亿元;基本每股收益1.06元/股,同比降27.89%;扣非净利润为12.55亿元,同比下降57.53%。基本上是陷入增收却不增利的困境。同时毛利率的变化也能反映问题。2021年,比亚迪整体毛利率只有13%,其中手机部件、组装及其他业务毛利率为7.57%,同比下降3.62%;汽车相关业务毛利率为17.39%,同比下降了7.81%,创下近十年以来新低,这也是导致比亚迪整体毛利下滑的主要因素。作为对比,去年年销94万辆的特斯拉,汽车业务毛利率超30%,而年销量近10万辆的蔚来和理想,毛利率则维持在20%左右。回看上面的数据,不禁让人陷入思考,比亚迪的新能源汽车明明卖得那么好,为何增收不增利呢?

首先,受原材料及大宗商品价格上涨等因素影响,公司整体成本上升。据高工产研锂电研究所(GGII)报告显示,2021年磷酸铁锂正极材料价格平均上涨幅度超100%。到2021年年末,磷酸铁锂正极材料价格已上涨到8.2万元/吨。上游原材料供不应求,价格上涨,助推磷酸铁锂成本上升。

其次,由于全球疫情影响,芯片紧张,电子业务短期承压,同时为抢占新能源汽车市场,比亚迪去年大刀阔斧扩产,直接导致成本上升。

最后,比亚迪重视研发,去年在研发方面投入了106.27亿元,而其中资本化的投入(不被算入成本的投入)仅为26.37亿元,占总数的24.8%,远低于吉利等国产品牌车厂约50%的平均水平。

需要引起重视的是,当前比亚迪市盈率高达226倍,已然超过新能源全球老大特斯拉的203倍市盈率,未来如何消化如此高估值,如何寻找增量空间,仍需要继续观察。说实话,增收不增利,这对任何一个企业都不是一个好的发展趋势。要知道,汽车相关业务可以说是目前比亚迪最为公众所熟知且最受认可的业务板块,也是大众衡量比亚迪价值的重要标准。

虽然比亚迪交出了一份新能源汽车销量高增长成绩单,但比亚迪也遭遇了增收不增利的尴尬局面,而新能源汽车对政府补贴的依赖,更为其未来业绩增长增添了几分不确定性。显然作为国内新能源车行业龙头的比亚迪只是行业的一个缩影,未来新能源车企也担心会出现同样的忧虑。

3. 新能源车的"混战时代"

传统车企陆续步入停售燃油车行列的背后,一方面是新能源市场的大幅增长将带来巨大收益,另一方面是政策收紧,各大车企渐渐倍感压力,同时,高油价促使消费者提前转向新能源车。正当新能源汽车一路高歌的同时,市场也迎来了不一样的声音。

潍柴动力掌门人谭旭光在业绩发布会上表示:近几年新能源行业比较热闹,出现一窝蜂进入现象,然后无序竞争,新能源的整车,特别是乘用车,将会出现一次灾难性的产能过剩。并且,他明确声明这话是经过认真考虑,并非乱说的。至于产能过剩实际上也是有一定道理的。先来看一组数据,2021年乘用车产能按86家企业的产能利用率分析:根据乘联会的统计,2021年有销量的企业是86家,这些企业合计产能为3 703.8万辆,相应的总体产能利用率为57.93%。可见,在乘用车总产能中,其余企业有385万辆产能是完全闲置的(数据来自央广网)。

这里特点就非常明显:车企乘用车销售量呈现二八分化。头部企业吃掉了大部分的市场份额,不少规模较小、销量较低的企业,则再也无力回天。同时目前造车新势力的格局正在悄悄变化。

4月1日,造车新势力相继公布3月交付量。其中,小鹏交付15 414辆,哪吒交付12 026辆,理想交付11 034辆,零跑交付10 059辆,蔚来交付9 985辆,分别排名一至五位。交付量是最能体现市场号召力的数据,而月交付量破万则是一道区分车企阵营的分界线。过去,"蔚小理"牢牢把持着新造车势力的第一阵营,如今,零跑和哪吒交付量一路高涨,"五虎"也正式替代了"三强",重塑了国内造车新势力市场格局。

比亚迪这次决定全面投身于新能源汽车行列,展现了比亚迪对于未来新能源市场的渴望,当然这也意味着与新势力造车将展开更为激烈的"厮杀"。很显然,这种竞争格局像极了互联网巨头们的存量竞争,俨然现在新能源车已经进入"混战时代",极为内卷。近年来,受政策的指引,各地方政府均在争先布局新能源汽车规划项目,新增了不少规划产能。相关数据资料显示,当前,已经具备生产资质的企业预计有上千万辆在建产能将陆续建成投产,这些在建产能大部分是新能源汽车。

工信部的官方研究院赛迪智库在《警惕"十四五"我国新能源汽车产能过剩风险》一文中表示,在2020年底,我国新能源汽车总产能已达2 669万辆,对比全年市场销量仅为136.7万辆。这意味着"十三五"末我国新能源汽车就已经出现严重产能过剩的问题。在未来消费端不可能出现爆发式增长的大背景下,这些一下子释放出来的巨大产量,将以何种方式消化掉?如果难以消化,未来可能会出现巨大的资金、人才和土地等资源的闲置和浪费。

大量资本疯狂涌入新能源车,尽管推动了行业的高速发展,但不可否认的是,这也带来了太多无序的扩张,毕竟赛道再好也扛不住僧多粥少。未来竞争实力强大的,强者恒强,攻城略地抢占市场毫不费力,竞争不过的,要么清盘退出,要么被对手吞并,说白了就是优胜劣汰。在别人贪婪时恐惧,在狂欢中保持清醒,是优秀资本大佬具备的品质。潍柴动力董事长的喊话,是对当下新能源车泡沫的一个警醒,或许值得我们深思。

4. 新能源车的未来前景预测

俄乌冲突后,全球油价飙涨。在这个微妙的节点上,比亚迪迅速宣告停产燃油车,把燃油车终结了,接下来多米诺骨牌效应要开始了。在全球推进低碳、绿色出行理念的大环境下,车企停产燃油车时间不断提前,新能源汽车必定会成为未来汽车市场的主旋律。但如果目前称燃油车将要过时,结论下得还是太早,毕竟正处于发展中的新能源车还存在诸多不足。对于行业来说,新能源车作为高景气的成长赛道,未来仍将持续发展。但根据新兴行业的发展规律来看,从野蛮生长到规范化经营,必然要经历阵痛的过程。

## ◇ 主要参考资料

[1] 许芸.比亚迪停产燃油车,新能源车销冠的宿命[EB/OL].(2022-04-06)[2023-03-16].https://www.thepaper.cn/newsDetail_forward_17463882.

[2] 佚名.比亚迪重磅官宣:停产燃油车! 破釜沉舟,为何如此激进?[EB/OL].(2022-04-04)[2023-03-16].https://new.qq.com/rain/a/20220404A05GYD00.

[3] 佚名.比亚迪又抛重磅炸弹,燃油车即将终结?[EB/OL].(2022-04-08)[2023-03-16].https://www.sohu.com/a/536201548_428357.

## ◇ 思考与讨论

1. 分析比亚迪停售燃油车的微观及宏观营销环境。
2. 运用 SWOT 分析分析法,对比亚迪停售燃油车的决策进行分析。
3. 讨论比亚迪停售燃油车业务给汽车市场带来的变化。
4. 结合比亚迪的战略决策,分析个人如何在学习上适应社会需求与发展趋势的变化以做出最合理的选择。

## 案例2 香飘飘的没落与危机

### ◇ 案例介绍

香飘飘创立于2005年,是中国杯装奶茶开创者和领导者,2017年,登陆上交所成为"中国奶茶第一股"。然而,累计销量能绕地球40圈的"中国奶茶第一股"香飘飘最近几年过得并不好。据2021年三季报显示,香飘飘2021年前三季度公司归母净利润3 939.55万元,同比下降11.45%;扣非净利润-2 264.41万元,同比下降1 147.67%。单看第三季度的数据,可以说是"营利双跌":第三季度实现营收8.86亿元,同比下降1.76%,归属于上市公司股东净利润1.02亿元,同比下降6.2%。在接连亏损的不利局势下,香飘飘宣布于2022年2月1日起,对固体冲泡奶茶(含经典系列、好料系列)产品价格进行调整,主要产品提价幅度为2%~8%不等。

不过,提价并未能挽救香飘飘的颓势。对此,香飘飘在公告中也表示:"本次部分产品调价可能会对公司产品市场占有率产生一定影响,本次调价不一定使公司利润实现增长。"在冲泡奶茶市场已现天花板,喜茶、奈雪的茶、蜜雪冰城、茶颜悦色等新茶饮品牌扩张冲击的背景下,备受"不健康"诟病,被质疑"重营销、轻研发"的香飘飘正在让年轻消费者渐渐失去兴趣。

1. 香飘飘"不香了"

作为"中国奶茶第一股",香飘飘曾经相当辉煌。2004年,香飘飘创始人蒋建琪发现了中国奶茶行业的产品结构性缺陷,即门店现调奶茶无法满足消费者随时随地饮用的消费需求,因此开发出了首款冲泡奶茶产品。

通过投入重金抢占消费者,香飘飘聚焦冲泡奶茶这一细分领域越做越大。2008年,香飘飘打出"香飘飘奶茶,一年卖出3亿多杯,杯子连起来可绕地球一圈"的广告语,到2011年,已经改成了"一年卖出10亿多杯,能绕地球3圈"。2017年,在第三次冲击IPO后,香飘飘成功上市,风头一时无两。

根据香飘飘官网信息显示,香飘飘连续9年时间稳居冲泡奶茶市场的头把交椅。尽管市面上也有优乐美、香约等奶茶新品牌与之竞争,但都无法撼动它的市场地位。智研咨询数据也显示,香飘飘在杯装奶茶的市占率由2014年的57%上升到了2018年的63.1%。

不过,从2018年开始,香飘飘的业绩开始逐步下滑,2020年更是成为其业绩的分水岭。财报数据显示,2017—2020年期间,香飘飘营业收入分别为:26.4亿元、32.51亿元、39.78亿元、37.61亿元。从增速来看,2018年为23.1%,2019年为22.4%,到了2020年则跌破正数区间,变为-5%。业绩、增速的双重持续下滑导致资本市场对香飘飘失去信心。自2019年一季末达到近37.85元/股的高点后,香飘飘的股价就开启了在跌宕中不断下行的逆旅。截至2022年3月22日,香飘飘股价为13.35元/股,市值跌去了近三分之二。

值得一提的是,自2020年3月以来,香飘飘一个月已经有4位董监高接连请辞,其中包括董秘勾振海、副总经理蔡建峰两位"老将",还有第三届监事会职工代表监事冯永叶、第三届监事会股东代表监事俞琦。根据公告,4人辞职的原因都是"因个人原因"。对于投资者提问"近期多位高管离职的情况",香飘飘4月16日在上证e互动平台表示:"近期公司董监高的离职均因个人原因,上述申请对公司的生产经营活动及其他运作没有造成影响,公司目前各项生产活动均处于正常状态。"

业内人士认为,香飘飘的高管频繁离职,是企业内部沟通协调出现了问题,跟业绩关系不大。从深层次来说,可能公司董事长和他的元老及高管之间的分歧越来越大,这些人对香飘飘丧失信心。当整个信心不足而分歧又在加大的情况下,只有离职。随着这些元老高管的离开,香飘飘未来的战略会存在更多不确定因素。从近年的业绩表现来看,香飘飘确实在走下坡路。之前为了挽救销量,香飘飘推出了果汁茶来填补淡季的市场需求。但从整体市场布局来看,香飘飘依然处于很尴尬的位置,高端饮品有喜茶、奈雪的茶等品牌,拼价格又比不过七八元的蜜雪冰城。高端路线受阻,推低端茶饮又没有利润,香飘飘要想重新争取消费者,急需战略转型。

还需要注意的是,香飘飘出现了大批量经销商退出的情况。据悉,2020年前三季度该公司新增经销商181家,但与此同时却有多达316家的经销商选择退出。仅第三季度选择退出香飘飘的经销商就有149家,而同期新增的经销商仅有17家。截至2020年三季度末,该公司的经销商数量只剩下1 346家,较上半年末的1 478家减少了132家。

2. 奶茶市场变天

2015年,互联网O2O兴起,悄然酝酿着传统渠道的革命。2016年,美团、饿了么这两大兴起的互联网外卖平台让消费市场的变化汹涌而来。

对于快消品来说,渠道就是生命线。外卖平台的兴起可以说改变了传统快消品消费渠道的呈现形式,线上渠道的重要性日益凸显。外卖平台的出现使得线下的现制奶茶饮品与消费者的距离更近，从而大幅占据了香飘飘等传统杯装奶茶品牌原有的市场份额。而消费升级趋势下，喜茶等新中式茶饮门店排起了长龙，"一杯难求"甚至让黄牛都有了生存空间。相反超市货架上的杯装奶茶，却已经蒙上一层灰尘。在业内人士看来，"终结"香飘飘增长的不是它的竞争对手，而是整个互联网时代。从产品本身来看，固体杯装奶茶似乎已经成了上个时代的产品。

对于用户来说，快消品的核心是什么？方便、快捷、即拆即用。从这个角度来看，香飘飘似乎面临着和康师傅一样的困境：外卖平台为餐饮即时制作提供了更高的便捷性和时效性，且外卖餐食和外卖饮品本身其实已经属于快消品。在体验端，即时制作的奶茶口感明显好于固体奶茶饮料，且即拆即饮，更加便捷。也就是说，外卖不仅"干掉了"方便面，也"重创"了香飘飘。

更惨的是，它还得直面网红奶茶店的攻击。新式茶饮正在不断侵蚀香飘飘的生存空间。由于奶茶的主流消费群体为15～30岁女性，这些人越来越少去超市，她们更喜欢在休闲的场景中，享受一杯奶茶的惬意。香飘飘的对手从"优乐美们"换成了巨大的线下奶茶店铺和外卖小哥。外卖的流行，提供了方便快捷以及多样化美味的饮品，救活了城市到乡镇遍地茶铺，解决了到消费者手中最后一千米的问题，这无疑是在迟暮的香飘飘们伤口上撒盐。

随着社会分工的完善，"标准化产品"必然会被"定制化产品＋服务"取代，这就是消费升级的根本逻辑。产品端，人们对饮料的诉求，已经从"好喝""甜""解渴"向"健康""功能性"转变。新式茶饮品牌以中国传统原叶茶为基础配方，搭配鲜牛奶、芝士、鲜果等，味道好，种类多，原叶茶又能彰显出品位和健康的概念。对比之下，仍使用植脂末的奶茶香飘飘们显得非常落后。与动辄二十款产品的线下奶茶店相比，香飘飘的大单品策略显得有些单调。线下加冰、少冰、去冰、常温、热奶茶等变化多端，让需要热水且只能为热的香飘飘们变得更加过时。

此外，新式茶饮让茶饮成了一种"消费"与"体验"的结合体，吸引了年轻一代。消费者购买新式茶饮不仅获得茶饮本身的饮料功能，同时还有社交、时尚、休闲价值。新式茶饮打造的新式空间，包括线下实体体验空间和线上交流话题空间让用户不亦乐乎。而且，当今年轻人更加注重场景消费，喜欢将奶茶作为逛街、休闲娱乐、网点打卡时的标配。当现调奶茶被消费者赋予社交属性之后，无疑又对冲泡奶茶和即饮奶茶进行了降维打击，从而导致无论是冲泡奶茶还是即饮奶茶已经不能再很好满足消费者的需求。

业内专家认为，奶茶冲剂中的含糖量、脂肪含量等指标较高，从食品安全角度看，不利于人们的身体健康。随着近年消费升级，人们更青睐健康新鲜的茶饮，主打线下现场制作的新式茶饮品牌颇受资本市场的重视，而香飘飘、娃哈哈AD钙奶、营养快线等传统饮料品牌都在没落。从消费场景看，香飘飘杯装奶茶此前在火车站、学校附近销量较大，但随着消费者需求改变、品牌老化和电商的冲击，杯装奶茶已经进入了品类衰退期。目前，人们消费奶茶不仅仅是为了解渴，更多是为了社交需求。于是，娃哈哈在今年大规模布局线下奶茶店，而香飘飘此前一直在故步自封，主打产品依旧是杯装奶茶，因而就被层出不穷的新品挤压了市场份额。

与咖啡相比，中国茶饮行业市场空间较小。但随着消费结构的升级，以及新饮品元素的融入,中国茶饮行业出现新的消费风口,品牌们都将目标定在了做中国茶饮行业的"星巴克"上。现制茶饮门店爆发,喜茶、蜜雪冰城、茶颜悦色、奈雪的茶等新式茶饮品牌异军突起,数量已近50万家,连星巴克、肯德基也开始在中国卖奶茶了。资本市场为奶茶的火热再添一把火:2018年3月,奈雪的茶在融资中的估值达到60亿元;2020年3月,喜茶在C轮融资中的估值达到160亿元。奶茶市场好不热闹。在线下奶茶店春风得意的时候,香飘飘们的处境愈发艰难。

线下奶茶店提供的产品非常多样化:佐料可以自选,含糖量可高可低,温度可以常温和加冰,等等,奶茶店几乎可以根据每个人的喜好定制饮品。最重要的是那么多骑手都在摩拳擦掌,随时把饮品送到顾客面前。这时顾客再看香飘飘这种冲泡式饮品,就会觉得太枯燥太标准化了,它和方便面的本质是一样的。

虽然奶茶店的奶茶和外卖提供的快餐未必就是健康的,但最起码在丰富性和便捷性上有了大幅提升。不是香飘飘和康师傅不够努力,或者做得不够好,它们已经很厉害了,做到了行业第一,只是时代忽然变了。

这个时代正在从以"产品"为中心转移到以"服务"为中心,随着社会分工的完善,"标准化产品"必然会被"定制化产品+服务"取代,这就是消费升级的根本逻辑!如果香飘飘还停留在"一年卖出N亿杯,环绕地球N圈"的粗放营销层面,而不能改进体验式服务,就很难在和奶茶店的竞争中扳回一局!这个难题不只是香飘飘的,纵观整个快消品市场曾经依靠标准化产品和传统渠道优势发展壮大的企业,在激烈的时代变化中出现了众多意想不到的新对手。随着消费升级,互联网的飞速发展,渠道在被重新改写,那些昔日王者必然要面临挑战。

◆ **主要参考资料**

[1] 金梅. 香飘飘没落与喜茶崛起背后,是奶茶的产业变迁[EB/OL]. (2020-11-04)[2023-04-28]. https://www.thepaper.cn/newsDetail_forward_9844494.

[2] 昔年. 绕地球40圈的香飘飘 正在被年轻人抛弃[EB/OL]. (2022-03-24)[2023-04-28]. http://www.citnews.com.cn/news/202203/143117.html.

[3] 佚名. 香飘飘连续三年收入下滑,被新生代消费者边缘化?[EB/OL]. (2023-04-21)[2023-04-28]. https://www.163.com/dy/article/I2RL7TAN0553EILH.html.

[4] 吕贡. 经销商退出高管辞职!"奶茶第一股"香飘飘陷业绩下滑困局?[EB/OL]. (2020-12-02)[2023-04-28]. https://finance.sina.com.cn/roll/2020-12-02/doc-iiznezxs4770960.shtml.

[5] 张燕征. 你"秋天的第一杯奶茶",再也不会是"香飘飘"?[EB/OL]. (2020-09-25)[2023-04-28]. https://m.huxiu.com/article/384558.html?f=rss.

◆ **思考与讨论**

1. 分析香飘飘没落背后的营销环境变化。
2. 面对环境因素的变化,讨论香飘飘应该采取何种营销对策。
3. 作为在校大学生的我们,可以从香飘飘的没落中获得哪些启示?

# 第五章 05

## 消费者市场及购买行为

◎ **学习目标：**

1. 了解消费者市场的含义及特点；
2. 掌握消费者购买行为的影响因素；
3. 掌握消费者购买行为的动机；
4. 掌握消费者购买决策的阶段及相应对策。

◎ **案例分析：**

案例1通过对新时代汽车消费特点及变化趋势特别是Z世代汽车消观念变化的分析，加深学生对消费者市场特点的了解，同时通过对特定群体消费特点的深入分析，让学生更好地掌握消费者购买行为的主要影响因素及决策特点。

案例2主要分析了Z世代美妆消费的行为特点，进一步加深学生对特定消费市场的认知及分析方法，掌握消费者购买动机以及购买行为的类型，并能针对不同购买行为类型及购买决策阶段提出合理的营销策略。同时引导学生思考在满足自身消费偏好的同时，如何树立正确的消费价值观。

## 一、知识要点

1. 消费者市场又称为消费品市场或终极市场,是指为满足生活消费需要而购买商品或服务的一切个人和家庭。消费者市场是通向最终消费的市场,是实现企业利润的最终环节,是一切社会生产的终极目标,因此,其他的产业市场都是为消费者市场而存在的,对消费者市场的研究,是对整个市场研究的基础与核心。

2. 消费者市场具有以下特点:需求的多样性、需求的层次性、需求的发展性、需求的可诱导性、需求的相关性、需求的分散性。

3. 影响消费者购买行为的因素有:环境因素,包括文化、亚文化、社会阶层、相关群体、家庭、消费者情景、角色和地位等;个体因素,包括年龄与家庭生命周期、职业、经济条件、个性和自我概念等;心理因素,包括动机、知觉、学习、信念和态度。

4. 消费者购买动机有:生理性购买动机,包括生存型购买动机、享受型购买动机、发展型购买动机;心理性购买动机,包括情感型动机、理智型动机和惠顾型动机。情感型动机可以分为:求美动机(从美学角度选择商品),即癖好动机(满足特殊爱好)、攀比动机(对地位的要求;争强好胜心理);模仿或从众动机。理智型购买动机,即求实动机(产品的实用价值)、求新动机(产品的新潮、奇异)、求优动机(产品的质量性能优良)、求名动机(看中产品的品牌)、求廉动机(喜欢买廉价的商品)、求简动机(要求产品使用程序简单,产品购买过程简单)、求便动机(追求商品购买和使用过程中的省时便利)。惠顾型动机,即消费者根据感情和理智上的经验,对特定的商品或商店产生特殊的信任和偏好,形成习惯、重复光顾的购买动机。

5. 根据消费者购买行为的复杂程度和所购产品的差异程度,消费者行为可划分为复杂购买行为、减少协调感购买行为、寻求多样化购买行为、习惯性购买行为。

6. 消费者购买决策过程是消费者作出购买决策的过程,由问题识别、信息收集、方案评价、购买决策和购后行为等阶段构成。其中问题识别阶段需要确认需求并将之与特定的产品或服务联系起来;信息收集阶段将通过多种来源获得产品或服务信息,以提高决策理性;方案评价阶段,将根据产品或服务的属性、利益和价值组合,形成各种购买方案,并确认购买态度;购买决策阶段,将会在不同方案之间形成购买意愿和偏好;购后行为阶段,将会评估购买获得的价值,并通过行动表达满意或不满意等。

## 二、案例分析

### 案例1 新时代的汽车消费特点及变化趋势

◇ **案例介绍**

新消费群体和需求的出现,让"个性化"正在成为消费趋势。汽车企业的核心竞争力正在从"成本控制"向精准定位、营销能力、品牌运营转移。同时,新品牌的进入和软件付费模式的出现,带来了新的商业模式,"个性化"代替"性价比",正在成为消费新趋势。

随着汽车保有量的提升和家庭第二台车的普及,城镇汽车消费的决策正在从"一车全家用"向"个人决策"转移,叠加购买力提升和消费理念的转变,使得汽车消费"个性化"新趋势明确,"性价比"不再是唯一考量标准。小众细分市场车型(如长安 Uni-T)、国潮风(红旗H9)、越野车(哈弗大狗、坦克300)等"个性化"车型上市后均取得很好的销量表现。整车厂预期能够通过"个性化"的定义,跳出同质化竞争,重新获得定价权,提升车型盈利水平。

新消费群体:Z世代和女性群体占比在上升,差异化需求逐渐凸显。消费群体正在发生两个结构性变化:(1) Z世代购车占比提升。根据罗兰贝格的调查数据,2020年"90后"购车占比已提升至45%;Z世代认为车是自我价值的外在呈现,购车不再拘泥于"性价比",且愿意为外形、智能配置、新消费体验支付溢价。(2)家庭二车的背景下,女性驾驶员和购车者的比例正在上升,且女性消费具有差异化需求:欧拉、Mini、奔驰 CLA 等"高颜值"的小型车目前70%以上车主为女性用户。深度洞察女性购车者"差异性需求"有望助力整车企业打造细分领域爆品。

新需求:追求品质生活催生的蓝海市场,越野车、高端皮卡、房车等车型持续热销。随着生活水平的提高,越来越多的人开始追求品质生活,并热爱自驾游、户外越野等休闲方式,催生了中高端的非承载式车身的硬派越野车、高端皮卡的需求。这一类小众市场目前仍被高价进口车型占据主要份额,预计未来在优质的国产供给放量的趋势下有望逐渐走向大众市场。以越野车为例:美国越野车渗透率是7.5%,我国目前越野车占比仅为0.9%,2020年销量仅为17万台,核心原因是目前缺乏40万元以下的优质国产供给。预计未来15万~40万元价位的越野车,存在60万~80万辆/年的扩容空间。同时,越野车是乘用车行业内制造壁垒和品牌效应较强的细分市场,龙头企业的竞争格局有望大幅好于传统乘用车市场。

新消费体验:汽车的商业模式正在悄然转变,新品牌更适合孕育新消费体验。2017年以来许多新兴品牌破土而出,并在需求端取得了相较之前更大的成功。其核心原因在于,近年来许多新成立的品牌不再主攻大众市场,而是主动迎合新群体的新需求,打造新的消费体验。这与行业供给端的核心竞争力变化是分不开的:汽车企业的核心竞争力正在从"成本控制"向精准定位、营销能力转移。例如,主打城市女性消费者短途出行的欧拉、二娃奶爸专属电动车理想 ONE、走国潮路线的红旗和3/4越野刻度的哈弗大狗都在发布之后迅速地开辟了新的细分市场。此外,新品牌没有历史包袱,在商业模式和消费体验上具有更吸引客户的亮点:"满足社交需求"(如蔚来)、"OTA 智能升级"(如特斯拉、小鹏)、"定制化生产"(广汽Aion、蔚来)等。这一类被传统品牌所忽视的新消费体验正在改变汽车行业的商业模式,甚至有望重构汽车行业的估值框架。

1. 汽车消费:从出行刚需走向个性消费

(1) 总量需求

总量方面,老车报废带来的换购需求将显著提升,对乘用车总销量有一定支撑。在过去的10余年中,中国乘用车销量经历了一波快速增长的浪潮。中国乘用车批发销量从2009年的1 033万辆,迅速增长至2017年的2 472万辆。研究机构 Ricardo-AEA 的数据显示,

15年是汽车平均使用年限和报废的高峰期。根据报废量分布进行测算,2020年我国乘用车理论报废量为515万辆,而到2025年左右,我们预计将有约1 350万辆规模的报废车辆,出现存量市场更新换购的巨大需求。我们预计,2022—2025年,中国乘用车市场的销量增速中枢将维持在5%~7%之间。

(2) 结构变化

结构上:我国汽车消费正在从"私有化"向"个人化"阶段发展。

私有化阶段:汽车开始走进家庭,购车注重性价比,各项功能均衡。在新中国成立后工业化建设进程中,汽车生产能力不断提高,1958年内地生产了第一辆自制轿车,1984年北京吉普成为第一家合资汽车公司,2010年后自主品牌开始以高性价比的SUV挑战合资品牌份额,实现第一轮自主品牌崛起。而需求方面,随着国民收入的提高,汽车开始实现私有化,逐渐走进千家万户。私有化阶段中,汽车主要体现为家庭出行需求,购车决策往往多为家庭成员的集体决策,因此上一阶段热销的车型往往是性价比高、性能和空间等较均衡、外形成熟稳重、较为同质化的产品。

个性化消费阶段:"一家一车"到"一人一车"。根据国家统计局数据,2020年我国民用汽车千人保有量达到200辆/千人,按照平均4人为一家庭计算,千人保有量200辆对应约为每个家庭0.8辆车。业内专家认为,未来保有量提升的核心,在于城市家庭第二辆车占比提升,及农村家庭第一辆车的普及,因此城镇地区汽车消费的决策,正在从家庭群体决策向个人决策转变。汽车的"家庭"属性依旧存在,但是"个人"需求的满足越来越重要,特别要考虑到,家庭第一辆车的使用者往往以男主人为主,而家庭第二辆车的使用者结构上女性、年轻人的占比提升。这就是汽车消费"个性化"的行业背景。

(3) "个性化"对"量"与"价"的影响

销量端:寻找下一款"爆款"车型。随着购车群体结构的变化,"个性化"将成为汽车消费新趋势。针对年轻人、女性消费者等"小众群体"的"小众化车型",可能并不"小众"。例如长安Uni-T车型,该车为长安汽车在紧凑型SUV市场推出一款设计语言较为运动、新潮的溜背式SUV,主要针对的客户群体为年轻夫妇或小孩岁数较小的三口之家(后排乘坐空间局促)。该车在上市半年后销量连续2个月突破万辆,购车用户中"90后"占比达到55%,表现远超此前市场判断。此外,面向大众市场的车型也做出了适当改变,适应这一趋势。例如设计更为年轻、运动、激进的长安CS75Plus上市后,获得市场高度的认可,该车型带领CS75系列重写销量巅峰。

盈利端:个性化车型跳出同质化的竞争,做出溢价。在智能化、电动化、个性化的浪潮中,智能化、电动化更多依赖于供应链,而"个性化"能帮助整车厂跳出"同质化"竞争,重新获得定价权,从而利好整车端盈利。例如长安Uni-T售价和发动机配置与CS75Plus基本一致,区别主要在于:① 外形:车身溜背线条带来运动、激进的视觉感受,尺寸更小,车型深受年轻群体喜欢。② 配置:使用7DCT变速箱,相比6AT成本节省约3 000~5 000元,带来更强的盈利能力。另一个例子,主打"越野外形城市用途"的哈弗大狗与哈弗第三代H6同为长城柠檬平台紧凑型SUV,外形尺寸和动力配置基本相同,售价则相比第三代H6高约7 000元。

对国内行业变化反应更加迅速的自主品牌有望获得更大份额。中国乘用车市场的重要特点是需求变化较快,社会发展日新月异,汽车消费群体和结构在发生巨大的变化;此外,智能汽车相关的技术从2020年开始快速渗透不断迭代。车型更新较快、对中国需求响应更快的自主品牌车型,将更能够适应需求快速变化的中国乘用车市场。

2. 新群体:Z世代和女性群体占比在上升

(1) Z世代:在消费中完成自我塑造,不再拘泥于性价比

Z世代将成为汽车消费主力,消费理念正在更替。Z世代指在1995—2009年间出生的一代人,也被称为"互联世代"。这类人群受科技产物快速涌现的影响,形成了一套专属的消费理念。在中国,Z世代大多是独生子女,有较强的自我意识与表达欲望,具备更鲜明的个性特征。目前,在中国汽车消费市场中,Z世代贡献的力量不可小觑。据罗兰贝格调查数据显示,2020年"90后"人群的购车占比已达到45%;新增驾驶员也以25岁以下的年轻人为主。随着泛Z世代成长为汽车消费的主力,传统一代人群重性价比与实用性的消费观,将被注重个性、体验与服务的消费理念所取代。

无论是消费观念还是购买能力,"95后"已经逐渐成为支持中国汽车市场发展的新兴力量。随着看车、购车、用车频率的增加,汽车的品牌、安全性、功能性等汽车知识也成了他们日常关注的一项必修课。报告显示,在时下较为流行的热点话题中,"95后"关注点最高的是汽车知识,关注度超过了旅行、游戏、摄影等其他热门资讯。同时,随着我国汽车文化的逐渐丰富,追求个性与不满足现状也成了年轻汽车用户的时代标签,越来越多的年轻消费者已经开始关注到汽车改装文化领域。

Z世代消费三大动机:社交需求、自我塑造、悦己。随着社会的发展、物质生活的丰富,Z世代年轻人更少需要为"温饱"而挣扎,消费的驱动因素逐渐变化。根据Kantar和腾讯联合发布的《Z世代消费力白皮书》显示,Z世代的三大消费动机是:

① 社交需求,获得朋友同伴之间的共同语言,带来谈资和社交的资本,进入社交圈;

② 自我塑造,在包容"自我表达"的社会中成长起来的Z世代,更乐于尝试和探索不同的风格,体验生活方式,寻找合适的定位;

③ 悦己,消费不再只是维持生活,年轻人更多将目光投向能够带来"当下的幸福感"的事物。

兴趣多元化,为了小众爱好愿意支付溢价。基于对自身个性的塑造和品位的彰显,"95后"的爱好更加多元化、小众化。例如天猫统计"95后"最烧钱爱好前五名,分别是手办、潮鞋、电竞、摄影和Cosplay,相对小众的亚文化正在Z世代群体中蓬勃发展。另外,与长辈消费习惯不同,"95后"花钱更加"大方",只要是认定"值得"的事情,就会一掷千金。以Z世代群众基础很高的"潮鞋"为例,2017年虎扑旗下潮鞋交易平台"识货"在客单价达到1 500元,规模超过20亿元。虎扑旗下另一款鞋类垂直媒体"毒(得物)"截至2020年5月累计鉴别数突破5 000万双,7成以上是"90后"用户。

Z世代汽车审美:不再拘泥于功能和实用性,追求品质与个性。在Z世代眼中,汽车不

再是简单的出行工具,而更多成为出行伙伴、个性的延伸。根据孟菲等的《泛Z世代汽车需求偏好和消费行为演变研究》,在受访者中,"95后"购车者更加希望汽车具有与众不同的风格,给人留下深刻印象,为自己提供驾驶乐趣,而不仅仅是一个实用的代步工具。在外观方面,溜背设计、运动化尾翼、个性化大灯等设计元素,都受到Z世代消费者青睐。

配置方面,Z世代注重安全,拥抱智能技术。配置方面,车辆的外观造型、驾驶乐趣和高科技配置在Z世代用户中的关注度分别是42.1%、24.1%、23.1%,而这些配置在Z世代的关注度比所有年龄样本的关注度分别高7.6%、10.6%、3.9%。Z世代消费者更加追求新鲜事物,具有极客精神,调查数据显示,如天幕玻璃、抬头显示、自动驾驶等产品及配置,能够突出车型个性化及科技属性,获得年轻消费者的喜爱。

资讯方面,在快节奏的速食文化中,人们越来越习惯在短时间内快速了解信息,加上移动网络时代的到来,网速的制约被彻底破除,短视频等年轻化形式正在崛起,干货、资讯内容依然是硬通货。有关娱乐、生活类的短文、小视频更能满足用户的看车体验,同时,也更容易引发用户的社交互动行为。从论坛、网站、自媒体等多种渠道获取汽车资讯,成为时下Z世代较为流行的购车前准备。

决策过程周期短、更聚焦,对OMO(行业平台型商业模式)的广宣策略提出新挑战。研究表明,Z世代群体购车决策周期更短,平均下单周期相比其他世代下降21%;此外,年轻群体购车目标更加明确,对比竞品车型数量更少,平均聚焦车型数量为3.8辆,而所有客户群体中这一数值为5.4辆。此外,Z世代消费者也是互联网原住民,他们更加习惯于从垂直汽车app、汽车自媒体、KOL(关键意见领袖)、短视频平台等获得信息。因此汽车主机厂需要在市场营销方式上进行革新,在推广定位年轻消费者的车型时,更好地借助社交媒体、短视频平台等进行立体营销。

(2) 女性购车者占比上升,相比"性能"更喜欢"懂我"的车

女性的消费习惯与男生有着较大的差别。以运动产品的消费差异为例,Z世代男性最喜爱的运动产品当属Nike、Adidas这类产品细分性能突出的品牌,而女性则对Converse、New Balance、回力这类兼顾时尚、舒适与性能的品牌更加认可。在购车方面,女性的身形和力量使操纵轻松、车型较小的汽车更受女生青睐。同时,女性更希望自己的车能够兼具外观的线条与色彩、内饰品质与细节,拥有轻巧车型的同时还能带来不俗的驾驶体验。

女性购车者作为中国乘用车消费市场中越来越重要的新声音,亟待各车企聆听。目前,中国家庭正处于二车背景之下。家庭首车的车主通常是男主人,而增购的第二辆车则在更多地满足家庭中女性的需求。近年来,女性车主的比例正在逐步攀升,2018年,女性在购车群体的占比突破30%。同年,新增女性驾驶员的人数也首次超过男性,达到1 225万人,占比达50.9%。消费水平的不断提高,使得高线城市的女性购车者比例正快速上升。当下,中国乘用车市场针对女性购车者的供应尚属空白,急需各车企重视,填补起这一市场的空缺。

全球车企正在行动,争夺女性购车者的消费市场。早在2015年,戴姆勒集团就在采访中提到女性群体对于戴姆勒集团的重要性,戴姆勒表示,中国家庭80%~90%的车辆选购意向会受到女性影响,女性客户已经成为戴姆勒集团的目标消费群体。事实上,奔驰推出的精

致小车Smart深受欧洲女性购车者的喜爱。宝马旗下的Mini凭借其轻奢、小巧的特点,在各类品牌的女性车主占比中独占鳌头。与此同时,国内车企也在积极行动,做出了更方便女性驾驶的功能升级。2020年,长城汽车推出欧拉猫系列,也意在布局中国女性购车者的消费市场。

真正懂女性的车不是简单的要素叠加,而是洞察"真需求"。虽然各家车企都在不约而同地推出自家的"女性用车",但是得到的评价却不尽相同。例如,2015年东风日产推出的新玛驰车型,虽然看起来是在设计上费尽心思,但是实际上,该款车型只是在视觉元素进行颜色的简单叠加,并不真的"懂女人心"。但是,M长城汽车推出的欧拉好猫,轻奢的定位抓准一、二线城市女性的购车市场;外形线条设计感,圆形复古大灯,充满科技感、细节感的内饰,是懂得女性审美的体现。

3. 新追求:追求品质生活,催生新蓝海市场

户外需求催生的几类新需求中,我们最为看好基于非承载式车身的越野车市场的扩容。越野车(ORV, Off-Road Vehicle)是一类在户外非铺装路面通过性强的四驱SUV,专为恶劣道路环境、野外行驶等场景设计的车辆。与注重舒适、节油,主要行驶在城市道路的普通SUV不同,越野车更注重动力、通过性、负载能力、抗冲击及抗颠簸性等。为了满足恶劣环境下的性能表现,越野车往往具有与普通SUV不同的独特配置,包括非承载式车身、四轮驱动系统、差速器锁等。越野车的需求多样,兼具B端、C端及消费升级属性。越野车的需求多样化,兼具B端的生产工具属性、部分地区的C端刚性需求和消费升级的特点。具体而言:

(1) 满足生产、工作的B端需求。部分车主购买越野车的原因之一是满足自己的生产、工作需要。例如,需要下工地现场的建筑行业、从事农业生产的小农场主等。由于国产越野车性价比高,往往是B端需求的首选。例如,汽车之家哈弗H9论坛的一位车主,位于云南少数民族自治州的农村,日常用车场景是橡胶地、香蕉地、山上等,因此对车辆动力和通过性有较高的需求。

(2) 山地、高原等地方C端刚性需求。我国地形复杂,地貌多样,在我国960万平方千米的陆地面积中,山地、高原、丘陵分别占总面积的33%、26%、10%,合计占比达到2/3以上。而盆地、平原分别仅占19%、12%、山地、高原、丘陵主要集中分布在西北、西南、东南等地区,越野车可以较好地应对其山区坡路、戈壁等复杂路况,因此是新疆、内蒙古、云南等地的刚性需求。

(3) C端消费升级属性。越野车需求发展所需要的"有钱、有闲"的条件逐步实现。随着我国人民的物质生活逐渐得到满足,越来越多的人开始追求生活的品质,并用自驾等方式出行,而自驾游是越野车需求的重要来源之一。2019年,根据中国社会科学院统计,我国自驾游出行人次从2012—2019年增加了近2倍,2019年共有38.4亿人次选择自驾游出行。除此之外,越来越多物质需求得到较好满足的人,为了追求纯粹的"感官刺激",参加协会、团体举行的户外越野活动,这也催生了中高端的硬派越野车需求。

4. 新消费体验：迎合个性化需求，比拼定位＋营销能力

需求的结构性变化，为新品牌建立提供沃土。2018年以来，乘用车总销量增长放缓，但许多新品牌破土而出。2015年左右中国乘用车行业曾出现过一波"新品牌"的浪潮，许多自主品牌设立，享受到乘用车行业中高速增长的最后一波红利。在2018—2019年乘用车销量出现负增长时，乘用车行业出现了尾部品牌的出清，许多新品牌逐渐销声匿迹。近3~4年乘用车市场增长中枢下降到2%，但出现了很多活跃的新品牌，在资本市场和消费者层面上更受认可。核心原因有这样几点：

(1) 需求端：新消费和新需求人群对"个性化"定位要求提高，为小众品牌的孵化提供了沃土。例如2017—2020年成立的领克、欧拉、理想、小鹏等品牌，推出定位新人群、定位特定群体细分需求的车型，并且获得了品牌成功。而且不仅汽车，"个性化"也在渗透生活的其他方面。以饮食为例，随着消费水平的提升，人们开始更加关注健康，重视饮食体验和品质，而非一味追求"性价比"。具体而言，建议零售价6元的元气森林比可乐等售价高许多，由于主打0脂肪0热量的健康概念而风靡便利店。另外，聚焦亚文化、小众市场的泡泡玛特及初创时期的哔哩哔哩等，也获得了特定群体的强大支持。

(2) 技术端：新的差异来自智能化和电动化，新品牌更容易实现配置上的差异化突破。汽车行业正在经历智能电动的大变革，得益于特斯拉等品牌推出成功的智能电动车，并完成了初步的市场教育，智能体验已经成为尺寸、外观和动力性能之外，购车者重视的特质之一。企业在智能化方面能够打造差异，实现溢价。而新势力企业在电动和智能化上，前进的步伐比传统车企更加激进，且能做到"智"而"不同"。例如，虽然各家造车新势力企业都在标榜"智能化"这一标签，但实际上是通过不同的硬件配置实现的：小鹏汽车主打实现度更高的自动驾驶；哪吒汽车主打通过OLED（有机发光二极管）的透明A柱实现360°无死角视野；理想汽车主打无充电焦虑的增程式解决方案和四屏联动的智能座舱；拜腾此前的概念车则主打48寸超长曲面屏和手势操作。

(3) 渠道端：差异化的销售网络助力公司进行消费群体的切割。在需求端和技术端的变革下，即便是传统车企在新市场拓展新客户群体的时候，也一般会选择通过新设立销售网络，设立新品牌的方式将新市场的群体和传统市场的客户群体进行割裂。例如，长城汽车和吉利汽车在推广自己的纯电车型的时候，分别设立了新的品牌，并带来和之前有差异化的市场需求定位：欧拉（长城汽车下属的纯电品牌）专注于城市短途出行的女性消费者市场，重点推出A级及A0级车型，目前欧拉好猫的在售订单中有82%是女性客户，欧拉黑猫的已售出车型中有74%是女性客户，这一数据和此前长城汽车以男性客户为主的消费群体有天壤之别，因此专属的渠道和品牌更有利于传统车企进行消费者群体的切割，更有助于培育品牌的认可度和忠诚度。几何品牌是吉利汽车下属的纯电品牌，在2019年起也采用了全新销售网络和全新的品牌Logo，在设计上主打"北欧性冷淡"的设计风格，大量运用规整的几何形状和灰色色块，与此前吉利汽车的内外饰风格相差较大。

核心能力从"成本控制"转变为"精准定位＋营销能力"，新品牌更适宜培育新消费体验。供给端核心能力，从"成本控制"向"需求发掘＋营销能力"转移。过去5年间，汽车行业的供

给端竞争要素已经发生了明确的变化。整车厂的核心竞争力已经从传统的"制造工艺""供应链管理""成本竞争"逐渐转变为"品牌的精准定位""迎合新消费需求的增量"。例如：领克切中年轻、新潮、中高消费能力的群体，消费具象主打"夜店潮流""赛博朋克"的造型；欧拉"猫"系列精准定位城市女性的短途出行；理想 ONE 是二娃奶爸的刚需选择。而产品定位、营销等汽车企业的软实力在车型企划的过程中权重大幅上升，定位更为细分的产品需要配合有效的营销，才能进入客户视野中，而营销方式也要随着产品理念和用户定位的变化与时俱进地改变。

业内人士认为，新产业趋势的变化给汽车行业带来新的消费体验的需求，从而给予了新品牌成长的沃土。在商业模式的变迁下，汽车产业利润池结构正在变迁，新商业模式＋新消费体验将创造新利润空间，业内更看好新品牌在消费新趋势下的竞争力。长期看，整车制造的盈利向下，电动、智能产业链的价值量增加，汽车 SaaS 和服务环节将成为整车企业是否能维持利润结构的胜负手。电动汽车、自动驾驶、共享出行、直销直营的兴起将在极大程度上改变汽车行业的利润来源。

### ◇ 主要参考资料

[1] 阎明炜. 大数据带你了解 95 后年轻人的购车喜好[EB/OL]. (2019 - 08 - 26)[2023 - 02 - 20]. https://www.autohome.com.cn/news/201908/943048.html.

[2] 尹欣驰，李景涛，宋韶灵. 汽车行业深度研究报告：从"出行刚需"走向"个性消费"[EB/OL]. (2021 - 04 - 19)[2023 - 02 - 20]. https://new.qq.com/rain/a/20210419A07AS900.

### ◇ 思考与讨论

1. 汽车购买属于何种消费行为类型？
2. 结合案例分析新群体的汽车消费行为有哪些特点。
3. 结合案例分析新群体的汽车消费动机以及对其购买行为的影响。
4. 针对新群体的汽车消费行为特点，讨论汽车企业应该采取哪些对策。

## 案例 2　中国"Z 世代"的美妆消费特点及趋势

### ◇ 案例介绍

Z 世代崛起，美妆版图迎来了巨变——新消费迭代，衍生出"颜值经济""美妆经济""种草经济"……带火了整个美妆产业。年轻的 Z 世代的美容护肤意识强，已经成了美妆品类消费主力军。Z 世代的消费潜力正不断被激发，人均消费水平增速远高于他们的前辈们。对于行业而言，对 Z 世代的吸引和消费转化是未来增长的核心。进入新的消费时代，面对新的消费人群，品牌如何放下身段，重建品牌大厦，抢占消费者心智？

1. 人群画像

Z 世代定义：Z 世代是美国及欧洲的流行用语，意指在 1995—2009 年间出生的人，又称网络世代、互联网世代，统指受到互联网、即时通信、短信、MP3、智能手机和平板电脑等科技产物影响很大的一代人。据国家统计局数据,2018年中国内地Z世代总人数约为2.6亿,占总人口近的19%。根据腾讯发布的《2019Z世代消费力白皮书》显示,Z世代每月可支配收入达3 501元。收入方面,自由职业者的家庭收入较高,生活压力相对较小。按城市级别来看,一线城市显著高于其他城市,均值达到36 020元;二线城市为20 676元;三线及以下城市也超过万元大关,达到12 222元。

Z世代越来越多地在消费市场崭露头角,从"教培、泛娱乐"到"求职招聘、知识付费",再到"潮牌、奢侈品电商、医美、健身减肥",甚至出现在养生市场。虽然他们不愿被标签,但他们诞生在活跃的商业世界,早已被标签。Z世代具有个性鲜明、注重体验、愿意尝试新鲜事物等特征,此外,他们还深受二次元文化影响,具有五大属性:

第一,崇尚高颜值。基于互联网的虚拟属性与青春特质的共同作用,Z世代们格外青睐那些卖萌、少女系及带有拟人化元素的形象。

第二,喜欢"脑洞大开"。崇尚独创和个性,敢为人先、不走寻常路,比如借助各种脑洞大开的颜艺表情包进行互动。

第三,热衷于寻求理想"人设"。为了寻找自己的"人设"标签,他们愿意在能代表自己的领域投入极大热情、时间甚至金钱。

第四,"同人志"属性鲜明。只要彼此之间确认为"同好",就会敞开心扉坦诚相待,这些爱好相同的人聚在一起形成了一个个小型社群。

第五,社交需求旺盛。Z世代多为独生子女,他们从小到大比较孤独,因而对于社交有着强烈的需求意愿。

2. 媒介接触习惯

企鹅智库调研数据显示,Z世代每天人均使用手机3.54小时。Z世代网民中,71.7%每天使用手机的时长达3个小时及以上;而在线下娱乐方面,61.3%表示不超过1小时。线上娱乐相较线下娱乐,填充了Z世代更多的空余时间。

有社交聊天习惯的Z世代网民,每日进行社交聊天的平均时长大致为56.2分钟;习惯看视频的Z世代每天也会在视频上平均消耗53.39分钟的时间。手机娱乐行为中,社交聊天和视频消耗时长最久。在使用手机的每天沉浸时间调查中,看文学小说的Z世代网民,绝对数量上少于其他行为,但却拥有可观的沉浸度——每日观看文学小说的平均时长达47.56分钟,日均消耗时长位居第三。

根据对Z世代活跃渗透率TGI(Target Group Index)指数,即目标人群指数(某app活跃用户中,Z世代占比/网民中Z世代占比)这一指标的衡量,可以得到排名前20的app种类。这些app主要集中在短视频、泛娱乐、美颜、社交等领域,再度印证了前面所述Z世代五大属性。

相较于挣扎在大体量社交软件中的"80""90"群体,Z世代更偏好有调性的兴趣社交软件。根据QuestMobile发布的《Z世代洞察报告》(2020)显示:在泛社交软件中以粉丝社交软件超级星饭团、兴趣社交软件soul、语音社交软件hello语音及游戏社交软件玩吧活跃渗透率较高,达到60%以上,甚至接近80%。更为重要的是,具有种种鲜明个性特征的Z世代已渐成气候,他们崇尚的文化和价值观越来越被大众接受,其影响力正与日俱增。也正因为如此,Z世代身上蕴藏着巨大的能量,前途更是不可限量。

3. 品牌信息接触渠道及传播形式效能

前几代人的购买过程很简单:即卖即买。而Z世代非常重视社交关系,在购物之前他们会在微博、微信、小红书等平台上寻找商品信息。Z世代会有自己的品牌偏好。在考虑是否购买新产品或服务前,Z世代会了解该品牌,并在整个消费过程中不断寻求信息。

(1) 社交电商成为Z世代首选线上打卡处

华扬联众发布的《时尚2020,潮Z看! Z世代时尚消费洞察报告》显示,大半数Z世代在了解各种时尚品类的资讯时都会首选时尚电商app(如淘宝、天猫、京东)和种草社区(如小红书),其他分别是社交媒体(微博、微信)、线下商场、朋友推荐、短视频平台(抖音、快手)和品牌广告,均占三成左右的比例。

(2) Z世代关注的品牌传播形式和内容创意

在接受美妆资讯方面,一线城市的Z世代会关注品牌本身,包括品牌的历史、品牌故事、品牌公益等方面,对品牌本身有着比较高的忠诚度与黏合度。高收入家庭会更关注"新款发布"和"门店设计",更偏向于产品本身。品牌传播资讯的形式和创意,是他们最为在意的。

(3) Z世代最爱"短视频""图文"和"视频直播"传播形式

在所有Z世代青睐的时尚资讯传播形式中,"短视频""图文"和"视频直播"排名前三。在性别上也展现出一定差异:男性对"纪录片""H5"形式的资讯感兴趣程度高于女性;"Vlog"则更受女性喜爱,一部好的作品可以在一晚上收获几百万的流量。一线城市的Z世代则对"动漫画"表现出了高于其他城市人群的独特兴趣。

(4) 手机app广告带给Z世代的印象最深,其次为公共场所

日常环境或场所中,42.9%Z世代表示手机app上的广告带给自己的印象最深。而街边/电梯等公共场所、电视,在移动互联网尚未普及时便作为经典的广告宣传形式,也仍各有着两成左右的Z世代表示是自己印象最深的广告出现场所。

4. 美妆消费驱动因素和购买渠道

(1) 安全性、使用体验是Z世代购买化妆品时首要考虑因素

腾讯《2019 Z世代消费力白皮书》显示,目前已有92.4%的Z世代女性会购买化妆品,且接近四成的消费者每年在化妆品上的消费在2 000元及以上。对比而言,会购买化妆品的男性刚过一半,为56.7%,而他们中的大多数每年消费也维持在1 000元以内。购买化妆品时,安全性、使用体验是Z世代最首要考虑的因素;除此之外,46.4%女性也会对化妆品的精华成分有关注。女性往往在化妆品上有着更多的投入,她们对商品质量的需求显著高于男性。

(2) Z世代美妆消费的考虑因素

《时尚2020,潮Z看! Z世代时尚消费洞察报告》显示,Z世代会结合产品(设计、面料、色彩等)、品牌广告与宣传(品牌本身知名度、喜欢明星及KOL代言、广告等)、价格与渠道

(性价比、促销活动)等多方面进行考虑并选择最适合自己风格的产品。在选购美妆产品时,女性和高收入人群考虑的因素会更多,女性在"性价比"和"新款"的追求上高于男性,同时他们也更愿意接受"周围的朋友推荐"。

(3) Z世代参考商品风评时,更相信用户真实的使用体验

79.3%的Z世代表示自己会相信商品真实用户自己发表的使用体验,此外对懂行的专业人士的言论也有着35.9%的Z世代保持着听取的倾向。媒体发表的评论文章有着两成以上的Z世代选择相信,而代言明星与直播网红的言论往往被参考得极少。

(4) Z世代美妆消费的购买方式和渠道

Z世代时尚消费洞察报告显示,线上购物平台虽然比例逐年升高,但线下购物仍是不容忽视的重要渠道。综合类电商购物平台、品牌专卖店、海淘类购物网站是3个最为主要的购买渠道。时尚类电商、时尚精品街、大型商业综合体、各大品牌官网/小程序和百货商店等渠道也都发展势头强劲。

随着电商平台的多样化,以及像小红书这类衍生化社交电商平台的兴起,Z世代年轻人,从最初的垂直化社交平台(微信、微博),转到分享社区、短视频网站。他们的购买渠道呈多元化,从过去的综合购物网站和app,到如今社交平台,或者在两者间游走,种草和分享。而线下购买渠道,则以场景化体验和互动社交,吸引着更多的Z世代人。

5. 美妆消费动机及消费习惯

(1) Z世代的消费动机

① "为社交":通过消费把圈子"买"出来

QQ广告联合凯度发布的《Z世代消费力白皮书》显示:60%的Z世代想通过消费来拥有踏入新圈子的"准入证",吸引圈内志同道合的人,从而成功进入社交圈。

② "为人设"成为驱动Z世代消费的重要动机

《Z世代消费力白皮书》显示,54%的Z世代希望通过消费来探索自我风格。Z世代通过不断购买与兴趣相关的品牌和产品,来加深对兴趣相关领域的钻研,建立起人设。

③ "为悦己"成为Z世代的消费动机

《Z世代消费力白皮书》显示,超过50%的Z世代认同花钱是为了获得幸福感。在漫长而重复的兴趣养成中,Z世代会通过拥有心仪的物品带来瞬间的快乐,不断感受到生活中的即时幸福与美好。

(2) 电商渠道成为化妆品第一大销售渠道

近年来,电商渠道迅速崛起,有赞发布的《2020美妆行业发展趋势洞察》显示,2018年电商渠道销售占比27.4%,超越KA(商超卖场)、百货成为化妆品第一大销售渠道。

(3) 线上美妆市场下沉,小镇青年崛起

《2020美妆行业发展趋势洞察》显示,2019年中国化妆品线上消费群体日益壮大,线上消费者主要人群来自二线城市,四线及以下城市消费人群扩大明显。2019年天猫618数据显示,超过1亿件物品的订单中有近一半来自三至六线城市。618前两天,来自三线以下城市的聚划算美妆产品销售额同比增长143%。2019年小镇青年美妆个护的线上消费增速达

38%,远超上线城市16%的增速。《100家美妆品牌中国市场分析报告》显示,中国一线城市的消费者除了选择欧美、日韩等高端护肤品牌之外,渐渐喜欢更具个性化的小众品牌,而大众护肤的市场增长重心渐渐往三、四线城市迁移。

(4) 男士美妆消费市场潜力大

2016—2019年,中国男士化妆品零售年平均增长率达13.5%,2019年中国男士化妆品市场规模达190亿元,占中国化妆品市场份额的4.5%。2018年天猫男性美妆消费增速较快,男士专用品牌连续两年增速超50%,增速最快的为男士乳液乳霜、男士彩妆。基础洁面和面部乳霜是男性主要消费的护肤品类,且保持稳定增长;男士彩妆为高增长品类,2018年同比增速89%。

中央电视台播出的《2018年度消费报告》显示,Z世代中不同年龄段的男性,在护肤品购买趋势上,有较大区别。2018年前三季度男士护肤品销售增长情况显示,15～24岁的年轻男士,增长率为21%;25～34岁的男士增长率为30%,并且男士对价格并不敏感,因此偏向于高端化妆品。

(5) Z世代属于典型的"科技原住民"

Z世代从小就和互联网有着亲密的接触,将Tech Chic作为一种在情感结构变化中产生的特定的文化烙印,受到大量前卫的潮文化、二次元文化的渗透、科幻和英雄主义的洗礼等。科技、时尚、游戏、艺术等都对他们产生了潜移默化的影响。时尚、明星、网红、动漫和美食是Z世代最为感兴趣的社交话题。Z世代常以精神消费来驱动实体消费,如明星周边、动漫手办、IP衍生均基于以上Z世代心理特征。因此,近年来男士护肤品的新领域开拓。例如游戏、动漫IP联名等在一定程度上能引发消费群体的关注,并引发话题效应。

(6) 化妆品高端化趋势兴起,更多年轻人开始用高端化妆品

近几年国内化妆品高端化趋势兴起,高端化妆品增速明显快于大众化妆品。在消费升级、品牌认知度提升的驱使下,"95后"成为高端美妆消费的潜力人群。2018年3月至2019年3月,天猫有超5 000万的"95后"购买化妆品,魅可、雅诗兰黛、圣罗兰、纪梵希、海蓝之谜等奢侈美妆成为"95后"最爱购买的高端品牌。

(7) 大众护肤市场向三、四线城市迁移,国货品牌成平价彩妆主流

第一财经商业数据中心(CBNData)的《三线及以下城市彩妆消费趋势报告》显示,作为彩妆新手入门的首选,平价彩妆在三线以及以下城市已经"站稳脚跟",在三线及以下城市,平价彩妆贡献了六成以上的销售额,有九成以上的彩妆消费者购买过平价彩妆品牌,远超中高端彩妆。口红、美妆工具、眉笔、眼影是三线及以下城市消费者彩妆入门品类。

(8) 面膜、洁面、卸妆等基础护肤产品消费频次高

Z世代对彩妆和护肤持有更为积极的消费观,日常护肤是Z世代追求颜值的第一步,因此对面膜、洁面、卸妆等基础护肤产品具有高频消费的需求。京东大数据显示,在护肤品品类中,精华类产品虽然占比仅为10%,但却是各品牌重点开发的产品,同时因为其高效能的特征备受消费者青睐,在2018年它成了护肤市场中规模增长最快的品类。

(9) 底妆、口红和化妆工具是彩妆品类最主流需求

Z世代对彩妆的需求更多元，底妆、口红和化妆工具是最主流的需求，同时，像蜜粉、阴影、遮瑕等针对细节把控的品类也正迅速捕获Z世代的芳心，Z世代的妆容愈加精致化。

6. Z世代美妆消费趋势

根据天猫《Z世代趋势美妆消费洞察报告》的数据分析，总结出关于Z世代的以下五个维度的美妆消费趋势。

(1) 底妆品类

精致妆容是Z世代"出街"必备，Z世代的妆容细节则是层层把控，包括打底、粉底、修容及定妆等底妆消费占比显著提升。其中，高光产品形态细分化。

(2) 彩妆品类

多色盘是眼影行业的潮流风向，Z世代对多色盘的偏好度最高。彩色眼线或是配合整体妆容风格，或是增添妆容新鲜度，正快速地成为Z世代彩妆选择的一部分。

(3) 护肤品类

肌肤耐受性及护肤品使用安全性逐渐成为Z世代护肤品选择的关键考虑因素，线上相关搜索热度正在提升。此外，Z世代拥抱肌肤环保主义，钟爱天然植萃成分，其中果酸、芦荟、茶树等天然植物配方成为热门。

(4) 热门成分

Z世代是"护肤知识分子"，对成分功效了然于心。近一年在天猫国际平台上受到Z世代欢迎的热门成分有氨基酸、玻尿酸等，而"网红"成分烟酰胺及胶原蛋白消费增速引人瞩目。此外，一部分消费者皮肤敏感度较高，特殊季节皮肤亟须被"拯救"，蕴含"急救"功效成分的产品，受Z世代青睐。

(5) 香水品类

Z世代是香水香氛的消费主力，Z世代们更钟情于低调中性的香型，偏好古龙、茶香和草木香。香水香氛是风格打扮的一部分，Z世代也正苦寻小众独特的那份香气，小众香水线上搜索热度显著提升。此外，Z世代三年来在香水礼盒的消费不断提升。

7. 美妆消费的品牌倾向

华扬联众发布的《时尚2020，潮Z看！Z世代时尚消费洞察报告》分别从国内彩妆、国外彩妆、国内护肤、国际护肤、香氛五个角度划分，罗列出Z世代青睐的TOP5品牌。

Z世代的化妆品消费排名前三的品牌是：魅可、悦诗风吟、欧莱雅。Z世代女性购买最多的两个化妆品品牌是：魅可、悦诗风吟，各有30%左右的Z世代女性对这两个品牌有过消费。她们对欧莱雅、迪奥、资生堂、雅诗兰黛、美宝莲的消费比例也均达到两成以上。Z世代男性购买最多的三个化妆品品牌是欧莱雅、迪奥和资生堂。其中欧莱雅达18.4%，领先其他品牌较多。

Z世代对头部美妆品牌有较高讨论热情。"香奈儿"用作QQ群名的比例相对其余化妆品品牌均有着较大的领先，品牌的知名度与讨论度均较高，但Z世代网民购买化妆品时选择

香奈儿的比例并不靠前。总的来说,价格更高的奢侈品牌在 QQ 群名中出现的比例较高。

男性对化妆品的使用与了解均明显低于女性。在 QQ 空间动态中,18~25 岁男性对化妆品品牌提及的前五名均为奢侈品牌。男性对化妆品的使用与了解均明显低于女性,而一定档次的品牌往往是他们最先会接触到甚至仅会接触到的内容;"送礼"也作为他们在社交平台上分享和讨论的原因之一。18~25 岁的女性对化妆品的讨论中,各品牌的涵盖则明显更全面,其中国产品牌麦吉丽位居首位,其推广和营销活动在年轻女性中有效地催动了人群间的自发分享。

化妆品是一种"上瘾消费"。中国化妆品行业正在快速增长,"越来越年轻,越来越接地气"是对增量市场最好的形容,而 Z 世代正是撬动这个市场增量的最关键人群。在这样的趋势下,品牌商如何借助不同的渠道精准地触及 Z 世代消费群体成了发展的关键。

◇ **主要参考资料**

[1] 媒介 360. 中国美妆消费"Z 世代"图鉴[EB/OL]. (2020-09-04)[2022-03-25]. https://www.sohu.com/a/416546093_505816.

[2] 佚名. 2021 年 Z 世代美妆护肤消费洞察报告[EB/OL]. (2021-03-29)[2022-03-25]. https://www.thepaper.cn/newsDetail_forward_11936871.

◇ **思考与讨论**

1. 美妆消费属于何种消费行为类型?
2. Z 世代的美妆消费有何特点?
3. 分析 Z 世代的美妆消费动机。
4. 针对 Z 世代的美妆消费特点,美妆企业应该采取何种营销对策?
5. 结合案例讨论大学生在满足自身消费偏好的同时,如何树立正确的消费价值观。

## 第六章 06

组织市场及购买行为

◎ 学习目标：

1. 了解组织市场的含义及特点；
2. 掌握市场营销的类型；
3. 了解生产者购买决策过程阶段；
4. 领会生产者与供应商之间的关系。

◎ 案例分析：

案例1分析作为电池供应商的宁德时代与作为汽车生产企业的特斯拉如何通过友好合作实现互利共赢，加深学生对组织市场类型、购买特点及关系处理的认识。

案例2分析了作为分销商的苏宁易购与作为生产企业的海尔集团之间的互利合作案例，进一步加深学生对组织市场不同类型购买特点以及购买决策阶段的理解。同时引导学生思考如何在学习、生活及工作中实现合作共赢。

## 一、知识要点

1. 组织市场是指工商企业为从事生产、销售等业务活动以及政府部门和非营利性组织为履行职责而购买产品和服务所构成的市场。组织市场具有购买者比较少,购买数量大,供需双方关系密切,专业人员采购,购买者地理位置集中,派生需求,需求弹性小,需求波动大等特点。

2. 组织市场由四部分组成:生产者市场、中间商市场、政府市场和非营利组织市场。生产者市场,又称为产业市场或生产资料市场。它是指一切购买产品和服务并将之用于生产其他产品或劳务,以供销售、出租或供应给他人的个人和组织。中间商市场是指那些通过购买商品和劳务以转售或出租给他人获取利润为目的的个人和组织。中间商市场由各种批发商和零售商组成。政府市场是指那些为执行政府的主要职能而采购或租用商品的各级政府单位。由于各国政府通过税收、财政预算等掌握了相当大一部分国民收入,所以形成了一个很大的政府市场。非营利组织市场指为了维持正常运作和履行职能而购买产品或服务的各类非营利组织所构成的市场。非营利组织泛指所有不以营利为目的、不从事营利性活动的组织。

3. 生产者购买决策过程一般包括 8 个阶段:认识需要、确定需要、说明需要、物色供应商、征求建议、选择供应商、正式订购、购后评价。

4. 生产企业和供应商的关系不是单纯地买卖交易关系,更不是相互搏杀的竞争关系,而是一种紧密合作的伙伴关系。在市场竞争中,二者处在同一条供应链当中,是利益相关的两个节点。在供应商关系管理中,生产企业应该遵循公平交易、积极合作的原则,和供应商建立起互信、互利的合作关系,并争取在价值整合中实现双赢。

## 二、案例分析

### 案例 1  宁德时代与特斯拉的强强联手

◇ 案例介绍

宁德时代新能源科技股份有限公司成立于 2011 年,是全球领先的锂离子电池研发制造公司。公司专注于新能源汽车动力电池系统、储能系统的研发、生产和销售,致力于为全球新能源应用提供一流解决方案。公司主要产品包括动力电池系统、储能系统和锂电池材料。

1. 签订友好合作协议

2021 年 6 月 28 日晚间,宁德时代发布公告称,为进一步延续和深化与特斯拉之间的友好合作关系,公司与特斯拉于 6 月 25 日签订了 Production Pricing Agreement。公告称,协议约定,公司将在 2022 年 1 月—2025 年 12 月期间向特斯拉供应锂离子动力电池产品。具体的采购情况特斯拉以订单方式确定,最终销售金额须以特斯拉发出的采购订单实际结算为准。公司表示,协议的签订表示特斯拉对公司动力电池的产品质量和生产能力的进一步认可,有助于强化公司与特斯拉之间长期稳定的合作关系,符合公司和股东的利益。此外,公司将根据协议履行情况在相关年度确认收入,预计对公司相关年度的经营业绩产生积极影响。协议的履行不会对公司的业务独立性构成不利影响,公司不会因此对客户形成重大依赖。

换言之,未来几年内,特斯拉旗下的 Model 3、Model Y 等车型将会使用来自宁德时代的电池组。2020 年 2 月 3 日,双方就已开始合作。特斯拉迅速成为宁德时代客户中的中流砥柱。世纪证券统计显示,按装机口径计算,2020 年特斯拉为宁德时代第三大客户,而到 2021 年第一季度,特斯拉一跃成为其最大客户。

距离前一次合作结束还有一年,特斯拉就再度延长了和宁德时代的合作期限。此次双方绑定再度加深,不仅是对双方以往合作的肯定,也是在电池荒危机下提前为自身争取新一轮竞争砝码。

2. 合作背景:需求猛增下的"电池荒"

一直被誉为电动车心脏的动力电池,在未来电动化竞争中占据了战略地位。如今这一物资正面临供应短缺的问题。相比 2020 年开始爆发并蔓延至今的缺芯危机,电池荒已经成为车企推进电动化战略落地的最大困扰之一。

2021 年 3 月初,蔚来创始人李斌曾在蔚来 2020 年 Q4 财报电话会议中提到"电池供应链将成为瓶颈"的话题。此前小鹏汽车 CEO 何小鹏为了从宁德时代顺利拿货,也不得不到宁德蹲守一周。快速增长的市场需求,是导致"电池荒"的推手。据市场机构 EV volumes 统计,2020 年全球共销售新能源汽车 324 万辆,同比增长 43%。

中国市场增长形势同样不俗。中国汽车工业协会统计数据显示,2021 年 1—4 月,中国新能源汽车产销双双超过 70 万辆,分别达到 75.0 万辆和 73.2 万辆,同比增长 2.6 倍和 2.5 倍。电池需求自然水涨船高。根据中国汽车动力电池产业联盟数据,2021 年前 4 个月,中国动力电池累计装机量约为 31.6 GWh,同比增长 241%。为了保证电池供应,各家车企各出奇招——增加采购规模、自建电池工厂、与电池巨头合作。

虽然特斯拉和大众纷纷自建电池厂,但并不意味二者将放弃从外部供应商采购电池,双方同属宁德时代朋友圈。通用汽车、福特汽车、日产汽车和丰田汽车则选择了与先进电池企业合资建厂的模式。如此背景下,宁德时代和特斯拉的合作再度升级,也是电动化浪潮下的必然选择。

3. 合作目标:强强联手建立护城河

这次的合作,用强强联手来形容最为合适。对宁德时代而言,虽然已经在动力电池市场封神,站上万亿市值高位,但此次绑定将继续让其保持 C 位。

2021 年 6 月 29 日,宁德时代股价再创新高。截至收盘,宁德时代股价报收 508.51 元/股,涨幅达 2.96%,总市值超 1.18 万亿元,涨幅超过 4 倍。市值的大幅增长背后,是宁德时代在动力电池领域的绝对优势。据韩国研究机构 SNE Research 公布的数据,2020 年宁德时代装机量为 34GWh,连续 4 年卫冕全球第一,位列其后的依次是 LG 和松下。和国内车企加速绑定的同时,宁德时代也强势卡位海外客户供应体系。国信证券显示,2020年宁德时代全球和国内装机市占率分别为26.0%和50.1%。

此次合作协议并未约定中国市场,也就是说通过配套特斯拉在全球范围内出售,会进一步推动宁德时代在海外市场的突围。对于特斯拉而言,订单签订可以暂时缓解电池荒的局面,保证产能不受影响。同时,随着国产化率的不断提升,采用本土化供应和生产的方式会进一步降低成本,快速提高产量,从而提升整体议价能力。

2020年,特斯拉首次实现全年盈利,其中离不开中国板块的支持。2020年特斯拉在中国营收达到了66.62亿美元(约合人民币430亿元),同比增长124%。

得益于产能的不断提升,上海超级工厂目前生产的Model 3与Model Y,在已经实现每年25万辆的产能基础上,计划未来3年内年进一步增至每年45万辆。除满足国内市场用车需求外,部分国产Model 3还将出口海外。

4. 合作影响:推动高端动力电池市场竞争

从市场份额来看,动力电池格局依然是强者恒强。上一轮新能源补贴要求下,拥有高续航优势的三元锂电池成为市场霸主。在新一轮动力电池规定下,三元锂和磷酸铁锂不得不在安全领域再次站在同一起跑线上。但高精技术始终掌握在少数玩家手中,在潜力巨大的高端新能源市场,对优质电池的争夺必然日趋激烈。

有业内人士指出,目前特斯拉高质量电池仍然稀缺。如果想要做续航超500 km的电动汽车,基本只能选择三元锂电池,国内能量产这种高能量密度电池的厂家只有那么几家。2021年5月年度业绩说明会中,宁德时代表示811电池目前占动力电池总出货量的20%以上,并且已在海外市场实现大规模交付。该类型电池凭借高能量密度和长续航、低成本优势,依然是宁德时代目前的主流技术,也是未来一段时间内宁德时代的"杀手锏"。高端电池缺货的情况下,电池厂商之间的竞争也进入白热化。2020年动力电池装机量排行中,宁德时代、LG化学以及松下三家占据了全球68.9%的动力电池市场份额。排名第二的LG化学全年装机量仅比宁德时代少3 GWh,达到31 GWh,较2019年增长了19 GWh,涨幅超150%。

在动力电池地位日益升级的情况下,此次双方的强强绑定,将继续加深二者在各自领域的竞争优势。在保证供应链稳定前提下,特斯拉的销量有望持续增长。宁德时代也将继续横扫动力电池领域。当越来越多玩家步入造车赛道时,拥有绝对优势的双方绑定,也将推动整个新能源产业的向前发展。

◇ **主要参考资料**

[1] 佚名.宁德时代将向特斯拉供应锂离子动力电池产品,此前股价一度突破500元大关[EB/OL].(2021-06-28)[2022-08-08].https://www.yicai.com/news/101094899.html.

[2] 佚名.宁德时代与特斯拉再签四年大单,电池争夺战升级[EB/OL].(2021-07-06)[2022-08-08].https://www.sohu.com/a/475734705_540947.

[3] 佚名.合作延长至2025年,宁德时代与特斯拉续签供货协议[EB/OL].(2021-07-01)[2022-08-08].https://www.163.com/dy/article/GDQEHD8A052798OO.html.

◇ **思考与讨论**

1. 案例中所反映的市场属于何种类型？
2. 分析案例中所反映的组织市场的特点。
3. 分析案例中组织市场购买的类型。
4. 结合案例分析作为供应商的宁德时代与作为采购商的特斯拉之间的关系。

## 案例 2　苏宁易购与海尔的战略合作

◇ **案例介绍**

2022年临近岁末之际，家电行业开启新一轮战略合作规划。11月24日，苏宁易购与海尔召开年度战略对接会，双方在总结2022年合作基础上明确了2023年战略合作目标及路径，同步针对年底营销旺季举行了"感恩月"圣(圣诞)元(元旦)春(春节)全国动员会，双方总部高层及全国各大区负责人出席会议并签署战略合作协议。

1. 目标升级展现新一年深化合作信心

针对当前市场形势及消费升级趋势，苏宁易购集团总裁任峻表示，2022年是苏宁易购与海尔深化战略合作的关键之年，双方聚焦产品、用户和场景，合作成效充分凸显。2023年，苏宁易购将与海尔携手全面聚焦零售本质，修炼核心能力，围绕店面、采购和服务三条主线，持续提升用户体验，打造涵盖咨询、设计、配送、安装等在内的全链路服务体系，重塑服务竞争力，提升用户口碑。

在产品方面，海尔将推动空调、冰洗、厨卫、中央集成等全品类爆款新品在苏宁易购渠道首发上市，双方还将发力C2M定制，推出多款苏宁易购专供产品，满足各层级消费需求。

值得一提的是，双方计划继续推动组织结构升级以进一步提升合作效率。今年初，海尔苏宁经营公司正式揭牌，海尔150人团队进驻苏宁易购总部，开展联合办公。双方表示，组织机制建设将进一步深化，实现信息全面互通，加快落地执行力度，提高经营效益。

2. 战略契合推动2022年合作成效凸显

借助"卡萨帝"的品牌优势，海尔持续通过三翼鸟智慧场景和生态平台的搭建，为用户提供家电与家装融合的智慧家庭解决方案。这也与苏宁易购"为用户提供家庭场景解决方案的零售服务商"定位全面契合。

2022年以来，双方在高端、场景、C2M(从消费者到生产者)等方面持续强化战略合作，打造了引领行业创新发展的合作关系。2022年1月，苏宁易购首个家装、家电、家居、服务"四位一体"店落地南京，海尔三翼鸟体验中心进驻，为用户打造沉浸式购物的"家环境"。截至目前，三翼鸟在今年落户22家苏宁易购核心门店。双方在年中打造的"卡萨帝舒适家装节"和第八届海尔品牌节更是引发了行业关注。数据显示，2022年的717海尔品牌节销售规模达13亿元，同比增长18%，累计服务用户超15万。

此外，以卡萨帝为代表的高端家电产品是双方的合作重点，双方联手冲刺高端市场份额第一的目标。2022年以来,中高端家电消费需求在国内市场持续释放,万元以上高端家电产品销售快速增长。通过场景布局、新品首发、联合定制等策略,卡萨帝成为苏宁易购渠道最受国内消费者青睐的高端品牌之一。

3. "家庭场景解决方案"的创新业态苏宁易家在南京和重庆相继落地

2022年下半年,苏宁易购旗下聚焦"家庭场景解决方案"的创新业态苏宁易家在南京和重庆相继落地,海尔率先入驻。以苏宁易家为载体,双方通过场景升级、共建生态、全流程打造并提升用户价值。

在C2M方面,双方联合打造的空调爆款KKC系列年度销量超30万套,成为双方携手满足个性化消费需求、激活消费增量的重要突破口。

海尔智家副总裁、中国区总经理徐萌表示,过去一年,海尔与苏宁易购的战略合作在应对风险和挑战中迈入了新阶段,2023年双方团队对国内家电市场充满信心,政策支持、消费分层、用户换新等趋势必将带动国内家电市场打开新的增长空间,海尔与苏宁易购将进一步推动合作效率提升、用户体验升级,加强组织机制保障,引领行业发展。

◇ **主要参考资料**

[1] 佚名.苏宁易购海尔合作升级,2023年目标200亿[EB/OL].(2022-11-25)[2023-03-16].https://new.qq.com/rain/a/20221125A07QDE00.

[2] 佚名.苏宁易购与海尔宣布升级合作,2023年目标为200亿元[EB/OL].(2022-11-25)[2023-03-16].https://www.163.com/dy/article/HN1KM9U605198R91.html.

◇ **思考与讨论**

1. 案例中所反映的市场属于何种类型?
2. 案例分析组织市场的购买有何特点?
3. 分析案例中组织市场购买的类型。
4. 结合案例中企业之间的互利合作,讨论如何在学习、生活及工作中实现合作共赢?

# 第七章 07

# 市场营销调研与需求预测

## ◎ 学习目标：

1. 了解市场营销调研的重要意义；
2. 掌握市场营销调研的内容；
3. 掌握市场营销调研的方法；
4. 了解市场需求预测的方法。

## ◎ 案例分析：

案例1主要介绍了王老吉如何通过对消费观念、购买动机等环境因素的调查来确立"怕上火，喝王老吉"这一品牌定位。通过该案例的分析加深学生对市场调查必要性、内容及方法的认识，同时引导学生以求职调查为例，思考在自身求职过程中如何尽可能找到最合适的发展舞台。

案例2主要介绍了全球快餐巨头麦当劳如何进行商圈及选址调查，详细分析了其严谨细致的调查方法，通过对不同行业典型企业的案例分析，进一步加深学生对调查内容特别是调查方法的理解和运用。

案例3分析了宝洁推出"润妍"新产品前所做的市场调查，从失败的角度要求学生分析其中的原因，并结合营销中的同类现象引导学生思考如何在营销中尽可能降低决策风险。

## 一、知识要点

### (一) 市场营销调研的必要性

市场营销调研是指运用科学的方法,有目的地、系统地搜集、记录、整理有关市场营销信息和资料,分析市场情况,了解市场的现状及其发展趋势,为市场预测和营销决策提供客观正确的资料。营销调研可以避免企业在制定营销策略时发生错误,避免出现盲目的和脱离实际的决策;可以让企业及时了解市场可能的变化趋势以及消费者潜在的购买动机和需求,有助于营销者识别最有利可图的市场机会,为企业提供发展新契机;有助于企业了解当前相关行业的发展状况和技术经验,为改进企业自身的经营活动提供信息;还可以对市场变化趋势进行预测,从而提前作出计划和安排。

### (二) 市场营销调研的内容

1. 市场环境调研

(1) 政治法律环境

主要了解党和国家的方针政策,特别是经济政策法规,如价格、税收、财政、金融等政策和环境保护法、广告法、反不正当竞争法、产品质量法等法规。

(2) 经济环境

主要收集人口数据及其增长速度,国内生产总值,家庭收入、人均收入水平,可支配个人收入和可随意支配的收入,消费水平、物价水平、就业状况等资料。

(3) 社会文化环境

包括国民教育程度和文化水平、职业构成、民族分布、宗教信仰、风俗习惯、审美观、家庭规模等。

(4) 科技环境

包括新技术、新工艺、新材料的发明与应用状况,新产品的技术现状和发展趋势、发展速度等。

2. 市场需求调研

这是对市场总体规模的调查,是营销调查的中心,包括消费者的数量、分布,消费者购买心理、购买行为及消费习惯,消费者对企业营销活动的态度和反应,市场消费者结构和潜在需求量等。

3. 竞争状况调研

目的在于衡量企业及产品在市场竞争中的地位和竞争力,包括竞争对手的营销策略、营销规模和特点,产品销售情况,服务情况,新产品开发和潜在竞争对手情况等。

4. 营销组合因素调研

(1) 产品调研

主要了解消费者对产品质量、性能、售后服务等的评价和要求,消费者对研制新产品有何要求,对拟推出的新产品的评估,产品处于市场生命周期的什么阶段。

(2) 价格调研

了解消费者和中间商对现有产品价格的反应,他们认为适宜的售价是多少,新产品如何定价,老产品如何调整,应采取什么样的价格调整策略等。

(3) 分销调研

了解目前采用的分销渠道的效果以及是否需要调整;结合目前企业的产品和市场特点,调查是运用直接渠道还是间接渠道,是宽渠道还是窄渠道;消费者对销售网点的分布有何要求等。

(4) 促销调研

了解人员推销与非人员推销何种方法更有效,消费者对广告的评价如何,营业推广是否有新意,公共关系是否持续开展,能否达到预期效果等。

### (三) 市场营销调研的方法

市场营销调研包括现有资料收集和原始资料的收集。

1. 二手资料的收集

主要方法有:文献查找、购买、交换、索取(政府文件、报告,产品展销会上竞争者产品信息等)。

2. 一手资料的收集

包括询问法、观察法和实验法三种。

(1) 询问法

询问法是通过某种方式向被调查者询问问题而收集所需要的资料的一种调查方法。通常应该事先设计好询问程序及调查表或问卷,以便有步骤地提问。询问法包括面谈调查法、邮寄调查法、电话调查法。

(2) 观察法

观察法是指调查人员现场观察具体事物和现象,客观地收集资料的方法。这种方法的要点是避免直接向当事人提出问题,而代之以观察所发生的事实,据以判断当事人在某种情况下的行为、反应。常用的有如下几种方法:直接观察法、亲身经历法、实际痕迹测量法、行为记录法。

(3) 实验法

市场营销实验,是借用自然科学家实验求证的原理,通过在一个较小范围的典型实验市场内小规模地对诸如产品质量、包装、设计、价格、广告宣传、陈列方法等影响商品销售的因素进行实际对比试验来测验策略的效果,以决定是否有大规模推行的价值。所以这种实验也常称为试销。

### (四) 市场需求预测方法

1. 定性预测法

(1) 购买者意向调查法

市场总是由潜在购买者构成的,预测就是估计在给定条件下潜在购买者的可能行为,即要调查购买者。

（2）销售人员综合意见法

指通过听取销售人员的意见来预测市场需求。实施中要求每一位预测者给出各自销售额的"最高""最可能""最低"预测值，并就预测的"最高""最可能""最低"出现的概率达成共识。销售人员最接近消费者和用户，对商品是否畅销、滞销比较了解。对商品花色、品种、规格、式样的需求等都比较了解。因此，许多企业都通过听取销售人员的意见来预测市场需求。

（3）德尔菲法

应用较普遍的方法是德尔菲法，也叫专家小组法，或专家意见征询法。这种方法是按一定的程序，采用背对背的反复函询的方式，征询专家小组成员的意见，经过几轮的征询与反馈，使各种不同的意见渐趋一致，经汇总和用数理统计方法进行收敛，得出一个比较合理的预测结果供决策者参考。

2. 定量预测法

主要包括时间序列预测法、直线趋势法、统计需求分析法等。

## 二、案例分析

### 案例1　王老吉的品牌定位调查

◆ **案例介绍**

品牌定位对企业的发展有着举足轻重的价值和作用，品牌定位是否准确将决定企业品牌发展的前途空间，改变企业发展的整体方向。准确的品牌定位离不开全面细致的市场调查。为找准品牌定位，红罐王老吉对目标顾客进行了详细调查。

1. *市场调查背景*

凉茶是广东、广西地区的一种由中草药熬制，具有清热去湿等功效的"药茶"。其中，加多宝集团旗下的王老吉凉茶为消费者所熟知。2002年以前，王老吉在广东、浙南地区销量稳定，盈利状况良好，销售业绩连续几年维持在1亿多元。但进一步做大做强也面临三大困难：

（1）*广东、浙南消费者对王老吉认知混乱*

在广东，传统凉茶因下火功效显著，消费者普遍将其当成"药"服用，认为无需也不能经常饮用。"王老吉"被认为是凉茶代表，因此销量大大受限。并且，由于王老吉将产品进行大众化饮料改造，在气味、口味、包装上和传统凉茶差别明显，广东人认为其"降火"药力不足，当产生"下火"需求时，不如到凉茶铺购买，或自家煎煮。因此，对喜欢凉茶的消费者来说，王老吉也逐渐受到冷落。而在浙南（主要是温州、台州、丽水三地）消费者对王老吉的功效并不清楚，更多地是出于对"吉祥文化认同"的流行性购买。

（2）*难以走出广东、浙南*

在两广及浙南以外，人们并没有凉茶的概念，甚至在调查中频频出现"凉茶就是凉白开"

"我们不喝凉茶水,我们习惯泡热茶"这些看法。而且,其他地区的消费者"降火"的需求大多通过服用牛黄解毒片之类的药物来解决。

(3) 推广概念模糊

将王老吉当"凉茶"推,担心市场小,当"饮料"推又没有找到产品的核心价值点。因此,在广告宣传上有点模棱两可。当时的广告片是这样的:一个非常可爱的小男孩为了打开冰箱拿一罐王老吉,用屁股不断蹭冰箱门。当时的广告语是"健康家庭,永远相伴"。显然,这个广告并不能体现红罐王老吉的独特价值。

为克服以上三大难题,以及突破多年来销量徘徊不前的困境,2002年年底,王老吉邀请几家广告公司比稿,想拍一条以赞助2004年雅典奥运会为主题的广告片,要以"体育、健康"的口号来进行宣传,以期推动销售。当时广州成美营销顾问公司也接到了比稿邀请,研究后发现王老吉的问题并不是一条广告片能解决的,故建议企业先找准品牌定位。企业接受了这个建议,并与成美达成合作。

2. 市场调查内容

为了解决王老吉的问题,广州成美营销顾问公司进行了细致的调研,在调研中寻找到了品牌定位的依据,并最终确定"预防上火的饮料"这一品牌定位。成美的调研包含以下几个方面:

(1) 对王老吉内部调研

调研发现整个公司不清楚罐装王老吉的重点消费者是哪些人,所以无法进行针对性的推广工作。

(2) 对经销商的调研

大部分经销商们也并不认同红罐王老吉是一个"凉茶",广东经销商认为红罐王老吉是一个"饮料",因为王老吉的价格较高,比当时其他品牌的包装凉茶高出2倍左右,而且口味偏甜、药味太淡。而在浙南,由于加多宝多年来弱化红罐王老吉的凉茶身份,浙南经销商认为红罐王老吉是一个高档的、吉祥的饮料。

(3) 对消费者的调研

当年凉茶市场集中在两广地区,消费方式主要有三种:一种是消费者在药店抓药,然后自己回家煲制;二是去街头巷尾遍布的凉茶铺购买;三是买包装凉茶,如二十四味、清凉茶、夏桑菊等。

(4) 消费者对凉茶的认知

在广东市场凉茶基本等同于药,是解决包括感冒、消化不良、暑热、上火等诸多轻微症状的传统药茶,王老吉在他们观念中主要作用是清热解毒。同时,对凉茶的这些认知是广东代代相传下来的,而广东以外市场消费者难以做到这一点。也就是说,把王老吉当成"传统凉茶"推广,很难走出广东。

温州的消费者将王老吉完全当成普通饮料在消费,只有2%的消费者在身体不舒服时选择红罐王老吉,并且饮用红罐王老吉主要是在餐饮渠道。温州消费者对王老吉以及凉茶的认知中,包含了"下火"的功能认知,但是他们更多地是认为喝红罐王老吉"不会上火",以及

可以"避免上火"。通过详细调研分析的这一发现,成美公司意识到"预防上火"是个极有价值的概念,原因如下:

① 相对于凉茶的地域限制,"上火"的概念全国通行。
② "上火"消费群体基数巨大,不同年龄、地区、性别的消费者都有需求。
③ 在有凉茶基础的市场,预防上火的饮料有"药量减少"暗示,可经常饮用。
④ 保健功能能支撑王老吉的高价格,消费者更易于接受淡淡中药味道。
⑤ 一个"中国"特征明显的功能化饮料,不容易引起饮料业巨头迅速跟进。
⑥ "预防上火"是一种民间通俗的说法,不违法国家相关法律法规。
⑦ "预防上火的饮料"还没有饮料同行宣传过,没有被竞争对手占据。

3. 市场调查结果分析

综合所有调研结果,公司发现广东的消费者饮用红罐王老吉主要在烧烤、登山等场合,其原因不外乎"吃烧烤容易上火,喝一罐先预防一下""可能会上火,但这时候没有必要吃牛黄解毒片";而在浙南,消费者饮用红罐王老吉的场合主要集中在外出就餐、家庭聚会时。在对当地饮食文化的了解过程中,研究人员发现:该地区消费者对于"上火"的担忧比广东有过之而无不及。例如,消费者座谈会桌上的话梅蜜饯就被认为是"会上火"的危险品而无人问津。后面的跟进研究也证实了这一点,温州地区的消费者对红罐王老吉的评价是"不会上火""健康,小孩老人都能喝,不会引起上火"。虽然这些观念可能并没有科学依据,但这就是浙南消费者头脑中对红罐王老吉的观念,是需要被关注的"重大的事实"。

消费者的这些认知和购买行为均表明,消费者对红罐王老吉并无"治疗"的要求,而是作为一种功能饮料购买,购买红罐王老吉的真实动机是用于"预防上火"。例如,希望在吃烧烤时减少上火情况的发生,待其真正上火后可能还会采用药物治疗。

在此基础上,加多宝集团进一步研究消费者对竞争对手的看法,发现红罐王老吉的直接竞争对手,如菊花茶、清凉茶等由于缺乏品牌推广,仅仅是以低价渗透市场,并未明确"预防上火的饮料"的定位;而可乐、茶饮料、果汁饮料、水等明显不具备"预防上火"的功能,它们与红罐王老吉仅仅是间接的竞争。

同时,任何一个品牌要想在市场中占据某一强势地位,都必须有据可依。例如,可口可乐说其是"正宗的可乐",是因为可口可乐公司就是可乐的发明者。研究人员对于企业、产品自身在消费者心目中的认知进行了调查分析,结果表明,红罐王老吉的"凉茶始祖"身份、神秘中草药配方、175年的历史等,显然有能力占据"预防上火的饮料"这一市场空间。

由于"预防上火"是消费者购买红罐王老吉的原始动机,这一概念的提出自然有利于巩固和加强原有市场。而能否达到企业对于"进军全国市场"的期望,则成为研究的下一步工作。通过对二手资料进行研究并请专家作访谈等都表明,中国几千年的"清热祛火"中医概念在全国广为普及,"上火"的概念也在各地深入人心,这就使红罐王老吉突破了凉茶概念的地域局限。研究人员认为:"做好了这个宣传概念的转移,只要有中国人的地方,红罐王老吉就能活下去。"

4. 市场调查结论

在研究一个多月后,调查公司向加多宝提交了研究报告。报告首先明确红罐王老吉应在"饮料"行业中竞争,竞争对手应是其他饮料;其次"预防上火的饮料"独特的价值在于喝红罐王老吉能预防上火,让消费者无忧地尽情享受生活:吃煎炸、香辣美食、烧烤,通宵达旦地看足球……至此,王老吉确立了"预防上火的饮料"的品牌定位,并根据这一定位,创造了"怕上火,喝王老吉"这一经典广告语。

◇ **主要参考资料**

[1] 刘国强.王老吉从1亿到200亿的营销历程解密[EB/OL].(2019-03-15)[2022-05-18]. https://www.sohu.com/a/301461921_160576.

[2] 佚名.红罐王老吉广告调查成功案例:从1亿元到90亿元的销售奇迹[EB/OL].(2020-04-21)[2022-05-18]. http://www.iqinshuo.com/740.html.

[3] 刘国强.精彩营销案例揭秘:王老吉的营销历程拆解[EB/OL].(2019-03-06)[2022-05-18]. https://zhuanlan.zhihu.com/p/58494065.

◇ **思考与讨论**

1. 成美营销顾问公司对王老吉的市场调查包含哪些内容?
2. 针对王老吉的市场调查采用了哪些调查方法?
3. 成美公司是如何通过市场调查来一步步确立王老吉的品牌定位的?
4. 结合案例讨论大学生应如何做好求职调查。

## 案例 2　麦当劳的选址及商圈调查

◇ **案例介绍**

选址是开店的一个重要环节,直接关系到门店日后的经营成败。希尔顿酒店的创始人曾有句名言:"地段、地段、还是地段。"一个好的位置,可以大大降低门店经营成本,提高客流量,增加门店收益。麦当劳新开餐厅就特别重视选址,会对所选地址及周边商圈进行全面细致的调查,以确保餐厅的盈利及长期发展。

1. 麦当劳的选址原则

(1) 方便顾客

麦当劳选址的基本原则是尽可能方便顾客的光临。麦当劳的选址,精确到"米",方法有"数灯泡""步量"等,尽量让人们最需要时容易找到它们。麦当劳的研究表明,顾客来麦当劳就餐的决定中70%是一时冲动,所以麦当劳选择的餐厅地点尽可能方便顾客的光临。在美国,麦当劳公司除了在传统的区域和郊区建立餐厅之外,还在食品商场、医院、大学、大型的购物中心(沃尔玛、家庭仓储)建立分店;在美国之外,麦当劳首先在中心城市建立麦当劳餐厅,然后再在中心城市之外辐射出网点。因此,选择一个成熟的地区、成熟的市场、成熟的商圈进行成熟的商铺营销,是麦当劳成功的基本法则。

(2) 谨慎且科学

麦当劳选址从不片面追求网点数量的扩张,而是经过严格的调查与店址评估。麦当劳选址建新店都是慎之又慎,前期都要经过很长时间的市场调查。通常一个店是否开设都要经过3~6个月的考察,考察的问题极为细致,甚至涉及店址是否与城市规划发展相符合,是否会出现市政动迁和周边动迁,是否会进入城市规划红线——进入红线坚决不碰,老化商圈内坚决不设点。正因为麦当劳选址的眼光敏锐,所以它的失败率很低,这不仅保证了生意兴隆,而且也使得别的商家对他们产生了信心。据说有的餐饮连锁店已经不需要花人力物力去找新的店址了。只要看麦当劳在哪里开店,就把自己的分店开在附近就可以了,这充分说明了麦当劳选址的科学性。例如,麦当劳分店一般都在人口密集的路口处,而且两个分店之间距离适中,不会争抢客源。

2. 麦当劳的选址步骤

(1) 市场调查和资料信息收集

麦当劳往往在计划进入某城市之前,就先通过有关部门或专业调查公司收集这个地区的资料。包括人口、经济水平、消费能力、发展规模和潜力、收入水平,以及前期研究中调查的商圈的等级、发展机会及成长空间等。

(2) 对不同商圈中的物业进行评估

包括人流测试、顾客能力对比、可见度和方便性的考量等,以得到最佳的位置和合理选择。在了解市场价格、面积划分、工程物业配套条件及权属性质等方面的基础上进行营业额预估和财务分析,最终确定该位置是否适合开设一家麦当劳餐厅。

(3) 投资回报与风险评估

商铺的投资是一个既有风险,又能够带来较高回报的决策,应更多地关注市场定位和价格水平。既考虑投资回报的水平,也注重中长期的稳定收入,这样才能较好地控制风险,达到获得投资收益的目的。

3. 麦当劳的商圈调查

麦当劳市场目标的确定需要通过商圈调查。在考虑餐厅的设址前必须事先估计当地的市场潜能。

(1) 确定商圈范围

麦当劳把在制定经营策略时确定商圈方法称作绘制商圈地图,商圈地图的画法首先是确定商圈范围。一般说来,商圈范围是以这个餐厅为中心,以 1~2 km 为半径画一个圆。如果这个餐厅设有汽车走廊,则可以把半径延伸到 4 km,然后把整个商圈分割为主商圈和副商圈。商圈的范围一般不要越过公路、铁路、立交桥、地下道、大水沟,因为顾客不会越过这些阻隔到不方便的地方购物。

商圈确定以后,麦当劳的市场分析专家便开始分析商圈的特征,以制定公司的地区分布战略,即规划在哪些地方开设多少餐厅为最适宜,从而达到通过消费导向去创造和满足消费者需求的目标。因此,商圈特征的调查必须详细统计和分析商圈内的人口特征、住宅特点、集会场所、交通和人流状况、消费倾向、同类商店的分布,对商圈的优缺点进行评估,并预计设店后的收入和支出,对可能净利进行分析。在商圈地图上,他们最少要标注下列数据:① 餐厅所在社区的总人口、家庭数;② 餐厅所在社区的学校数、事业单位数;③ 构成交通流量的场所(包括百货商店、大型集会场所;娱乐场所、公共汽车站和其他交通工具的集中点等);④ 餐厅前的人流量(应区分平日和假日);⑤ 人潮走向。有无大型公寓或新村,商圈内的竞争店和互补店的店面数、座位数;⑥ 街道的名称。

(2) 进行抽样统计

在分析商圈的特征时,还必须在商圈内设置几个抽样点,进行抽样统计。抽样统计的目的是取得基准数据,进而确定顾客的准确数字。抽样统计可将一周分为三段:周一至周五为一段;周六为一段;周日和节假日为一段。从每天的早晨 7 时开始至午夜 12 点,以每两个小时为单位,计算通过的人流数、汽车和自行车数等。人流数还要进一步分类为成年男、女,青少年,上班和下班的人群等,然后换算为每 15 分钟的数据。

(3) 实地调查

除了进行抽样统计外,还要进行对顾客的实地调查,或称作商情调查。实地调查可以分为两种:一种以车站为中心,另一种以商业区为中心。同时还要提出一个问题:是否还有其他的人。答案当然应当从获得的商情资料中去挖掘。以车站为中心的调查方法可以是到车站前记录车牌号码,或者乘公共汽车去了解交通路线,或从车站购票处取得购买月票者的地址牌号码。以商业区为中心的调查需要包含几方面内容:调查当地商会的活动计划和活动状况;调查抛弃在路边的购物纸袋和商业印刷品,看看人们常去哪些商店或超级市场,从而准确地掌握当地的购物行动圈;通过访问购物者了解他们常去哪些商店或超级市场,从而准确地掌握当地的购物行动圈。通过访问购物者,调查他们的地址,向他们发放问卷,了解他们的生日,然后把调查得来的所有资料一一载入最初画了圈的地图。这些调查得来的数据以不同颜色标明,最后就可以在地图上确定选址的商圈。

正因为麦当劳的选址通过了对市场的全面调查和科学评估,坚持以最严的标准执行选址规则,才使得其开设的餐厅尽可能降低了经营风险并获得稳定发展。

◇ **主要参考资料**

[1] 佚名.大品牌麦当劳肯德基选址案例[EB/OL].(2018-05-28)[2022-06-28]. https://zhuanlan.zhihu.com/p/37411600.

[2] 佚名.向麦当劳学习餐饮门店选址的 3 大方法[EB/OL].(2020-06-21)[2022-06-28]. https://www.sohu.com/a/403266476_120522450.

◇ **思考与讨论**

1. 麦当劳的选址调查包含哪些内容?
2. 麦当劳的选址调查运用了哪些调查方法?
3. 麦当劳的选址及商圈调查可以给我们带来哪些启示?

## 案例3  宝洁"润妍"洗发水的推出调查

◇ **案例介绍**

润妍是宝洁旗下唯一针对中国市场原创的洗发水品牌,也是宝洁利用中国本土植物资源的唯一产品。当宝洁的潘婷、飘柔、海飞丝等在中国市场轮流叫卖时,国内的奥妮等本土品牌找准其弱点,推出了与其定位不同的"植物""黑头发"等概念,直接威胁到宝洁的行业领导地位。宝洁从1997年开始调整了其产品战略,决定在旗下产品中引入黑发和植物概念,以应对国内品牌及国际老对手的挑战,进一步巩固自己的霸主地位。鉴于植物洗发全新概念在中国的成功推出,宝洁公司在中国的经理人员也提出了相应的中草药洗发水的概念,提出了研制中草药洗发水的要求,并且邀请了许多知名的中医向来自研发总部的技术专家们介绍了传统的中医理论。

润妍的研发让宝洁费了很多心思。宝洁一向有注重市场调查的习惯和规定,而且其为市场调查投入的人力、物力和财力以及所做工作的一丝不苟让各个竞争对手都感觉汗颜。从1997年开始酝酿,直到2000年全面上市,润妍经过了3年积极的消费者调研和品牌酝酿期。

1. 全面调查——深入了解消费者

(1) "蛔虫"调查——零距离贴身观察消费者

一个称为"贴身计划"的商业摸底市场调查静悄悄地铺开。包括时任"润妍"品牌经理在内的十几个人分头到北京、大连、杭州、上海、广州等地选择符合条件的目标消费者,和他们48小时一起生活,进行"蛔虫"式调查,将被访者从早上穿着睡衣睡眼蒙眬地走到洗手间,开始洗脸梳头,到晚上洗浴卸妆,女士们生活起居、饮食、化妆、洗护习惯尽收眼底。黄长青甚至会细心揣摩被访者的性格和内心世界。在调查中,宝洁发现消费者认为滋润又具有生命力的黑发最美。

宝洁还通过二手资料的调查发现了以下的科学证明:将一根头发放在显微镜之下,你会发现头发是由很多细微的表皮组成的,这些称为毛小皮的物质直接影响头发的外观。健康头发的毛小皮排列整齐,而头发受损后,毛小皮则是翘起或断裂的,头发看上去又黄又暗。而润发露中的滋养成分能使毛小皮平整,并在头发上形成一层保护膜,有效防止水分的散失,补充头发的水分和养分,使头发平滑光亮,并且更滋润。同时,润发露还能大大减少头发的断裂和摩擦,令秀发柔顺易梳。宝洁公司专门做过相关的调查试验,发现使用不含润发露的洗发水,头发的断裂指数为1,使用含润发露的洗发水时,断裂指数为0.3,而使用洗发水后再独立使用专门的润发露,断裂指数就降低到0.1。

中国的市场调查表明,即使在北京、上海等大城市也只有14%左右的消费者会在使用洗发水后单独使用专门的润发产品,全国平均还不到10%。而在欧美、日本和我国香港地区等发达市场,约80%的消费者都会在使用洗发水后单独使用专门的润发产品。这说明国内大多数消费者还没有认识到专门润发步骤的必要性。因此,宝洁推出润妍一方面是借黑发概念打造属于自己的一个新品牌,另外就是迅速普及润发概念。

(2) 使用测试——根据消费者意见改进产品

根据消费者的普遍需求，宝洁的日本技术中心随即研制出了冲洗型和免洗型两款"润妍"润发产品。产品研制出来后并没有马上投放市场，而是继续请消费者做使用测试，并根据消费者的要求，再进行产品改进。最终推向市场的"润妍"是加入了独特的水润草药精华、特别适合东方人发质和发色的倍黑中草药润发露。

(3) 包装调查——设立模拟货架进行商店试销

宝洁公司专门设立了模拟货架，将自己的产品与不同品牌特别是竞争品牌的洗发水和润发露放在一起，反复请消费者观看，然后调查消费者究竟记住和喜欢什么包装，忘记和讨厌什么包装，并据此做进一步的调查与改进。最终推向市场的"润妍"倍黑中草药润发露的包装强调专门为东方人设计，在包装中加入了能呈现独特的水润中草药精华的图案，包装中也展现了东西方文化的融合。

(4) 广告调查——让消费者选择他们最喜欢的创意

在电视广告设计中，宝洁公司先请专业的广告公司拍摄了一组长达 6 分钟的系列广告，再组织消费者来观看，请消费者选择他们认为最好的 3 组画面，最后，综合绝大多数消费者的意思，将神秘女性、头发芭蕾等画面进行再组合，成为"润妍"的宣传广告。广告创意采用一个具有东方风韵的黑发少女来演绎东方黑发的魅力，飘扬的黑发和少女的明眸将"尽洗铅华，崇尚自然真我的东方纯美"表现得淋漓尽致。广告片的音乐组合也颇具匠心，现代的旋律配以中国传统的乐器如古筝、琵琶等，进一步呼应"润妍"产品现代东方美的定位。

(5) 网络调查——及时反馈消费者心理

具体来说，利用电脑的技术特点，加强润妍 logo 的视觉冲击力，通过 flash 技术使飘扬的绿叶（润妍的标志）在用户使用网站栏目时随之在画面上闪动。通过润妍品牌图标链接，大大增加润妍品牌与消费者的互动机会。润妍是一个适合东方人用的品牌，又有中草药倍黑成分，所以主页设计上只用了黑、白、灰、绿这几种色，但以黑、灰为主，有东方的味道。网站上将创建紧扣"东方美""自然"和"护理秀发"等主题的内页，加深润妍品牌联想度。通过实时反馈技术，这样就可以知道消费者最喜欢什么颜色、什么主题等。

2. 区域试销——谨慎迈出第一步

市场调查开展了 3 年之后，意指"滋润"与"美丽"的"润妍"正式诞生，针对 18～35 岁女性，定位为"东方女性的黑发美"。润妍的上市给整个洗发水行业以极大的震撼，其品牌诉求、公关宣传等市场推广方式无不代表着当时乃至今天中国洗发水市场的极高水平。

润妍的第一款新产品在杭州面市，在这个商家必争之地开始进行区域范围内的试销调查。其实，润妍在选择第一个试销地区时费尽心思。杭州是著名的国际旅游风景城市，既有深厚的历史文化底蕴，富含传统的韵味，又具有鲜明的现代气息，受此熏陶兼具两种气息的杭州女性，与润妍要着力塑造的现代与传统结合的东方美女形象一拍即合。

上市后，宝洁还委托第三方专业调查公司做市场占有率调查，透过问卷调查、消费者座谈会、消费者一对一访问或者经常到商店里看消费者的购物习惯，全方位搜集顾客及经销商的反馈。

3. 业绩平平——黯然退市

润妍推出的两年时间中,其市场表现却令宝洁上下感到明显的失望。资料显示,润妍在上市后的销售额在1亿左右,广告费用约占10%。两年时间里,润妍虽获得一些消费者认可,但其最高市场占有率从未超过3%,这个数字,不过是飘柔市场份额的1/10。

在润妍上市半年后,一份对北京、上海、广州和成都女性居民的调查也显示,在女性最喜爱的品牌和女性常用的品牌中,夏士莲黑芝麻洗发水排在第6位,而润妍则榜上无名;另一份调查则表明,看过夏士莲黑亮去屑洗发水的消费者中有接近24%愿意去买或者愿意尝试,而看过润妍广告的消费者中,愿意尝试或购买的还不到2%。被寄予厚望的润妍上市一年多仍然业绩平平,这让宝洁丧失了信心。而2001年6月的财务报告显示,宝洁上一财政年度第四季出现了3.2亿美元亏损,这也是宝洁公司过去8年来首次季度亏损。

为了实现资源向具有竞争力的品牌集中,宝洁公司逐渐淡出了无利可图的部分日化业务,并于当年5月突然斥巨资完成了公司有史以来的最大规模收购行动:以49.5亿美元的代价从百时美施贵宝公司手中将同样是草本概念的伊卡璐品牌(Eclairol)收归麾下。自此,宝洁决定正式放弃在中国推出的润妍品牌,而实施一步到位的全球市场战略。2002年4月,润妍全面停产,然后逐渐退出市场。一个产品、广告与形象都不错的品牌,如此之快就走上不归之路,令业界唏嘘不已,也给我们留下了很多思考。

### ◇ 主要参考资料

[1] 曾朝晖. 润妍:宝洁的中国之痛[J]. 商界名家,2005(7):92-94.
[2] 佚名. 润妍洗发水市场失败案例[EB/OL]. https://www.haowenwang.com/show/3c64d0a12c6200eb.html.
[3] caishu1990. 宝洁市场调查成败的案例[EB/OL]. (2009-12-15)[2022-10-15]. https://bbs.pinggu.org/thread-650152-1-1.html.
[4] 佚名. 深度剖析宝洁旗下的润妍失败历程[EB/OL]. (2020-06-05)[2022-10-15]. https://www.163.com/dy/article/FEBT80FC05372GME.html.

### ◇ 思考与讨论

1. 宝洁的市场调查包括哪些内容?
2. 宝洁主要运用了哪些调查方法?
3. 结合案例分析宝洁"润妍"失败的原因。
4. 宝洁的调查不可谓不细致,然而并没有得到理想的市场结果,企业营销中这种情况并不少见,那么企业应如何尽可能降低决策风险?请对此进行讨论。

# 第八章 08

## 目标市场营销战略

◎ **学习目标：**

1. 了解目标市场营销战略的内容；
2. 掌握市场细分的含义及细分变量；
3. 掌握目标市场的含义及营销战略类型；
4. 掌握市场定位的含义及依据；
5. 掌握市场定位的步骤及方法。

◎ **案例分析：**

案例1主要分析了完美日记如何基于企业资源及市场细分选择合适的目标市场，并为该目标市场提供对应的产品、价格、销售渠道以及推广方式，从而使其受到消费者的青睐。通过分析主要深化学生对目标市场的理解。

案例2侧重分析了海澜之家的市场定位及其实现过程，加深学生对市场定位及其依据、方法的认识，主要深化学生对市场定位的理解。

同时通过案例1和案例2的分析，引导学生思考个人的职业选择与职业定位，以及为此应付出的行动和努力。

## 一、知识要点

1. 目标市场营销战略即 STP 战略。STP 战略分三步：第一步，市场细分（Segmenting），根据购买者对产品或营销组合的不同需要，将市场分为若干不同的顾客群体，并勾勒出细分市场的轮廓。第二步，确定目标市场（Targeting），选择要进入的一个或多个细分市场。第三步，定位（Positioning），在目标市场顾客群体中形成企业、产品或品牌的差异化形象，这个形象即为定位。

2. 市场细分是指企业按照某种标准将市场上的顾客划分成若干个顾客群，每一个顾客群构成一个子市场，且不同子市场之间，需求存在着明显的差别。常用的消费者市场细分变量包括：地理变量（具体细分因素包括消费者所在国家、地区、城市规模、气候、人口密度、地形地貌等因素）、人口变量（具体细分因素包括消费者性别、年龄、收入、职业与教育、家庭规模、宗教信仰等）、心理变量（具体细分因素包括消费者的社会阶层、生活方式、个性特征等）、行为变量（具体细分因素包括消费者购买时机、追求利益、使用者状况、使用数量品牌忠诚度、态度等）。

3. 目标市场是企业通过市场细分后选定的拟以相应的产品和服务去满足其需要的一个或几个子市场。目标市场主要有三种营销战略：(1) 无差异性目标市场营销战略，即把整个市场作为一个大目标市场开展营销，强调消费者的共同需要，忽视其差异性。(2) 差异性目标市场营销战略，即把整体市场划分为若干细分市场作为其目标市场，针对不同目标市场的特点分别制订出不同的营销组合计划，满足不同消费者的需要。(3) 集中性目标市场营销战略，即选择一个或几个细分市场作为营销目标，集中企业的优势力量进行营销，以取得市场优势地位。

4. 目标市场定位是企业根据竞争者现有产品在市场上所处的位置，针对顾客对该类产品某些特征或属性的重视程度，为此企业产品塑造与众不同的、给人留下印象鲜明的形象，并将这种形象生动地传递给顾客，从而使该产品在市场上确定适当的位置。具体定位依据主要包括：(1) 产品特性或种类。将产品本身的内在特点作为市场定位的依据，如产品的成分、材料、品质、价格等。(2) 产品用途及使用场合。将产品本身的用途及所适用的场合作为市场定位的依据。(3) 使用者类型。将产品目标客户群的不同类型作为市场定位的依据。(4) 根据提供给顾客的功能或利益，如功效定位。(5) 竞争状况。根据本企业产品与竞争者产品的差异状况进行定位，包括以下几种方式：避强定位、迎头定位、对抗定位、重新定位、比附定位等。

5. 市场定位的步骤。第一步，确认本企业潜在的竞争优势；第二步，准确选择竞争优势；第三步，显示及发挥独特的竞争优势。企业要通过一系列的宣传促销活动，将其独特的竞争优势准确传递给潜在顾客，并在顾客心目中留下深刻印象。

6. 市场定位的有效方法是努力创造并宣传与竞争对手的差异。差异主要包括：产品差异（产品质量、价格、款式、功能等）；服务差异（服务内容、服务水准等）；人员差别化（人员技能、人员素质等）；形象差异化（包括名称、颜色、标识、标语、环境、活动等，也包含产品、服务、人员等方面的综合形象塑造）。

## 二、案例分析

### 案例1 完美日记的目标营销

◇ **案例介绍**

完美日记成立于2017年,是广州逸仙电子商务有限公司旗下产品品牌。创始人对完美日记的期待是"中国的雅诗兰黛"。公开数据显示,完美日记全网粉丝已超2 500万,月曝光量超十亿。2019年"天猫双十一全球狂欢节",完美日记成为十一年来第一个登上天猫双十一彩妆榜首的国货品牌,并创下了多个第一:眼影品类销售额第一;唇釉品类销售额第一;睫毛膏品类销售额第一;眼线品类销售额第一。2020年"双十一"蝉联天猫彩妆销售第一,评为2020年度新消费品牌第二名,并于美国敲钟上市,市值达到了70亿美元(约合人民币460亿元)。

对于完美日记今天的市场成绩,我们从目标营销的角度来寻找一下其成功密码。

1. 目标受众定位明确

首先在品牌面对消费者做营销之前,它要先明确一个问题就是"我是谁"。只有品牌对自己足够了解,对自己的定位明确之后,才能更加清晰、精准地告诉消费者品牌有什么差异化优势,让消费者形成品牌认知。

完美日记的目标受众为18~28岁的年轻女性,致力于为新一代的中国年轻女性提供时尚彩妆产品和美丽方案。它的品牌宣言是"美不设限",这种略带叛逆、体现"不被束缚""不被定义"的品牌标语与年轻一代的偏好更加相符。

根据天猫美容消费者趋势报告,"85后""90后"以及"95后"是网络彩妆消费者的主力群体,"95后"的消费额和人数同比增长率都非常出色。这些年轻一代的消费者见证了中国的经济腾飞和发达的互联网崛起,不再过度追捧大牌,也更加关注"个性化"和"便利性",这无疑为国产美妆新品牌的崛起提供了生存和发展的空间。

2. 针对年轻目标用户,采用高颜值产品包装

当消费者对产品一无所知的时候,一款好看产品当然会引人欢喜,所以产品包装是吸引消费者的一个关键因素。

(1) 打造联名款

从2016年诞生至2022年上线不足6年,尚缺乏品牌故事,但其很擅长借助跨界联名不断推出多变的创新设计,赋予产品全新的品牌魅力,这对于年轻一代的消费者来说,正是他们追逐的个性化惊喜和魅力所在。通过跨界营销,与国家的地理、大都会博物馆、大英博物馆、Discovery的联合,推出外观潮流个性包装,以不同主题推出的彩妆产品,引起热搜,都是非常成功的例子。通过走心、真正做好产品的跨界联名,可以为完美日记创造附加价值,与跨界品牌强强联合收割了交叉领域用户。

(2) 打造节日款

譬如新年礼盒、圣诞小鹿礼盒、万圣节限定礼盒等，可以看到，完美日记的产品包装既没有国产化妆品牌常用的元素，也没有复制国外大牌，而是根据产品品类以及节日主题设计不同风格的包装，体现了独有的创意，内涵丰富而不失美感，完美迎合了"95后""00后"主力消费人群追求高颜值的心理。

3. 针对目标群，产品定价"极致性价比"

完美日记不去走高端奢侈路线，而是针对这一代年轻的消费者，或者说年轻用户去定价。在价格方面，完美日记聪明地将价格瞄准在了100元以下的中低端市场，主打"大牌平替"的概念。毕竟与国际大牌们在200+以上的高端市场拼刺刀实在不是明智之举。而且对于刚参加工作不久甚至还在校园之中的年轻消费者来说，过于昂贵的价格无疑不在她们的选择范围内。

4. 针对目标人群，聚焦新媒体渠道传播推广

完美日记的目标人群定位于18～28岁年轻大学生和白领女性，产品线涵盖护肤、彩妆、个护及美容仪器等。"95后""00后"的这些新生代群体接触的媒体渠道更加多元化，所以，它在社交平台的品牌营销策略也很清晰，可以说年轻人在哪里，它就去哪。在公域流量全面投放，多方面入驻抖音、B站、小红书、淘宝直播等平台，由素人网红明星在平台带领，不断辐射消费者购买。

(1) 小红书

从2017年开始，完美日记就在小红书上做文章。邀请很多KOL(关键意见领袖)撰写"种草笔记"。截至目前，完美日记在小红书的官方账号坐拥197万粉丝，在小红书上搜索"完美日记"，可以看到有327.5万的点赞收藏。通过明星负责种草，美妆KOL负责引导，素人通过邀请头部达人和腰部达人对其产品进行测评、试色和对比，分享使用心得进行二次传播，加大品牌曝光，刺激销售转化。

(2) 抖音

除了小红书，还瞄准了抖音平台。完美日记花费两年时间，已经累计拥有232.50万粉丝，总获赞高达2170万。通常来说，绝大多数美妆品牌想要在抖音上投放时会找美妆标签的达人进行投放。完美日记也采取这种常规的做法，与美妆达人合作。比如"12色眼影"，完美日记直接和抖音美妆大号华星酷娱的"陈采尼"进行合作。

(3) B站

B站(即哔哩哔哩)是24岁以下年轻用户偏爱的app榜首，用户群体80%以上是"90后"，50%以上来自一线城市，有一定的经济基础，这恰恰与完美日记的目标群体重合。据天猫公布的一份调研报告显示，完美日记是"00后"粉丝占比第二名的国货品牌，仅次于华为。

(4) 搭配运作，打造新私域

无论线上还是线下，完美日记都会用小成本去引流用户。2020年1月，在运营内容上，完美日记打造出了"小完子"这个人物IP，开展"小完子"个人微信号IP营销，将微信个人号

回复、高质量内容输出等都根据"小完子"的人设进行相应的设计,给消费者更好的体验。"小完子"会不定时发布新产品、抽奖活动、美妆小技巧、产品新用法之类的内容去影响客户买买买。通过搭配私域运作,打造微信个人号+微信公众号+小程序的矩阵营销路径的方式与用户互动,让用户持续留存、提高产品的复购率。

(5) 寻找流量明星做代言

粉丝经济的最大卖点在于,消费者会为他们支持的爱豆疯狂捧场,品牌代言人战略便是其中的重要一项。在代言人的选择上,完美日记也走自己的路线,偏好新生代偶像做代言。品牌成立前期,完美日记选择了罗云熙、朱正廷、赖冠霖等有较高流量的明星作为品牌的代言人,其目的是借用流量明星的人气,去吸引明星粉丝对品牌的关注,而流量明星粉丝的黏合度极高,不少粉丝认为支持爱豆的方式就是购买他代言的品牌。之后启用实力派演员周迅为代言人,是想要在品牌的品质和内涵上有所突破,这也可能是品牌即将推出中高端产品的信号。完美日记这个迅速成长的品牌,有了周迅的加入快速提升了知名度,同时给品牌增加了高级感,这也无形中提升了品牌的调性,增强了品质感。除了代言,请明星种草也是必不可缺的环节。

完美日记能够达到如今的规模和地位,准确的目标受众定位以及围绕目标人群开展的针对性营销无疑是非常关键的一环。无论是从目标营销策略上,还是从具体的做法上,完美日记营销都能给我们带来很大的启发。KOL 推广、品牌联名、明星代言等,人人皆知这是品牌吸引目标受众以及获取流量的手段。但是如何高效、精准地获取客群流量,并最终完成流量的留存和转化,这才是值得我们思考和借鉴的地方。

## ◇ 主要参考资料

[1] 二八文创:完美日记是如何"完美"营销的呢?[EB/OL].(2021-07-26)[2022-06-08]. https://zhuanlan.zhihu.com/p/393180712.

[2] 佚名.星盟全能小助手:完美日记营销的"制胜宝典"[EB/OL].(2020-06-11)[2023-02-25]. https://www.jianshu.com/p/dc99bf3cbe68.

## ◇ 思考与讨论

1. 简述完美日记的市场细分标准及所选定的目标市场。
2. 分析完美日记选择该目标市场的原因。
3. 简述完美日记的市场定位。
4. 完美日记采取了哪些营销措施来确保其定位目标的实现?
5. 结合案例思考个人如何选好自己的职业目标。

## 案例 2　海澜之家的市场定位

◆ **案例介绍**

海澜之家（HLA）是海澜之家集团股份有限公司旗下的服装品牌，于 2002 年创立，总部位于江苏江阴。海澜之家主要采用连锁零售的模式，销售男性服装、配饰与相关产品。海澜之家的设计理念来源于欧洲，融合了韩国的时尚，并且和中国的传统服饰相结合，海澜之家不断创新，不断发展，逐渐成为国内男装市场上的第一品牌。在营销策略上，海澜之家凭借平价优质、款式多、品种全的货品选择以及无干扰的自选购衣模式迅速赢得广大消费者的欢迎，塑造了"海澜之家——男人的衣柜"这一鲜明的品牌定位形象。

1. 清晰的差异化品牌定位

准确的客户定位：都市白领男士。一个企业不可能占领全部市场份额，而只能在市场细分的基础上，选择若干个市场作为自己的目标市场。海澜之家的目标客户是 25～45 周岁、年收入在 5 万～10 万元之间的男士，这是品牌男装市场中竞争相对较小，但市场份额足够大的"蓝海"市场。合理制定产品价格，要坚持以获得正常利润为定价目标。它的每套西服的价格只在 480～1 680 元之间，比同档次类似品牌西服的价格低很多，完美实现了"高品位，中价位"的品牌理想。基于客户细分的"高档中价法"可以精确地定位品牌的目标市场，以积极的姿态去开拓中、高端市场，努力扩大自己所在市场层面上的市场份额，塑造企业长盛不衰的标志形象。

清晰的需求洞察：男士着装整体解决方案。男士的购物习惯与女士有较大区别，其消费行为目的性更强，希望通过一种快捷的方式完成既定的目标。海澜之家提供了男士着装的整体解决方案，帮助客户在穿衣选择上做减法、节省时间。已有的服饰品类包括套装西服、休闲西服、夹克、大衣、羽绒服、毛衫、针织衫、衬衫、T 恤、西裤、休闲裤、牛仔裤、内衣内裤等，配件还有皮带、领带、围巾、袜子、皮鞋等，成年男性所需的服装这里应有尽有。产品涵盖了成年男性需要的从头到脚、从内到外、从冬到夏、从正装到休闲装的所有产品。每一家门店陈列展示的男装产品品类丰富，入店消费者可以买到全套的服饰，充分迎合了中国男士的消费习惯，节省时间的同时简化决策。

2. 差异化的经营模式：无干扰，自选式

男人购物是需要才买，看中就买，并且不喜欢有人在旁边跟着、盯着，不停地和他说这件好、那件合适，让人感觉不自在。海澜之家摒弃了传统的"人盯人"的导购模式，而是给消费者提供了一个无干扰的、自由自在的购衣环境。服饰产品按品种、号型、规格分类出样陈列，消费者可以根据自己身高、体型轻松自选购衣。正是这种轻松、方便的购衣体验，使更多的男性消费者愿意来海澜之家，选了西服选衬衫，选了衬衫选领带，选了领带选皮带，避免了多店购物的烦琐，成为时尚便捷的全程"一站式"消费。同时，抓住男性购物直接、不爱过多讲价的特点，对于所有商品都是一口价，按照标签价格销售。此外，还坚持一年四季不打折、不降价，以维持品牌形象。海澜之家门店室内购物环境是产品的展示环境，室内空间界面设计由繁杂转向简单,把顾客视线转移到展示品本身。在空间功能分区的组合设计中,注重销售环境的舒适和安逸,给购物疲劳的消费者创造缓冲、静心之所。试衣间的设计创造出家的感觉,墙面上不起眼的日用品是辅助试衣的工具,挂衣钩满足了顾客随身带来的包袋和衣服的悬挂需求,一双拖鞋、一个保护发型和妆容的头套给消费者试穿带来方便的同时,也体现出商家的细致关怀。

3. 标准化的业务流程

作为真正的服装连锁品牌,海澜之家实行统一形象、统一价格、统一管理、统一采购、统一配送、统一装修、统一培训、统一结算的经营管理方式,每家门店都要按照公司的标准化模式经营,公司每个部门按照标准化的业务流程为门店服务,标准化成了海澜之家不可复制的品牌特色。海澜之家通过实行全国统一连锁经营管理,真正做到了既连又锁,"连"住了品牌,"连"住了形象,"连"住了产品,"连"住了服务,也"锁"住了管理。

"一年逛两次""男人的衣柜"——直接简单又朗朗上口的标语为海澜之家打响了知名度。性价比、男性、服务于大多数人,海澜之家十分明确自己的定位,这也造就了其一以贯之而又具有鲜明态度的品牌形象。精准的市场定位+密切贴合目标客户的心理需求,是海澜之家取得成功的法宝。

4. 新时代的定位变化

2022年初始,服装市场便迎来了大的变革,男装市场份额逐渐提升,尤其是疫情反复,大众开始居家办公,线上购物成了主流,而男性消费群体与此前相比大幅增长,与女装份额相比高出5个百分点。

海澜之家借此时机,稳固主品牌市场,升级品牌战略,而2021年前三季度141亿元收益便是战略转型成功的佐证。在此之前,许多消费者对于海澜之家的印象集中在商务男装方面,而如今据数据统计,购买海澜之家的主力军不再是男人这一单一群体。

现如今,海澜之家将"年轻化"牢牢地印刻在品牌形象上。通过对多元市场的开拓,聚拢了一批年轻的男性消费者,同时还不断开辟细分市场,彻底将海澜之家的品牌形象进行转变。最新代言人林更新是新生一代演员的代表,作为品牌新的代言人,可以看出品牌走向年轻化,海澜之家目标群体的年龄层往前推移。海澜之家的定位从"男人的衣柜"转移到国民品牌。有网友分析,相较于"男人的衣柜",国民品牌拔高了海澜之家品牌定位,但也含糊了自己的目标群体。

而想要让消费者真正对品牌印象有所改观绝非易事,海澜之家从产品、渠道以及营销三方面进行升级改造,以主品牌为根基,将男装市场扩充,让消费者对于海澜之家的固有印象彻底打破,海澜之家的"性别"印象,也从男转向女,年龄区间也不断扩大,婴幼儿群体、青少年群体、中年群体,均囊括其中。

海澜之家的转型,不仅仅是从"男装品牌"成为"国民品牌",无论你是哪一类消费者,均可以在海澜之家购买到你所需要的产品。而年轻化是海澜之家战略转型中最成功的一步。

海澜之家在产品方面投入了大量的研发资金,让服装款式更为时尚,符合年轻人对于样式的需要。与此同时,在面料方面也加紧开拓,夏季的除菌面料、冬季的加热面料,在2021年成功席卷服装市场,尤其是"全能夹克"的上市,满足了年轻消费者在冬季也能够展现好身材的愿望,告别臃肿的体型。

除了男装外,女装品牌OVV、潮流品牌黑鲸、家居用品海澜优选等等,将除男装品牌外的市场份额也全部占满,在各类细分市场中迅速扩张,满足消费者的实际需要。同时,海澜之家还在2022年3月中旬,推出了"爆笑虫子"系列礼盒,与世界动画大IP合作,以童趣、创意、音乐为主要元素,展现海澜之家集团积极向上的价值观,同时也符合年轻消费群体对于"礼盒"的实际需求,充满惊喜的产品,一经推出,便在市场上获得了广泛的好评。

而在营销方面,除了传统电商、直播带货等现在较为流行的营销方式外,海澜之家以新媒体为基础,同综艺节目进行合作,跨界超写实数字人AYAYI,融入元宇宙元素,将品牌的年轻化从多个方面体现得淋漓尽致。除此之外,海澜之家在门店选址方面,也从"大街小巷"走向了"核心商圈",二者之间的占比逐渐趋向平均,以期在稳定"老客户"的同时,通过门店选址增加"新客户"。

海澜之家通过不断整合自身的资源,对市场深入分析,了解服装市场消费者的构成,不盲目扩张,而是凭借以往经验以及数据分析的结果,对此前的战略进行有效调整,不仅赢得了消费者的认同,还将市场份额不断扩大,将品牌的价值充分发挥。

◆ **主要参考资料**

[1] 佚名.海澜之家:开拓细分市场,聚拢年轻消费群[EB/OL].(2022-03-29)[2023-02-26]. https://baijiahao.baidu.com/s?id=1728601549972206634&wfr=spider&for=pc.

[2] 佚名.男人的衣柜海澜之家,要想爷们还很难[EB/OL].(2020-12-28)[2023-03-10]. https://sohu.com/a/440978239_120902746.

[3] 佚名.洋子1416:市场营销定位分析案例:海澜之家[EB/OL].(2018-12-18)[2023-03-10]. https://zhuanlan.zhihu.com/p/52677775.

◆ **思考与讨论**

1. 请简述海澜之家对服装市场进行细分的方法及其细分标准。

2. 海澜之家是如何来实现"男人的衣柜"这一市场定位的?

3. 海澜之家从"男人的衣柜"的定位拓展到"国民品牌",从男人拓展到女性,你如何看待这一定位变化?请对此进行分析和讨论。

4. 结合案例,讨论如何做好个人定位并努力实现。

# 第九章

## 09

## 市场竞争战略

◎ **学习目标：**

1. 了解市场竞争战略的含义及意义；
2. 了解"五力模型"分析的内容；
3. 掌握一般竞争战略的类型与方法；
4. 掌握特殊竞争战略的类型与方法。

◎ **案例分析：**

案例1主要介绍了格兰仕如何通过扩大生产规模来降低成本以提高市场占有率，并取得市场竞争优势。通过分析深化学生对竞争战略及实现途径的理解，同时思考特定竞争战略的利弊。

案例2主要阐述了长沙本土奶茶品牌"茶颜悦色"如何通过定位、产品、价格、促销、服务等方面的差异化来实现差异化竞争并成为年轻人的时尚消费符号，接着通过分析进一步强化学生对竞争战略类型及执行策略的理解，同时引导学生思考个人如何打造自己的差异化竞争优势。

# 第九章 市场竞争战略

## 一、知识要点

1. 市场竞争战略是企业为了自身的生存和发展,为提高竞争地位和市场竞争力而确定的企业目标及为实现这一目标采取的各项策略的组合。正确的市场竞争战略,是企业实现其市场营销目标的关键。企业要想在激烈的市场竞争中立于不败之地,就必须树立竞争观念,制定正确的市场竞争战略,努力取得竞争主动权。

2. 影响市场竞争的力量主要有五种:现有企业间(同行业)竞争者、潜在进入者、替代产品威胁、供应商的议价能力和购买者的议价能力。供方力量的强弱主要取决于他们所提供给买主的是什么投入要素,当供方所提供的投入要素的价值在买主产品总成本中占较大比例、对买主产品生产过程非常重要,或者严重影响买主产品的质量时,供方对于买主的潜在讨价还价力量就大大增强。购买者主要通过压价与要求提供较高的产品或服务质量的能力,来影响行业中现有企业的盈利能力。新进入者要获得一席之地,就会与现有企业发生原材料与市场份额的竞争,最终导致行业中现有企业盈利水平降低,严重的话还有可能危及这些企业的生存。替代品具有与现有产品或劳务相似的性能,能够满足客户相同的需要。两个处于同行业或不同行业中的企业,可能会由于所生产的产品是互为替代品,从而在它们之间产生相互竞争行为。

3. 一般竞争战略:"竞争战略"是由当今全球第一战略权威,被誉为"竞争战略之父"的美国学者迈克尔·波特(Michael E. Porter)于 1980 年在其出版的《竞争战略》(*Competitive Strategy*)一书中提出的,波特为商界人士提供了三种卓有成效的竞争战略——总成本领先战略、差别化战略和专一化(聚焦)战略。成本领先要求建立高效规模的生产设施,在经验的基础上全力以赴降低成本,做好成本与管理费用的控制,以及最大限度地减小研究开发、服务、推销、广告等方面的成本费用。差别化战略是将产品或服务差别化,形成一些在全产业范围中具有独特性的东西。实现差别化战略可以有许多方式:设计名牌形象、技术上的独特、性能特点、顾客服务、商业网络及其他方面的独特性。最理想的情况是公司在几个方面都有差别化特点。专一化战略是主攻某个特殊的顾客群、某产品线的一个细分区段或某一地区市场。

4. 特殊竞争战略:企业应按照自己在本行业的竞争地位以及自己的发展目标、资源优势等条件制定和选择有效的市场营销竞争战略。根据企业在目标市场的竞争地位,可以把一个行业的企业分成四种类型:市场领导者、市场挑战者、市场追随者、市场拾遗补阙者(市场利基者)。市场领导者一般采取扩大总体市场需求、保护市场份额、提高市场份额等战略;市场挑战者采取的策略有价格竞争、产品竞争、服务竞争、渠道竞争等;市场追随者的策略一般为仿效跟随、差距跟随、选择跟随等;市场拾遗补阙者(市场利基者)的策略有市场专门化、顾客专门化、产品专门化等。

## 二、案例分析

### 案例 1　格兰仕的竞争战略

◇ **案例介绍**

广东格兰仕(集团)公司成立于 1992 年 6 月,其前身是一家乡镇羽绒制品厂。刚成立的格兰仕只是个名不见经传的小公司,可几年之后它竟然一跃成了中国微波炉市场上的垄断性企业。目前,格兰仕是当之无愧的国内微波炉行业的龙头老大。其实,格兰仕并不是微波炉市场的先行者,可它进入该市场后不久,就充分利用价格策略向自己的竞争对手发起了一轮又一轮的降价攻势,使自己的市场占有率不断攀升,因此,在业内格兰仕被称为"降价屠夫"。可以说,格兰仕微波炉的成功,除了时机、外部环境因素之外,最关键的应属格兰仕低成本竞争战略的成功实施。

广东格兰仕企业(集团)公司的前身是位于广东省佛山市顺德区的"桂洲羽绒制品厂",成立于 1978 年,原来主要从事羽绒、棉毛及其制品的生产加工,1991 年产值为 1.35 亿元,利税 762.13 万元。1992 企业提出调整产业、产品结构,改变企业以纺织工业为主体的经营格局,将企业转变为以家电产品为龙头的"多元一体化复合型企业",并更名为"广东格兰仕企业(集团)公司",经过反复研究与比较分析,他们决定集中力量投资生产微波炉。而当时微波炉在国内尚属高档家电产品,普通人家极为少见,市场上的产品基本上是从国外进口的。1992 年 10 月,企业投资 300 万美元从日本引进具有 20 世纪 90 年代国际水平的微波炉生产流水线及生产技术,1993 年开始试生产,当年产量 1 万台并投放市场,价格为每台 3 000 元左右。

1994 年"格兰仕"将价格降到每台 2 500 元左右,当年产销量为 25 万台,市场占有率达 25%,销售收入 4.5 亿元,利税 3 304 万元。1995 年又将价格降到每台 2 000 元左右,年销量突破 40 万台。1996 年"格兰仕"在全国率先将部分型号微波炉价格降至 1 000 元以下,全年产销量突破 70 万台,市场占有率接近 40%。1997 年又将部分产品价格再降 40%,市场占有率达到 47.1%。1998 年和 1999 年两次变相降价——增加微波炉产品的附加值,提高赠品分量,实施"买一赠多"(根据产品型号不同分别附赠 7、9、11 件相关产品)的价格策略,当年市场占有率大幅度提高到 61% 和 67.1%,产销量分别达到 350 万台和 600 万台,1999 年销售收入为 29 亿元。进入 2000 年,格兰仕更是宣布再次将市场最畅销的产品——750 瓦"五朵金花"降价 40%,使部分品种微波炉价格降至创纪录的 300～400 元/台,其目标年产销量为 1 200 万台,占全球产量的三分之一,国内市场占有率提高到 70% 以上,销售收入达到 45 亿元。

自 1994 年起,格兰仕连续 9 次发起微波炉大规模降价,最低降幅 25%,最高达 70%,硬生生地将微波炉价格从 3 000 多元降到 300 元左右,最低时仅 199 元。一路恶战,众多品牌被格兰仕打得一败涂地,美的被整得"连亏 7 年",三星、LG、三洋、澳柯玛、万和等品牌,更是被"收拾"得直接跑路,退出市场。

纵观"格兰仕"的成长过程可以发现,它在微波炉市场获得成功,实际竞争优势的法宝就是实施总成本领先的竞争战略。为实施总成本领先的竞争战略,"格兰仕"一直拼命扩大生产规模,以摊薄各种成本,追求规模经济,并在企业整个经营价值链中,采取各种策略来降低微波炉的单位成本,从而树立其在行业、市场中的成本—价格优势,通过不断降价来排挤竞争对手,抢占市场份额,使企业的市场销售量、市场占有率不断提高。下面,我们从几个方面来看一下"格兰仕"是如何实施其成本领先战略的。

在营销宣传方面,他们一直避免采用高投入的广告形式,如电视形象广告等,而是采用投入少、实效大的广告形式,如承包专栏广告等,并以"制造新闻"的方式使各种媒体主动争相报道企业,从而为企业做免费宣传。格兰仕避免了家电行业中常见的不惜一切投入巨量资金做广告宣传的高成本行为,自然降低了成本费用。

在生产运作领域,首先,"格兰仕"不断扩大生产规模,追求生产的"规模经济效应",以摊薄各种成本(如研发费用、管理费用)。据分析,100万台是单间工厂微波炉生产的经济规模,格兰仕在1996年就达到了这个规模,其后,每年以两倍于上一年的速度迅速扩大生产规模。到2000年底,格兰仕微波炉生产规模达到1 200万台,是全球第2位企业的两倍多。生产规模的迅速扩大带来了生产成本的大幅度降低,而这也成为格兰仕成本领先战略的重要因素。格兰仕规模每上一个台阶,价格就大幅下调。当自己的规模达到125万台时,就把出厂价定在规模为80万台的企业的成本价以下。此时,格兰仕还有利润,而规模低于80万台的企业,多生产一台就多亏一台。除非对手能形成显著的品质技术差异,在某一细小的利基市场获得微薄赢利,但同样的技术来源且连年亏损的对手又怎么能够搞出差异来?当规模达到300万台时,格兰仕又把出厂价调到规模为200万台的企业的成本线以下,使对手缺乏追赶上其规模的机会。格兰仕这样做的目的是要构成行业壁垒,要摧毁竞争对手的信心,将散兵游勇的小企业淘汰出局。格兰仕虽然利润极薄,但是凭借着价格构筑了自己的经营安全防线。同时,在原材料采购供应环节,格兰仕依靠其在行业内近乎垄断的规模优势,在与供应商的关系中,始终掌握着讨价还价的主动权,使其得以不断压低采购价格。这些都使产品的生产成本得以降低。

从企业所处的地理位置来看,格兰仕坐落于世界的制造中心——珠江三角洲,就像是中国经济的"青藏高原";从产业的集群来看,格兰仕扎根于有"中国家电王国"之称的顺德区容桂街道,这里好比是中国家电行业的"喜马拉雅山"。在这样"集群"的经济环境中,家电的相关行业形成了联系密切的生态圈和产业链。地处圈内的零部件加工商、品牌制造商、流通渠道商有着分明的梯级,但是又相互依存;人流、物流、资金流、信息流在生态圈内构成了最经济的互动,生态圈和产业链为格兰仕提供了前所未有的市场竞争力。它可凭借不断积聚的规模效应产生最大化的选择空间,不但能为其带来传统意义上的生产成本的降低,而且还可以让其捕捉到该领域最新的科技信息,找到最理想的员工和最有效的销售渠道,带来信息成本的降低。正是这些得天独厚的地缘优势,造就了格兰仕不容易复制的竞争力。

从上面可以看出,格兰仕一方面通过迅速扩大自己的生产能力去实现规模效应,另一方面又通过不断的降价去扩大市场容量,提高市场占有率,从而在短期内使自己的实力得到迅速提高。格兰仕就是通过大规模产销实现低成本优势,再转化为市场上的低价格优势,以此来排挤竞争对手,一步一步成为微波炉市场的领导者的。

◇ **主要参考资料**

[1] 佚名.格兰仕的不断降价:规模经济的成功[EB/OL].(2022-04-14)[2023-01-20]. http://www.iqinshuo.com/4900.html.

[2] 柏先力.格兰仕微波炉竞争战略及其匹配性研究[D].长沙:中南大学,2005.

[3] 黄君发.格兰仕:屠夫回归[EB/OL].(2007-03-30)[2022-05-18].https://finance.sina.com.cn/leadership/case/20070330/11443457519.shtml.

◇ **思考与讨论**

1. 指出格兰仕的竞争战略及竞争地位。
2. 企业实施低成本战略应该满足哪些条件?
3. 格兰仕应该采取哪些方法来维持其竞争地位?
4. 进一步搜集资料,分析格兰仕的低成本竞争战略在当今面临哪些挑战。

## 案例2 茶颜悦色的差异化营销

◇ **案例介绍**

2013年底,以中国风为主题的新式茶饮——茶颜悦色正式在湖南长沙营业,中式呈现与西式制作结合,文艺范十足,吸引了全国各地的奶茶粉丝前来品尝;2015年,湖南茶悦餐饮有限公司成功申请茶颜悦色品牌,并以长沙核心商圈为基点,在各个繁华地段设有其特色门店。茶颜悦色的品牌营销获得巨大成功,几年时间就从一名默默无闻的"草根少女"晋升为茶饮品牌的"顶流明星"。茶颜悦色是如何做到这一点的? 不得不说,与其差异化的市场竞争战略密不可分。

1. 产品差异化,凸显独特品位

在现代市场竞争环境中,企业依靠产品、服务、技术、市场等资源的异质性,实施差异化战略以形成自身核心竞争力。1980年,Oliver构建了一个由期望、认知绩效、确认度、满意与持续购买意愿五个维度组成的期望—确认理论模型,即消费者在选购产品前会产生一种期望,在消费体验后,消费者会根据感知质量对产品或服务的实际绩效形成新认知,并根据绩效与购前期望的对比,产生消费者满意度。

茶颜悦色产品以"鲜茶+奶+奶油+坚果碎"和"茶底+鲜奶"组合为基础,将中国的茶文化与西方的咖啡工艺完美结合,凸显茶味层次感,并根据消费者个性偏好定制产品甜度、温度与容量大小,提出"一挑、二搅、三喝"的品尝诀窍。在茶颜悦色创立之初的产品研发阶段,吕良就顶住巨大的成本压力,选择安佳淡奶油作为饮品原料。一家街头茶饮店使用如此昂贵的原料,可以说开了行业之先河。在形态上,茶颜悦色的饮品分为忌廉篇、沫泡篇、纯茶篇(斋叶子)和果茶篇(豆蔻)。其中,忌廉篇采用的是"坚果碎或其他小料＋淡奶油＋奶沫＋纯牛奶＋茶"的组合,鲜奶味较浓;沫泡篇采用的是"小麦胚芽或抹茶粉＋奶沫＋纯牛奶＋茶",茶味较浓。茶颜悦色的饮品都是现场制作、销售,顾客可以实实在在地看到这些差异化的形态。在口感上,茶颜悦色饮品不仅特色鲜明,能够满足不同群体的需求,还对中国的传统茶饮进行了继承创新。在研发上,不同于其他茶饮品牌每季度推出2~3个新品的节奏,茶颜悦色一般每年只推2款新品,总体SKU(存货单位)保持在20个左右。秉持稳扎稳打、步步为营的稳健节奏,茶颜悦色不追求新产品的上市速度,将大量精力放在了产品的迭代上,比如主打饮品幽兰拿铁已经历了多次迭代,饮品的外卖配方也在不断做出调整。正是这种独特的产品质量、产品体验、产品创新的差异化战略,给用户带来高满意度及有效的口碑传播,实现了其产品差异化营销策略。

2. 形象差异化,展现国风之魅

企业形象(Corporate Identity System,CIS)战略是有计划、全方位、全时段对企业形象各要素进行的精心策划,进而促使企业形象的物质表征、社会表征、精神表征优于其竞争企业的一种战略。茶颜悦色的品牌定位为新中式茶饮,并抓住视觉识别(Visual Identity,VI)这一重要因素,将中国风的企业视觉设计风格通过以下四个方面展现:

(1) 企业标志

企业标志(logo)采用标志性的朱砂红,由古代仕女、团扇、八角窗等传统中式符号组成,简洁醒目,极具古典韵味。

(2) 门店装潢

在门店装潢设计上,茶颜悦色充分利用中国传统文化中的元素,呈现浓厚的中式风格。在门店装修、店内布局上,融入书籍等个性摆饰,并巧妙运用小桥流水、桃花竹林等古风意象,借鉴传统,内涵隽永。各门店以中式风格为基调,根据选址环境的不同而各有差异,如:江枫渔火概念店,以黄色和深棕色为主色调,木制深棕色小桥与庭院,搭配浅黄色木质的屏风,加以重重叠叠的假山和轻快环绕的流水,带给消费者轻松悠闲之感;竹林煮茶概念店以竹林煮茶为主题,以竹和瓦片为主设计元素,将绿色的灯光导入亮白的空间,诠释了竹间赏茶的雅士风格;此外还有好多鱼概念店、活字概念店、幽兰阁概念店、桃花源概念店、别有洞天概念店等,不同的概念店从不同侧面、不同角度诠释着中国特色的主题。

(3) 饮杯设计

茶颜悦色的饮杯画或来自宫廷画家郎世宁,或来自其他中国名画家,让消费者在饮茶之余,还能欣赏中国名画。这既体现了企业的高雅文化境界,又能凸显消费者的品位。

(4) 产品命名

茶颜悦色将绿茶、红茶、奶盖茶分别命名为"浣纱绿""红颜"和"豆蔻",其单品命名也富含诗意,如:幽兰拿铁、声声乌龙、人间烟火、烟火易冷、筝筝纸鸢、风栖绿桂、蔓越阑珊、桂花弄;在毕业季期间,又推出花香类沫泡篇"栀晓";立秋后,上线"少年时",初尝便可感到些许精神为之一振的张扬朝气……总之,茶颜悦色以营销美学为理论基础,通过视觉营销设计对其品牌进行感官体验与设计,在新式茶饮市场,全方位体现差异化的企业形象战略。

3. 市场差异化,实施效果显著

准确的市场定位是商业项目运作成功的重要一环。茶颜悦色是以"中茶西做"为特色的新型鲜茶店,其市场定位在各大高校周边及城市核心商圈,目标客户群体为18～35岁的青年或都市白领,这些人时尚、创新、积极,喜爱尝试新的产品或服务,在努力学习或者工作之余,会"停下来"享受一下文艺青年的慢时光。茶颜悦色瞄准了需要变换的市场,准确抓住了用户群体的心理与需求,不断优化市场营销组合要素,制定差异化营销策略,从而迅速打开长沙市场。截至2021年7月,茶颜悦色在长沙共有400多家直营门店,在重点商圈五一广场、黄兴路步行街等地,几乎每十步就能看到一家茶颜悦色。同时,它也开始走出长沙,陆续在武汉、常德和深圳开店,无一例外都受到当地年轻人的欢迎和追捧。

4. 服务差异化,传递品牌温度

茶颜悦色根据市场竞争状况和自身的资源条件,建立和发展差异化盈余服务优势,使自身服务在消费者心中形成区别并优越于同行竞争者的独特形象,并将其都体现在服务细节上。茶颜悦色在每一个节气都会为每一位顾客介绍该节气的传统食谱并给出温馨提示;店员在点单时称男士为先生、女士为小姐,点单后称顾客为小主。门店常备有红糖、花露水、创可贴、十滴水、风油精、暖宝宝、维C等各类物品;2020年新冠肺炎疫情暴发后,茶颜悦色首次推出外卖服务,且设有专门针对外卖的品牌"知乎茶也",用瓦楞纸做外包装,可保温3小时,加之防漏杯盖、吃法小贴士、芝士碗、环保纤维纸巾等,充分体现了企业用心服务的文化理念。Aizen、Fishbein等营销大师认为顾客忠诚是一种情感态度忠诚,是购买意愿、喜好程度、推荐意愿的结合。在茶颜悦色的每张消费小票上都印着一句话:只要您觉得口味有异,请果断行使"一杯鲜茶的永久求偿权",这是茶颜悦色"从顾客来,到顾客中去"指导方针的真正体现与落实,体现了其"细节有内容,有温度",以细节服务于消费者,最终实现顾客忠诚的经营理念。

## ◇ 主要参考资料

[1] 吴妍珏,文杏梓. 基于4V营销理论的我国新式茶饮品牌差异化营销战略探析:以"茶颜悦色"为例[J]. 商场现代化,2020(17):91-93.

[2] 佚名. 茶颜悦色出圈背后的品牌战略与营销[EB/OL].(2022-06-01)[2023-03-24]. https://www.sohu.com/a/553055213_120163343.

## ◇ 思考与讨论

1. 茶颜悦色采用的是哪种竞争战略?
2. 茶颜悦色采取了哪些措施来确保其竞争战略的实现?
3. 茶颜悦色的竞争战略为其带来了哪些竞争优势?
4. 结合案例思考大学生应如何打造自己的差异化竞争优势。

# 第十章

# 10

## 产品策略

◎ **学习目标：**

1. 了解产品的概念与层次；
2. 了解产品组合的概念及组成；
3. 了解产品组合策略；
4. 掌握产品生命周期的概念及阶段；
5. 掌握不同产品生命周期阶段的策略；
6. 了解新产品的含义、类型及开发过程；
7. 了解新产品开发失败的原因。

◎ **案例分析：**

案例 1 主要介绍了戴森如何通过精益产品研发持续打造出顶尖产品，详细阐述了戴森新产品开发的步骤及方法，从而加深学生对新产品开发过程及方法的理解，了解产品创新成功的条件。

案例 2 通过分析格力电器的产品组合，加深学生对产品组合相关概念以及产品生命周期的理解。同时通过两个案例的分析，引导学生认识到不断创新及与时俱进的重要性，要树立危机意识与创新思维。

## 一、知识要点

1. 所谓产品,是指能提供给市场,用于满足人们某种欲望和需要的任何事物,包括实物、服务、场所、组织、思想、主意等。产品包含核心产品、形式产品、期望产品、延伸产品和潜在产品。

2. 产品生命周期是指产品从进入市场到退出市场所经历的市场生命循环过程。产品只有经过研究开发、试销,然后进入市场,它的市场生命周期才算开始。典型产品生命周期包含导入期、成长期、成熟期和衰退期四个阶段。产品在不同生命周期阶段具有不同的市场特点,适合不同的营销策略。

3. 所谓新产品,是指与旧产品相比,具有新功能、新结构和新用途,能在某方面满足顾客新需求的产品。新产品包含全新型新产品、换代型新产品、改进型新产品和仿制型新产品。

4. 新产品开发一般包含新产品构思——筛选构思方案——形成新产品概念——商业分析(可行性分析)——新产品试制——试销——正式投放市场。新产品创意的主要来源有:顾客、科学家、竞争对手、企业的推销人员、经销商、企业高层管理人员、市场研究公司、广告代理商等。

5. 推出新产品是企业可持续发展的重要策略,然而新产品的成功受众多因素的影响。分析、研究、弄清新产品失败的原因,将有助于新产品的成功,新产品失败的原因主要包括:

(1) 公司未能正确评估新产品的潜在市场,在市场调查不细致及了解不彻底的情况下贸然投放新产品而导致失败。这一比例约占32%。

(2) 新产品本身有缺陷,如由于技术上或设计上的错误,造成产品品质低劣、功能不全,以及颜色、味道、外观、规格、包装容量不适当;产品本身过分复杂,或者同市场现有产品相比没有突出优点,显不出竞争优势。因这类原因失败的新产品约占23%。

(3) 定价是决定新产品成败的关键因素之一。价格定得过高或过低,都不合适。当新产品的成本高于预计成本时,所定的价格缺乏竞争力,从而导致产品难于在市场上立足。因产品成本过高导致失败的新产品约占14%。

(4) 延误新产品上市时机,快半拍或慢半拍,都会使新产品有失败的可能。因上市时机选择不当而失败的新产品约占10%。

(5) 当一种新产品出现在市场时,必然会遇到竞争对手的有力反击。低估竞争对手的反应,因而导致新产品失败的约占8%。

(6) 营销人员在推出新产品时缺乏明确的策略,没能赢得高层管理者的支持,或者推销、广告等配合不当,都会给新产品以致命伤。因营销计划欠周到而造成新产品失败的约占13%。

6. 产品组合是指一个企业提供给市场的全部产品线和产品项目的组合,即企业的业务经营范围。产品组合包含4个衡量变量:宽度、长度、深度和关联度。

7. 产品组合策略包括产品线扩大策略、产品线缩减策略及产品线延伸策略。产品线扩大包括拓展产品组合的宽度和加强产品组合的深度。产品线缩减是指剔除那些获利小甚至亏损的产品线或产品项目。产品线延伸是指全部或部分地改变原有产品的市场定位,有向上延伸、向下延伸、双向延伸三种具体方式。

## 二、案例分析

### 案例1  戴森的精益产品研发

◇ **案例介绍**

戴森(Dyson)是一个来自英国的小家电品牌,创立于1991年,从起家的吸尘器,到之后扩展的吹风机、干手机和洗衣机等类别都维持行业尖端定位。戴森近几年来在中国市场迅速走红,成为高科技潮流又时尚的代名词,但却很少人知道戴森品牌之所以能够受到国内用户的喜爱,其原因在于该企业创始人詹姆斯·戴森(James Dyson)以打造超级产品为目标,追求把产品做到极致。其本人也因此被誉为"小家电市场的乔布斯"。

提起戴森,我们都会想到它的吸尘器。在戴森的多个品类中,它占据了公司将近80%的销售利润。在1993年第一款吸尘器面世时,戴森不过是一个家电初创企业,但凭着公司对产品从设计形态到用户体验的精益求精与持续迭代,如今戴森吸尘器在全球吸尘器行业长期占有一席之地。即使在家电市场整体下行的疫后时期,其吸尘器在2020年依然实现了3.2%的销售额同比增长。

回看当年市场数据,其首款吸尘器DC01为戴森带来一份不错的"成绩单"。在创始人詹姆斯·戴森历经5年研发和5 127次模型研制后,这款吸尘器彻底解决了旧式真空吸尘器气孔容易堵塞的问题,上市即赢得"吸尘器发明以来首次重大科技突破"的赞誉。数据显示,在上市当年DC01就成了英国最畅销的真空吸尘器产品;从1993年发布到2001年DC07问世之前,DC01单SKU销量占英国立式吸尘器市场的47%。

然而,面对未稳固的市场地位和已有竞争者的威胁,戴森认识到,这款突破性产品的上市是开端而不是结束,要保持市场领先地位,公司必须持续进行产品的迭代创新,需要在市场和产品两个维度深耕:以既有产品继续渗透当前市场或开拓新市场;面向当前市场或全新市场开发新的产品。

但对当时的戴森而言,市场渗透和新市场开发策略都不是最有效的业务增长手段。究其原因,有两个:第一是因为戴森首款产品上市时,吸尘器市场已经相对饱和。20世纪90年代,欧洲和北美的吸尘器市场渗透率已经达到85%,市场需求主要来自产品老旧和损坏的替换,当时吸尘器平均的生命周期是8年左右,市场对购买新吸尘器的需求并不大。而未饱和市场由于家居环境以地板材质为主,导致市场对吸尘器的需求量非常小。第二次世界大战后(1945年)吸尘器真正意义上成了家用电器,市场在近半个世纪的发展中逐渐成熟,市场竞争格局已经相对稳定。在英国,吸尘器市场长期被胡佛(Hoover)、伊莱克斯(Electrolux)、松下(Panasonic)和美诺(Miele)四家行业龙头占据。第二是在产品方面,这款突破性技术的吸尘器留给了戴森很大的优化空间：DC01的定价是传统吸尘器的2倍，在价格上没有明显的优势，戴森无法以成本领先战略来赢得更多市场份额。首款吸尘器的无尘袋创新技术开始被其他制造商模仿并以更低价格出售，戴森不得不探索新的差异化竞争方式。无尘袋技术虽然解决了尘袋吸尘器吸力减退的问题，但是要让吸尘器更好用，戴森需要继续探索吸尘器其他可改进之处。

1. 戴森解决方案

戴森的解决方案是以"开发—验证—学习"实验循环驱动产品迭代创新。创始人James Dyson信奉从失败中学习的精神，很好地体现在公司的产品创新方式上。戴森每款新产品的开发都遵循内部一套迭代式的产品开发流程，以实验驱动创新。戴森前任CEO Max Conze（麦克斯·康泽）在一次公开论坛中也肯定了实验和失败在公司创新过程中的作用。James和每位戴森人都坚信这种创新方法：提出一个问题后，我们开始思考可能的解决方案，建立解决方案的原型，然后就是不断地迭代，迭代，再迭代。从下面的戴森设计流程中可以看出，传统创新很多时候是线性的"闭门造车"过程，产品直到上市才开始搜集市场反馈；而戴森从产品设计阶段开始，就会开展无数次开发—验证—学习循环实验，基于反馈不断调整和改进产品原型，直到产品最终发布。

（1）开发

① 阐明问题

精益实验设计始于真实用户需求，而非团队单方面的头脑风暴。在这一阶段，戴森会搜集用户反馈，然后通过其"ACCESS FM 模型"（Aesthetics—美学、Cost—费用、Customer—顾客、Enviroment—环境、Size—尺寸、Safety—安全、Function—功能、Materials—原料）将用户问题转化成产品功能语言，以让团队在实验设计阶段达成一致共识。

在设计DC03吸尘器的产品实验时，戴森先搜集了已上市的DC01和DC02两款产品用户反馈。最终，团队收回7.2万份问卷和5 000份附加信件。另外，戴森的每位员工都被发放一台吸尘器，他们在家中使用过后，也为产品提供了很多改进和优化的建议。得到真实需求后，团队将其转化为"ACCESS FM"产品概要模型。有些用户特别需要体型轻薄的吸尘器；有些用户希望吸尘器的吸力能够提升。为避免工程师在设计实验过程中对用户问题出现不同的解读，上面提到的两个需求，就会分别被描述为：尺寸，产品重量在6～7 kg之间；功能，马达转速达到104 000转/分钟。

② 计划项目

新产品设计项目的时间表通常会被安排得很紧凑。设计过程的迭代性意味着一个新的产品想法需要在"构建—验证—学习"这三个阶段进行多次重复。因此，戴森团队会在项目中设置里程碑以保持项目进度的推进。

③ 设计实验

产品开发的成功来自更早产生有价值信息，每往后一步，产品迭代成本就会指数级上升。戴森十分强调最小可行性产品（Minimum Viable Product，MVP）验证，以最小成本来验证未确定的产品方案。因此，在设计实验环节，产品原型的迭代就已经开始了。通过精简的草图，戴森工程师们不仅可以快速沟通复杂的产品想法，也能够很快地对草图进行若干次迭代。

④ 构建原型

"做出人们想要的东西"是每一个团队开发产品时的愿景，但在面对发布产品的紧张时期前，团队很容易错过一个向用户获取反馈的关键机会——验证产品方案。戴森的工程团队通过在短时间内制作原型，提前验证产品方案并对原型进行迭代完善。不同于软件产品，技术公司的产品原型通常需要投入更长的开发时间。但戴森还是找到快速以 MVP 形式构建原型的方法——层层递进式迭代，即纸原型—CAD—3D 打印。等虚拟原型迭代完成后，团队才会输出物理原型，以最大限度降低产品创新的研发成本。

当纸原型被初步验证后，团队会进行 CAD 绘制并使用仿真软件 Ansys 来快速地对每个组件进行详细的结构分析和改进，在一天内就能评估和优化至少 10 次的设计迭代。虚拟原型迭代完成后，团队才会利用 3D 打印技术在一周内输出物理原型进行真实场景的测试。在 3D 原型制作阶段，团队依然遵循"最小成本验证不确定性"的原则，不会直接输出具备全部功能的产品原型，而是先制作足以验证某个功能的单功能原型。比如，戴森的 DC39 球形真空吸尘器在降噪、涡轮吸头、气旋功率等方面都进行了技术改进或创新。团队制作了从球形内部降噪到气流旋转速度的多个单功能原型，以在测试阶段分别验证某个功能，完成验证后才最终形成完整原型。

（2）验证

在原型验证阶段，戴森团队会进行内部和外部测试，以提前验证产品方案的可行性。

在外部测试方面，工程师们会邀请目标用户进行多次"用户测试"，然后根据用户的反馈对产品进行调整（当然，这些用户会与公司签订保密协议）。DC22 吸尘器在上市日本市场前，为了让产品更本土化，戴森召集了一批日本用户真实体验产品原型。在观察用户体验过程中，团队发现用户都不使用脚踩机器按钮来控制开关。经过访谈才得知在日本文化中，用脚来做事被认为是无礼和肮脏的。这个洞察让团队得以及时修改 ACCESS FM 产品概要，并将原型的开关修改为射频信号识别。

在内部测试方面，除了我们所熟知的产品性能和质量测试，戴森还会尽量还原用户真实使用场景来测试产品。公司的测试实验室会还原家具环境的场景，确保产品原型测试的结果更符合用户真实的使用场景，比如：戴森在我国实验室里搭建了一间模拟中国居家环境的房间，包含一间中式客厅、卧室和卫生间；同时定期委托专业实验室从当地真实家居环境中收集灰尘。在进行内外部测试时，团队会同步搜集测量验证的结果数据，并随后进行分析。分析会与设计初期用于描述产品语言的"ACCESS FM"框架对齐，以客观评估产品测试是否符合用户需求。

一般而言，测量通常包含定量和定性两种方式：定量数据帮助了解用户行为背后的动机想法；定性数据帮助发现数据上的规律共性。需根据产品所处的精益创新的阶段，区分使用两种实验类型。

（3）学习

精益产品实验强调通过实验来学习产品改进之处。通过数据测量和分析，团队能够将从本次实验中获得的产品改进意见转化为下一次实验的前提和提出新的解决方案。实验循环的过程由此展开，团队也在不断实验下驱动产品的优化与创新。

戴森的 Tangle Free Turbine（免缠绕涡轮吸头）是一款有防缠绕头发专利的吸尘器，从这款产品在原型阶段的迭代可以看出工程团队不断学习和改进的过程：

传统吸头：团队在硬地板上对普通吸头测试时发现部分灰尘难以吸附，原来是高速旋转的刷头会产生静电，这使得尘粒反而被地板吸引。于是，团队找到了具备反静电特性的碳纤维替代普通刷头，希望能够提高吸尘量。

碳纤维吸头：在使用碳纤维吸头的产品原型测试时，团队发现碳纤维吸头的滚刷设计很容易缠绕头发等长纤维物质。团队经过研究，发现以圆周运动方式摩擦头发能够让头发滚成球状，以解决缠绕问题。

免缠绕涡轮吸头：根据圆周运动这一原理，团队测试了几十种方法来模拟圆周运动，最终找到通过两个反向旋转的圆盘把头发弄成球状的解决方案，并在后续测试中验证出大小齿轮配合能达到最好的效果。

2. 精益产品开发的效果

精益产品开发让戴森长期在全球吸尘器市场保持领先地位。

（1）构建产品技术的壁垒

通过不断对产品迭代升级，戴森抢先一步构建了其吸尘器核心技术的护城河。戴森自主研发的数码马达在 9 年经历 8 次迭代后，V10 马达接近家用所需功率上限（转速达到 125 000 RPM），而同时重量却不断减少，这让其吸尘器性能保持领先竞争优势。

（2）成为专业化市场领先者

除了技术上追求突破，戴森对产品附属功能的极致追求和对已有吸尘器系列的持续改进，也让它赢得了消费者的口碑。根据欧睿数据，戴森自 2017 年起在全球吸尘器市场销售量登顶第一，而后每年保持近 1% 的提升趋势，领先优势得到持续巩固。

（3）持续打造出明星单品

通过"构建—验证—学习"的精益产品开发流程，戴森对产品进行数以百计的小的、增量的创新，以最终实现颠覆式的产品创新。其不少吸尘器系列如 V8 Fluffy 一上市就成为爆款，占了品牌超过 1/4 的总体销售额。

戴森没有过度沉溺在首款吸尘器的成功发布中，本土最畅销吸尘器的优秀成绩没有让它停滞产品创新的步伐。从无袋式到免缠绕、无绳化，戴森吸尘器还在不断地创造更好的吸尘体验。工程师与设计师不断以低成本快速试错的方法进行研发——草图，做原型，测试，验证失败，找出问题，再做新的原型。在产品没有得到有效内外部验证前，戴森都没有真正投入更多的资源进行开发，而是不断地进行精益实验循环，通过实验循环小步快跑，快速迭代。正因如此，小步探索的累积为戴森带来了一个又一个获得市场认可的颠覆式创新产品。

◇ **主要参考资料**

[1] Runwise 创新咨询. 戴森如何通过精益研发持续打造出顶级产品?[EB/OL]. (2022-03-15)[2023-02-26]. https://zhuanlan.zhihu.com/p/481368239.

[2] 艾永亮. 探索戴森品牌成功的秘诀,把产品做到极致,打造超级产品[EB/OL]. (2020-03-26)[2023-02-26]. https://sspai.com/post/59668.

◇ **思考与讨论**

1. 概括戴森精益产品研发的内容。
2. 戴森的产品开发包含哪些步骤?
3. 分析戴森新产品创意的来源。
4. 戴森的精益产品开发需要哪些条件?
5. 结合戴森通过精益产品开发打造顶级产品的实例,思考并讨论个人如何通过有效的学习创新来提升专业能力。

## 案例 2　格力电器的产品组合

◇ **案例介绍**

格力电器是一家多元化、科技型的全球工业集团,旗下拥有格力、TOSOT、晶弘三大品牌,产品覆盖家用消费品和工业装备两大领域,含家用空调、暖通空调、冰箱、洗衣机、热水器、厨房电器、环境电器、通信产品、智能楼宇、智能家居在内的消费领域;含高端装备、精密模具、冷冻冷藏设备、电机、压缩机、电容、半导体器件、精密铸造、基础材料、工业储能、再生资源在内的工业领域。其产品远销 160 多个国家及地区。

十年前,格力就是中国空调行业第一,当时格力的自我定位是"生产销售空调器、自营空调器出口及其相关零配件的进出口公司"。而在 2017 年年报中,公司突然宣布:"格力电器要做一家多元化的全球型工业集团。"在接下来的 2018 年,格力电器的发展战略愈发清晰,格力电器要做一家多元化、科技型的全球工业集团,覆盖空调、生活电器、高端装备和通信设备四大领域。

1. 格力的产业延伸

格力电器的产业包含四个部分:其一是已经占据相当优势的空调,属于需要继续做深引领的部分;其二是生活家电,属于追赶型,意图切入对手的赛道;其三是高端装备产业,属于打造多元化工业集团的主要内容;其四是通信设备,属于为物联网时代做准备。高端装备方面,很多投资者认为这是格力电器新进入的领域,其实并不是。格力在做空调的时候掌控了从上游压缩机、电机等零部件研发生产到下游废弃产品回收利用的全产业链,其在这个过程中对高端装备早有涉及。

所以,格力要做高端装备并非一时兴起,而是深耕空调产业链多年积累下了能力和技术,将高端设备方面战略化是顺势而为,并不是大部分人认为的强上硬上。

如此，我们能总结出，格力的"多元化"主要是空调产业链的纵向做深，横向扩展的幅度有限。这种发展战略的风险是远小于横向产业扩张的。我们熟知的春兰空调多元化失败案例，便是横向新产业扩张过快造成的——春兰在空调主业并未成熟的情况下，贸然进入摩托车、卡车、新能源、房地产等行业。可以说春兰空调并不是因为多元化导致失败，而是因为盲目多元化而致失败。

这几年最流行的多元化扩张方向是金融、文化娱乐、大健康等产业。格力并没有试图去赶这些时髦，也说明格力多元化并不是很多人说的"蹭热点"，格力的多元化也不是为了"赚快钱"；更多的是深耕上下游产业链和有了能力之后的勇于承担。

2. 格力的主业坚守

多元化并不是洪水猛兽，考验管理层的是如何看待主业、多元化的时机、多元化的方向这三个问题。格力管理层远不止一次说过"空调永远是主业"，并认同"空调行业并没有到天花板"。

空调市场方面，我们城镇化还有较高的提高空间、居民消费升级进程加速、更新换代需求提升，所以从长期来看空调市场仍有大幅提升空间。再加上格力商用空调方面，还有很大的进步空间。

格力空调不仅在国内市占率第一，在全球格力电器以21.9%的市场占有率也位列家用空调领域榜首（日本经济新闻数据）。格力不仅销量和保有量大，作为高端品牌，格力的售价较高，盈利能力也首屈一指。格力的毛利率一直大幅高于行业第二美的集团。格力在国内拥有26家区域性销售公司和4万多家网店，格力的渠道模式是格力空调如此成功的重要保障。空调的周期性需要有实力的渠道来平滑生产，所以不论是海尔的"人单合一"还是美的的"T+3生产"模式，在其他家电领域都效果较好，但在空调领域受限较多。

多元化并不是不看好主业了，也不是要离开主业，多元化是深耕空调上下游产业链的衍生。空调仍然会高速发展，且会给其他多元化项目提供资金、市场、技术支持。保证空调的继续成功，才能给予格力试错空间和容错机会。坚持"空调永远是主业"，格力就不会走上春兰的错误。

3. 格力的生活家电和通信设备延伸

格力以前对小家电不是很重视，从2013年开始才逐渐放开手脚扩充产品，到2016年才开始提出在智能家居方面加速转型，这两年逐步加入对生活家电的重视和宣传。格力从2015年第一部手机开始，逐步进入通信设备领域，并在2018年将通信设备单列为重要的战略板块。

格力的管理层看到了5G和物联网将要对家电行业产生重大影响。我们以前的智能家居根本算不上"智能"，只是一些小技巧。但物联网时代的智能家居，将会产生深刻的变革。手机、生活家电、空调等都在这个生态中扮演着重要的角色。

就如同别的公司挑战格力的空调护城河很难一样，格力想挑战已经形成竞争格局的冰箱、洗衣机、生活电器也很难。新切入一个行业，最快的方式肯定是"价格战"，但这从来不是格力会用的策略。

格力的专卖店是空调专卖店,卖生活电器效果一般,这是很明显的事情,所以格力的生活电器缺乏配套的销售渠道。格力空调可以不依赖线上和KA渠道,但生活电器却不得不依赖这些。2018年以来,格力大力发展线上和员工"微店铺",便是对生活电器渠道再探索的开始。

总结发现,现在格力生活家电存在以下几个劣势:一是价格没优势,二是渠道不完善,三是深耕时间短。在公司开始重视生活家电之后,生活家电因其历史基数小,发展迅速。晶弘冰箱2018年销售同比增长50.3%,增长率行业第一,总销量行业第九。

不得不说,格力做手机真是做得不尽如人意。格力发现了未来作为"万物互联"的两个关键:一个是手机,一个是芯片。格力披露的2019年工作重点中5G手机赫然在列,格力的计划是结合格力特有的智能家居生态,打造具有格力特色的物联网手机。微处理芯片门槛并不高,格力大可以自己做;但格力对手机的理解还很初级,自己做的意义不大。物联网时代,格力更应该专注家电,做好空调,提升生活电器口碑。软件和生态方面,可以跟各个智慧家居平台合作,比如华为HiLink。

4. 格力的高端装备研发与布局

2015年,中国提出了《中国制造2025》,希望产业转型与升级换代,逐步进入制造强国行列。其中智能制造工程和高端装备创新工程便是格力的布局方向。

智能装备方面,格力致力于为客户提供定制化的工业机器人集成应用、大型自动化生产线解决方案,为实现"中国智造"提供专业化、个性化的产品和服务。目前,公司机器人全套核心部件(伺服电机、伺服驱动器、运动控制器、减速机)已完全实现自主研发、生产,其中"工业机器人用高性能伺服电机及驱动器"被评为"国际领先"技术。

精密模具是格力电器多元化布局的重要战略方向之一,随着研发及技术的不断沉淀,现可满足家电、汽车、3C、医疗器械、光学器件、马达铁芯等领域模具和产品,目前客户有宝马、通用、丰田、本田、一汽、东风、吉利、长城、日本小糸、敏实集团等众多汽车及汽车零部件厂商,华为、歌尔、富士康、比亚迪、领胜等精密3C领域厂商。此外,格力还与中国商飞、江苏科邦、成都润博等军民融合企业建立战略合作。

根据协议,中国商飞和格力将重点围绕3D打印、人工智能、智能制造等领域展开合作:一是共建中国商飞北研中心3D打印格力电器分中心;二是联合开展未来民机、飞发一体化、新材料新工艺领域的3D打印、复合材料模具、智能机器人应用探索、智能控制技术研究等方面合作;三是促进科研资源共享;四是开展青年创新合作交流。

凭借良好的基础发力高端工业制造,格力虽然有了一些成绩,但明显未来道阻且长,毕竟高端模具、数控机床、精密铸造是我国整体弱项,需要有担当的公司去一起去攻克。

◇ 主要参考资料

[1] 泠然. 如何正确看待格力电器的"多元化"战略[EB/OL]. (2019-06-08)[2022-08-24]. https://www.sohu.com/a/319209222_412896.

[2] 外八字的韭菜盒子. 格力多元化转型困境[EB/OL]. (2021-07-11)[2022-08-24]. https://zhuanlan.zhihu.com/p/388555156.

◇ **思考与讨论**

1. 格力的产品组合有何特点?
2. 格力采取了哪些产品组合策略?
3. 分析格力电器旗下的格力空调、晶弘冰箱、格力手机的生命周期阶段并提出你的营销建议。

# 第十一章

## 品牌策略

◎ **学习目标：**

1. 了解品牌的概念及六层含义；
2. 了解品牌资产的概念及内容；
3. 掌握品牌策略的类型；
4. 掌握品牌老化的内涵及品牌更新的途径；
5. 掌握品牌塑造的核心内容与方法。

◎ **案例分析：**

案例1主要介绍了比亚迪的高端化和年轻化转型之路，详细阐述了比亚迪在技术研发、产品设计、标识更新、广告宣传等方面的举措，通过该案例深化学生对品牌相关要素及品牌塑造的理解，同时引导学生思考提升我国其他民族品牌形象的途径。

案例2从品牌定位、品牌形象塑造、品牌形象渗透、网络品牌营销等方面介绍了三只松鼠的品牌营销策略，通过分析加深学生对品牌营销策略的理解。

案例3主要介绍了国货老品牌"百雀羚"的品牌复兴之路，通过分析加深学生对品牌老化以及品牌更新的理解，同时引导学生从百雀羚品牌复兴中思考当下的"国潮热"现象，增强文化自信。

## 一、知识要点

1. 品牌是一种名称、术语、标记、符号或设计，或是它们的组合运用，其目的是借以辨认某个或某群销售者的产品及服务，并使之与竞争对手的产品和服务区别开来。品牌包含六层含义：属性、利益、价值、文化、个性、用户。

2. 品牌资产是赋予产品或服务的附加价值。它反映在消费者对有关品牌的想法、感受以及行动的方式上，同样也反映在品牌所带来的价格、市场份额以及盈利能力上。它主要包括五个方面，即品牌忠诚度、品牌认知度、品牌知名度、品牌联想、其他专有资产（如商标、专利、渠道关系等），这些资产通过多种方式向消费者和企业提供价值。

3. 品牌策略是一系列能够产生品牌积累的企业管理与市场营销方法，包括 4P 与品牌识别在内的所有要素。品牌策略主要有：品牌化决策、品牌使用者决策、品牌战略决策、品牌再定位决策、多品牌策略、品牌延伸策略、品牌更新策略等。

4. 品牌老化是指由于内部和外部原因，企业品牌在市场竞争中的知名度、美誉度下降以及销量、市场占有率降低等品牌失落的现象。现代社会技术进步愈来愈快，一些行业内，产品生命周期也越来越短，同时社会消费意识、消费观念的变化频率也逐渐加快，这都会影响到产品的市场寿命。品牌更新是品牌自我发展的必然要求，是克服品牌老化的重要途径。

5. 品牌更新是指随着企业经营环境的变化和消费者需求的变化，品牌的内涵和表现形式也要不断变化发展，以适应社会经济发展的需要。品牌更新包括品牌元素（名称、标识、广告语、包装）、品牌定位、品牌形象、品牌细分市场（顾客、地理、用途等）等方面的更新与调整，也包括产品的更新换代、品牌等级的提高（品牌向上延伸）和下调（品牌向下延伸）以及管理创新等。

6. 品牌塑造是指给品牌以某种定位并为此付诸行动的过程或活动。品牌塑造是一个系统长期的工程，品牌知名度、美誉度和忠诚度是品牌塑造的核心内容。品牌塑造能加深企业的形象识别，提高品牌认知度，有利于在目标市场中建立品牌信任度，更易让企业在竞争中脱颖而出。

7. 企业要在长期市场竞争中处于优势地位，打造品牌是其必经之路。企业在经营过程中应提前进行品牌战略布局，加强企业品牌建设，走品牌发展道路，这样企业产品才能在未来市场变化中处于主动地位，而不会陷入残酷的价格竞争中。企业打造品牌不是一朝一夕所能完成的，需要从创立品牌开始，坚持不断研发，生产出高质量的产品，不断完善产品售前、售中、售后的服务保障体系，打造品牌独有价值观和文化，从而赢得消费者的满意和信赖。

## 二、案例分析

### 案例 1　比亚迪品牌高端化与年轻化之路

◇ **案例介绍**

比亚迪股份有限公司(简称"比亚迪")成立于 1995 年 2 月,总部位于广东省深圳市。2003 年进入汽车行业,经过近 20 年的发展,比亚迪已经成长为全球新能源汽车领域的龙头车企。从销量来看,2022 年是比亚迪的起飞之年。数据显示,2022 年,比亚迪累计销量达到 186.85 万辆,较 2021 年增长 152.5%。其中乘用车销量为 186.2 万辆,较 2021 年增长 155.1%。

在过去,说到比亚迪你会想到什么?车型单一,颜值欠佳,性价比高?那现在呢,除了受到市场认可的刀片电池、DM-i 等一系列颠覆性技术,应该还会有豪华高端的旗舰车型"汉"以及一众比亚迪精英车主。比亚迪正在通过一系列努力改变大众对其品牌的传统认知,品牌形象早已不可同日而语。

2018 年,比亚迪提出"向新而行"的品牌新主张。此后便是步步为营,踏实创新,天天向上。正是技术积累、实力铺垫,让创新能力成为支撑,才有技术鱼池水深鱼肥,黑科技鱼贯而出,迭代创新如有源之水源源不断,技术积累与品牌力积累同步进行,美誉度持续攀升。

2021 年 5 月 10 日,凯度携手谷歌发布的《凯度 BrandZ™ 中国全球化品牌 50 强》在深圳揭晓,比亚迪位列汽车品牌第一。当下,比亚迪正在以更好的品牌形象、更强的产品竞争实力以及更新的市场竞争面貌,形成了"产品向上,技术向上,品牌向上"的市场正向循环,成为能与老牌合资车企掰手腕,且最不能被低估的中国品牌。2021 年初,比亚迪国内乘用车发布品牌全新标识,以更开放的姿态与用户和伙伴彼此链接,共同探索在智能化时代,汽车产品与服务的新业态,共建新价值汽车品牌。在造型设计上,设计大师艾格加入比亚迪后,用设计重塑了比亚迪的产品形象,比亚迪的龙脸和海洋美学设计语言正为比亚迪推出一款又一款震撼人心的产品。

产品与技术方面,比亚迪用高端的技术打造高端的产品。比亚迪推出的刀片电池、e 平台 3.0、DM-i 超级混动、DiLink4.0 均是领先行业的技术,依托这些技术打造出的多样化产品,爆款频现。同时比亚迪不断开拓高端产品市场,比亚迪汉就是比亚迪向高端进化的最好例证,最新出炉的数据显示,2021 年 11 月,比亚迪汉热销 12 841 辆,再创历史新高。作为一款上市已经超过 1 年的车型,比亚迪汉市场热度不减反增。其销量已连续 3 个月破万,连续 7 个月保持环比增长,在中大型新能源轿车市场稳居第一名。

一个品牌的高端产品受到认可,不但要体现在产品卖得"多"上,更要体现在卖得"贵"上。根据汽车产业数字化应用服务商威尔森监测的数据显示,2021 年 1—7 月份,比亚迪的平均售价已经达到 15.18 万元,不仅超过了大众(14.78 万元),并且与大众的差距还在扩大。同时,根据国信证券数据,比亚迪单车均价在国内同类品牌中处于领先地位。

2023年1月5日,比亚迪在深圳正式发布了全新高端汽车品牌"仰望"及其核心技术"易四方"。同时,百万级新能源硬派越野U8和百万级纯电动性能超跑U9也同步亮相。该高端产品在品牌、产品、销售服务网络、运营团队方面,都是全新且独立的。这一品牌势必会提高比亚迪整体的高端化水平,进一步实现比亚迪品牌价值的提升。

比亚迪是一家传统的车企,但回顾比亚迪近期的品牌营销活动,不难发现,比亚迪也在让自己的品牌形象更加年轻化,更加注重潮流。

比亚迪联合电子音乐制作人徐梦圆、国乐大师方锦龙,以"国风电音"打造汉主题曲《China-汉》,并推出了MV,同时还开展了抖音挑战赛,吸引了大批用户自发使用歌曲创作内容,并且在近日还推出了《China-汉》限量NFT音乐典藏。比亚迪汽车还与华为音乐联合举办"鹿蜀计划2021王朝季"全球原创国风音乐大赛,跨界出圈,让国潮成为先锋。此外,比亚迪以王朝系列五款车型为人物原型打造的原创国漫《刀行天下》漫画,冲破次元壁,佩刀安天下。

2021年1月1日,比亚迪汽车正式发布品牌全新标识(logo),实现品牌焕新升级。比亚迪汽车全新的logo,与比亚迪集团logo及"Build Your Dreams(成就梦想)"寓意一脉相承,以简约流畅的金属质感线条,构成极具动感的"BYD"字样。通过精确比例、富有规律的线条排列和变形,赋予新logo强烈的设计感、科技感和品质感。

设计上,取消了椭圆形边界,变得更加开放,并通过字母变形打开了"BYD"三个字母封闭空间,让线条末端如同开放的触点,这意味着,比亚迪汽车愿以更开放的姿态与用户和伙伴彼此链接,共同探索在智能化时代,汽车产品与服务的新业态,共建新价值汽车品牌。"从左到右、加速向前"的动感设计,与比亚迪汽车"一路向前"的品牌精神相一致。作为新能源汽车领导者,比亚迪不忘初心,一直在前,却一心向前。2020年以来,比亚迪先后推出汉、2021款唐、宋PLUS、秦PLUS等一系列备受消费者关注和认可的新产品。截至目前,比亚迪新能源车销量已突破百万。

在汽车产品上,纯电新物种海豚是比亚迪品牌年轻化一个很好的例证,作为海洋车系的开端,"生而出色"的比亚迪海豚凭借萌动的设计、聪慧的智能科技、治愈的出行体验和靠谱的硬核技术,成为Z世代年轻用户开启都市梦想的灵魂伴侣。在2021年11月份的广州车展上,比亚迪推出eStarPro共创联名版海豚,携手eStarPro电竞战队"玩出我的YOUNG"。除此之外,比亚迪元PLUS在本届广州车展重磅亮相。在元PLUS亮相发布会中,比亚迪王朝网销售事业部总经理路天先生介绍了元PLUS的八大核心优势——专业平台、潮跑外观、律动内饰、潮玩空间、雷霆动力、刀片·安全,同时介绍了3台元PLUS改装车的设计主题,展现了元PLUS实力破圈的潮流属性。

随着汽车消费市场的主力群体迭代,在汽车存量时代年轻人或将撑起百亿市场。在年轻人群快速崛起的过程中,人与车之间的关系也在发生着巨大的变化。对于新生代人群来说,汽车已经不仅是交通工具,人车关系也开始重构,以往的品牌策略或许早已不能吸引年轻人。因此传统车企都在争取年轻人的市场,纷纷采用跨界、联合、综艺各种各样创意十足的营销策略,以期用最有效的方式让品牌信息深入人心。比亚迪这家以技术闻名的企业,正从技术储备、产品力、市场营销等方面使自己的品牌升级。在新能源的风口与赛道里,竞争是多维度的。期待比亚迪的厚积薄发能够带来更好的产品,成为真正的中国品牌与世界品牌。

### ◇ 主要参考资料

[1] 佚名.品牌向上:解析比亚迪高端化之路[EB/OL].(2022-09-22)[2023-01-05]. https://www.sohu.com/a/586981631_114899.

[2] 佚名.入局容易转型难,比亚迪百万级高端品牌能否成功"仰望"?[EB/OL].(2022-11-16)[2023-02-28]. https://new.qq.com/rain/a/20221116A03TEC00.

### ◇ 思考与讨论

1. 分析比亚迪品牌更新的内容。
2. 结合案例分析比亚迪采用了哪些品牌策略。
3. 为了实现品牌高端化和年轻化,比亚迪采取了哪些措施?
4. 思考并讨论比亚迪实施高端化和年轻化的前景。

## 案例 2 "三只松鼠"的品牌营销

### ◇ 案例介绍

三只松鼠(全称"三只松鼠股份有限公司")是一家以研发、销售坚果等食品为主的互联网品牌公司,由章燎原于 2012 年在安徽芜湖创立,主营业务覆盖了坚果、肉脯、果干、膨化等全品类休闲零食,是中国第一家定位于纯互联网食品品牌的企业,也是行业领先的以休闲食品为核心的品牌电商。公司自创立之初即定位于通过互联网渠道为消费者提供健康优质的休闲食品,坚持"以客户为主人"的企业价值观,从品牌、品质、服务、速度等方面着力提升消费体验。在互联网尤其是移动互联网不断普及、网络购物迅速发展的背景下,公司紧紧抓住电商行业的增长机遇,并结合休闲食品行业的发展特点,对业务模式及产品组合进行积极的探索和创新,建立了重度垂直的休闲食品研发、采购、检测、分装及以互联网渠道为核心的经营模式。凭借深入人心的品牌形象和品牌文化、多元化的优质产品组合、快捷高效的线上销售模式、细致贴心的服务体验以及贯穿产业链各环节的信息系统,三只松鼠已经发展成为休闲食品领域内最具竞争力和影响力的企业之一。

1. 精准品牌定位

"三只松鼠"的品牌形象成功塑造就是基于对自己精准的品牌定位。在互联网时代,企业的品牌需要更加重视自身品牌的个性化、贴近化与服务化,因此在企业 logo 的设计、企业宣传口号、企业网站的建设等方面,都要从形式到内容的各个方面体现出品牌的形象与价值。

(1) 产品定位

① "三只松鼠"首推"森林系"食品的概念,以高品质的坚果、干果、花茶为主要产品,为

消费者提供绿色、新鲜的高质量产品。产品全部精选自食材原产地农场和本地特产,从源头杜绝质量问题。

② "三只松鼠"认识到自媒体时代下产品需要注入互联网基因,而互联网精神的核心是自由、开放、共享、创新,相应的,互联网产品的基因就应该是以用户为中心。因此,相较于传统产品,互联网产品就一定要有所转变。

首先,传统的产品在差异化方面表现出较弱的创新性,而网销商品却需要新潮的、兼顾线上线下不同形式的需求导向。另外,在包装的设计上,其新时代的定位理念要求摒弃过于传统的线下包装,要面对新的市场需求策划新的产品包装。只有秉承快速迭代、推崇原创、用户第一、供需一体的理念,才能为产品跟品牌注入互联网基因。

(2) 消费者定位

① "三只松鼠"主要的目标消费者是年轻的消费群体以及追求食品质量的慢食生活人群,而这一部分消费者也是网络购物的主要群体。"三只松鼠"基于明确的年轻化消费者定位,在产品的包装、品牌形象以及企业客服等环节都努力营造出一种轻松愉悦的氛围,这样不仅仅使年轻的消费者感到亲切,也能在耐心挑选不同产品的消费者心中留下好的印象。

② 现今的干果类消费市场产品丰富,消费者不再是简单地被动购买自己想要的产品,而是主动地寻找更加个性化的产品。显然,"三只松鼠"能够提供的产品虽然有质量上的保证,却并不是市场上稀缺的,因此"三只松鼠"向消费者积极展示的是自身品牌所拥有的独特个性。

2. **品牌形象塑造**

(1) 品牌人格化

随着消费者喜好的多样化和个性化发展,品牌形象、品牌代言人的选择成为品牌形象塑造的一个难点。消费者可能会拒绝美女帅哥,甚至拒绝偶像,但是却很少会拒绝可爱和童真,从这一角度出发,三只松鼠的品牌 logo 以三只松鼠为核心采用了拟人化的动漫形象,以扁平化萌版漫画设计为主体,并且赋予三只松鼠不同的充满童真的名字和鲜明的性格——鼠小贱、鼠小酷、鼠小美,同时针对不同的松鼠圈定了不同种类的代言产品。

独特的漫画形象也与三只松鼠提出的"森林系"食品这一概念相契合。在呼应松鼠可爱形象,与消费者建立亲密关系方面,三只松鼠在包装上别出心裁,为顾客打造了与众不同的包装箱,且消费者下单购买产品不叫做购买成功,而是被称为"领养一只鼠小箱"。富有品牌特色的、包装箱安全方便的双层包装、在包装箱印写着的"主人,开启包装前仔细检查噢"等俏皮可爱的语句不仅突出了松鼠形象,也表现出为消费者着想的服务态度。这使三只松鼠在产品从商家到消费者的传递中,通过一个富有原创特色的外包装,向消费者展示出品牌亲和力,自然地完成了一次品牌宣传。

可爱的动漫松鼠形象,将品牌人格化,再借助独特的包装、场景化的客户服务,使品牌与客户间建立了一种属于主人和宠物之间的亲近关系,取代传统商家与消费者之间冷漠的买卖关系。三只松鼠通过独特的语言体系和全方面的表达在顾客头脑中形成生动完整的形象,这也是品牌创造三只萌松鼠的根本目的。通过三只松鼠传递出的主人文化和萌文化,实现品牌人格化,使品牌不再与消费者存在隔阂,消费者面对品牌时的感觉是亲切、真实的,使消费者在整个消费过程中有着极强的体验感。

(2) "萌"文化宣传人文情感

因为流行文化具有时效性,更新换代有着很高的频率,这在新兴的互联网产业中表现得更加明显。因此,三只松鼠认为,拥有一个可以保持新鲜感的定位,并且随着不断变化的潮流对其内涵及时作出调整,才能够使品牌保持新鲜的活力,并且在更新换代中获得动力。而文化就代表着最持久的生命力,所以三只松鼠在品牌塑造的过程中,不仅通过充满童真的品牌形象来卖萌,而且在产品中融入了给予消费者的关怀和鼓励等人文情感来提高品牌价值。

爱吃零食的人,本质上并非为了满足其生理需求,通常是在某种具体的情感需求下才会刺激购买欲望。比如很多消费者会提到在"我看到了可爱的松鼠""我跟另一半吵架了""我在跟朋友聚会"之类的场景之下能够想到三只松鼠,因此三只松鼠想要得到消费者长久的喜爱,就必须能够持久地为消费者带来快乐,并且嵌入在消费者的日常生活之中。

目前,中国人口结构正发生转变,"三只松鼠"的主要消费群体"80后""90后""00后"这些年轻的消费人群,也正是网络消费市场的主要力量,而影响他们购买行为的重要因素是产品体验。因此,三只松鼠坚持"萌"文化营销策略,赋予品牌形象"萌宠"的情感和行为,迎合年轻客户的审美追求,使他们得到独特的购物体验。这样不仅仅拉近了与消费者的距离,吸引新的顾客对品牌进行尝试,同时也促使已有消费者对商品进行重复购买,使三只松鼠拥有更高的顾客忠诚度。

售卖人文情感的另一个有利效果,就是对产品价值空间的提升。三只松鼠萌文化的营销,相比传统媒体的覆盖式广告投放来说投入更少,大幅度减少了企业的营销成本,却收获了更为显著的宣传效果,这就大大提升了产品的价值空间。

3. 品牌形象渗透

首先,三只松鼠重视所有宣传环节的统一和谐。不论是产品宣传、商品的包装附送物,还是个性化的场景性客服,都是围绕着代言品牌的卡通形象来展开的,这种全方位的全程塑造,使品牌形象显得统一和谐。其次,三只松鼠重视通过细节塑造口碑形象。建立好的口碑的前提是找到每一个痒点和痛点,而三只松鼠就在整个消费过程中不断地刺激着消费者。比如,在包裹中,放置一个0.18元的袋子用来放置垃圾,虽然这一定程度上增加了额外的成本,但是消费者会发现并这种细节并被吸引,在心里提升对品牌的评价。这就是用户至上的消费体验。三只松鼠就是这样通过把消费过程中的每一环节都做到尽善尽美,抓住消费者的每一个痛点和痒点,从而不断地为消费者创造出惊喜。

(1) 在客户体验方面,三只松鼠对细节的处理很周到,最明显的例子就是产品包装与物流包装。为了提升消费者体验,随着消费者新的需求变化,品牌不断地对包装进行着更新。另外,包裹内一直附赠一些小礼品,比如清洁用的湿纸巾、丢弃果壳果核的小袋子、食用过程中的开口器等,都可以让客户感觉到贴心,从而提升好感度。

(2) 在产品包装方面。商品的包装箱以统一的原木色为主色调,充满自然的气息,贴合"森林系"食品的格调。其中每一袋食品都使用牛皮纸袋独立包装,而不同品类的食品,在包装袋上也会印有不同的专属代言的漫画形象。像服务卡、果壳袋、湿巾这些为消费者提供方便的小物件,基于用户体验至上的原则更是配备一应俱全。

(3) 客服的服务质量也影响着客户是否会进行二次购买。三只松鼠的每个客服都把客户戏称作"主人",针对不同的消费者有具体分组的客服用独特的聊天方式提供服务。这样有针对性的客户服务拉近了品牌与客户的距离,促使客户变成三只松鼠的免费推广员,主动去分享品牌。

(4) 三只松鼠在价格方面也优于竞争对手。虽然三只松鼠在定位上区别于传统网络商品的低廉价格,但是因为其并不通过传统商超的渠道,所以在成本上可以降低30%以上,而压缩的成本自然会让利给客户,从而使三只松鼠在保持与高质量产品符合的价格的前提下,在价格方面给予消费者最大的优惠。这样既保持了品牌的价值形象,又从根本上激发消费者的购买欲望。

(5) 物流速度也是"三只松鼠"的优势。为了让顾客能够更加快速地收到货,也是为了保持产品质量,三只松鼠建立了自己的物流系统,在广州、芜湖、北京等地"开仓",成为全国第一家实现当日发,分仓所在地当日达,周边省市次日达的极速物流食品电商,这也提升了顾客对三只松鼠的评价。

综上,三只松鼠从产品的内外包装,到企业客服,再到售后服务的整个消费环节中都体现出以顾客为核心的主张,而这些细节将在消费者中建立良好的口碑,提升"三只松鼠"的品牌形象。

4. 网络品牌宣传

(1) 利用搜索引擎精准营销

三只松鼠不仅拥有自己的官方网站,而且在不同的网络销售平台也都开设了网店。此外,三只松鼠进行了搜索引擎优化,在网络用户搜索"松鼠"关键词时能够找到三只松鼠品牌,还设置了搜索引擎关键词广告,在用户搜索三只松鼠旗下某一产品时,会显示品牌其他的产品以及三只松鼠旗舰店链接。通过对搜索引擎的优化,三只松鼠实现了精准营销,提升产品购买率的同时,也实现了品牌的营销传播。

(2) 运用社会化媒体进行精准营销

三只松鼠拥有自己经营的微信公众号、微博号、QQ公众号、贴吧,另外代表不同具体产品品类的松鼠小贱、松鼠小美、松鼠小酷都有着独立的分号。这些社交软件不间断地发送关于三只松鼠的品牌内容或者同消费者卖萌吸引关注,三只松鼠还建立了自己品牌的吃货交流区供消费者之间相互交流。同时三只松鼠将由子公司松鼠萌动漫工场原创的三只松鼠动漫故事和品牌故事等内容在社会化媒体上进行宣传,使消费者在享受着高质量的商品时,也在精神文化方面获得了享受。此外,提供优惠券和积分兑换优惠等手段也为三只松鼠的品牌吸引了大批粉丝。

(3) 合理的广告植入,提升品牌价值

三只松鼠在广告传播的过程中,不再采用原始的覆盖式植入,但在很多热播剧中都有三只松鼠的植入广告,因为这些影视作品的受众,都与三只松鼠的目标消费群体有着很高的契合度。

在植入的形式上,三只松鼠不再是简单地展示品牌和产品,而是会将品牌有计划地呈现在特定具体的情感氛围和生活场景中,比如一个人难过的独处,影视角色会通过吃零食来发泄情绪;一群人聚会的时候,会用零食来炒热气氛。这些场景会影响消费者并引发模仿。这样三只松鼠的品牌在作为快消食品的同时,也成了消费者心中情感的释放媒介。这在吸引消费者的同时,也使品牌形象更加人性化。

(4) 塑造品牌形象,实现口碑营销

三只松鼠注重产品质量,注重客户体验,以塑造优秀品牌形象,实现口碑营销。三只松鼠坚持以三检原则(原料检验、过程监控、出厂检验)进行原材料采购,并且专门开发了松鼠星球 app,用来对消费者购买后所反映的情况作出及时的反馈和处理,对产品生产各个环节进行把控,发现问题立刻调整,时刻关注产品的生产安全和食品质量。

(5) 重视消费者的二次传播

新媒体时代是一个由消费者主导的时代。消费者在完成购买行为之后,通常会通过社交化媒体,比如微信朋友圈进行即时的购物体验分享,这就完成了二次传播。这一过程中往往会带着消费者的情感分享,而这种情感的分享和传播,会影响一定范围内的购买行为。随着社交媒体在消费生活中影响力越来越大,三只松鼠发现网络口碑在品牌建设中起着重要作用。所以不论是在销售环节的所有细节上还是网络传播的途径和方式中,三只松鼠都在努力超越客户期望。一方面在产品和销售环节中与消费者不断拉近距离增加亲密感,另一方面在传播途径中也努力增加消费者好感。

◇ **主要参考资料**

[1] 佚名.三只松鼠营销策略分析:萌文化的网红零食成功之道[EB/OL].(2018 - 10 - 10)[2022 - 11 - 16]. https://www. sohu. com/a/258571098_100169107.

[2] 佚名."三只松鼠"的品牌策略探析[EB/OL].(2021 - 11 - 27)[2022 - 11 - 13]. https://www. sbvv. cn/chachong/19258. html.

[3] 乔民.三只松鼠:公司介绍及优势[EB/OL].(2019 - 05 - 31)[2022 - 11 - 13]. http://www. lhcjnews. com/zhongzuzixun/2019 - 05 - 31/2904. html.

◇ **思考与讨论**

1. 结合材料概括三只松鼠的品牌定位。
2. 三只松鼠的品牌形象塑造有何特点?
3. 三只松鼠在品牌形象宣传上采取了哪些措施?

## 案例3　百雀羚的品牌复兴

◇ **案例介绍**

百雀羚创立于1931年,是国内屈指可数的历史悠久的著名化妆品厂商。悠久的历史,承载着光辉的业绩,成就了百雀羚品质如金的美誉。品牌曾被多次评选为"上海著名商标",并荣获"中国驰名商标"等称号。百雀羚作为一个90多岁的品牌,其发展过程历经沧桑,甚至一度从大众的眼中消失。提起百雀羚,人们想到的只有那款圆形蓝色铁盒香脂,百雀羚在年轻人心中留下一个"传统老式国货"的印象。百雀羚没落几年后,一开始尝试走重振"经典国货"的线路,产品以凤凰甘油一号、凡士林保湿润肤霜为主,但市场反馈并不是很好。于是百雀羚展开了一次全国性的市场调研,从一线省会到三线城镇,调研团队走访了全中国30多个城市,得出一个结论——消费者信赖百雀羚的品质,同时觉得百雀羚过时了。

1. 推出新产品,刷新传统形象认知

老品牌有很好的知名度,但容易被贴上"不时尚,过时"的标签。品牌与产品一样,有着自己的生命周期,唯有不断进行年轻化迭代,才能保持品牌活力,不被用户抛弃。

于是,百雀羚需要更新品牌形象,升级产品定位:为年轻女性做草本类的天然配方护肤品,产品功能专注于保湿,赋予了品牌"草本护肤"的新概念。随后推出专门针对电商渠道和年轻消费者的"三生花"品牌,三生花主攻的是年轻人护肤和美妆市场。三生花古典风系列独特的东方美韵味,使大部分女性消费者都冲着这包装购买了这套产品。2017年,百雀羚联手故宫推出文创礼盒,极具宫廷风和东方美的包装礼盒一上架就被抢购一空,广受欢迎。除了草本系列和三生花,百雀羚还推出了气韵、海之秘、小雀幸、小幸韵、百雀羚男生系列。

2. 当红明星助阵,加入综艺节目

百雀羚先后邀请了周杰伦和李冰冰代言品牌,借助两大明星IP获得了海量的关注,也重塑了品牌年轻化形象。2020年邀请清新文艺"90后"双金影后(金马奖和金像奖)周冬雨为品牌赋能。百雀羚还选择了当时年轻人关注度最高的几个节目《中国好声音》《快乐大本营》等进行广告宣传。

3. 利用互联网营销刷屏

百雀羚在创意营销方面以内容营销为主,迎合年轻人的喜好。结合互联网营销,百雀羚推出《四美不开心》《过年不开心》《韩梅梅快跑》等鬼畜、魔性、无厘头甚至励志的视频。除了视频内容营销,还推出长图广告与鬼畜魔性广告,合作喜茶与快手,与故宫联名文创等,百雀羚通过一系列新媒体营销,一次次刷新大众对这个"传统老式国货"形象的认知。

2020年百雀羚洞察当下Z世代个性化的消费诉求,根据三生花品牌的调性和理念,再次做品牌升级,并签约全新代言人周冬雨,推出三生花玫瑰酵母密集修护面膜,为年轻造势的同时,重新定义Z世代眼中的"美"。周冬雨是"90后"的代表,在性情上颇为独特,大大咧咧,敢爱敢恨,个性鲜明,是典型的Z世代风格代表,在其身后,同样是一群有着个性追求的年轻人。从周冬雨代言的百雀羚三生花《为自己盛开》的宣传片来看,她站在女性角度为她们发声,"美"并不局限于外表,而是一种自定义的美,是自己为自己而盛放的美。简短的广告片呈现出三生花别具一格的品牌调性和主张,和年轻一代消费者对美的认知形成共鸣。"别叫我美女,美不美,和别人无关……",透过画面,三生花向年轻消费者传递美的态度,鼓励每一个在追求个性路途中的人"为自己盛开",这也是年轻人对美的理解。

《为自己盛开》2.0版《她最好了》是一支走心宣传短片,洞察社会现状,提出了"Man是褒义娘就是贬义吗"这一具有强烈冲突性的社会主题,借势社会热点为女性发声,主张打破外界对女性及女性对自我的枷锁。无论是"Man一点或娘一点",女性都拥有自由选择的权利。通过《为自己盛开》的主题宣传,与消费者建立起深层次的情感共鸣,最终获得消费者的价值认同,提升她们对品牌的好感度。凭借品牌对于当代女性的关怀和研究,让她们感受到品牌的温暖力量。

只有真实洞察青年人群社会生活现实与真实生活状态,才能引发共鸣,在情感认同中对品牌提升好感度。百雀羚做到了,它为女性发声,引起了女性的共鸣,得到了广大女性认同。

4. 百雀羚品牌年轻化战略

对品牌年轻化,很多公司错误地理解为:"迎合年轻人",尽可能多地抓住年轻消费群体。所以做个年轻人喜欢的包装,更新一下品牌视觉形象,做些好玩、潮的推广,这些都是从形式上迎合年轻人。

品牌年轻化并不是一味地迎合年轻消费者,如果只是形式上的"年轻化"可能会得罪了原有的消费群体,导致老用户的大量流失,比如,李宁精心打造"90后李宁"。此举不仅没有获得"90后"消费者的认可,同时又得罪了"70后""80后"用户。结果就导致品牌陷入了极其尴尬的困境之中。

百雀羚通过"新产品+新营销"组合,真实满足消费者的需求。除针对年轻消费者的产品之外,还有定位中端、主打美白功效的"气韵",还有以"海洋护肤"的"海之秘",还有符合时代审美的小雀幸。百雀羚除了在品类上不断扩张,还推出符合年轻人消费需求的产品,在营销上捕捉年轻一代消费者的价值观和生活方式。

迎合年轻人的偏好不等于丢失品牌内涵,"品牌年轻化"的核心是"品牌",不能为了年轻化而丢掉品牌的核心,要新的东西,但品牌历史绝对不能丢。作为经典国货,百雀羚的品牌核心是传承"东方美",所以无论是三生花包装、三生三世长图广告、视频《四美不开心》、故宫文创、百雀羚·美什件《见微知著》,还是最新的宣传片《她最好了》中都出现了古典造型;还有百雀羚86周年品牌盛典,周杰伦作为百雀羚的首席体验官,完美演绎中国风"东方大美",演唱一曲《青花瓷》。百雀羚所有营销动作都在围绕东方美,更准确地说是对"美"的重新定义。2018年10月,百雀羚为传承东方生活美学,在故宫的建福宫中开展"致美东方生活美学论坛",共同探讨美学的新走向。

百雀羚品牌年轻化战略,先聚焦打造品牌知名度,实施多品牌运营策略。品牌和产品同时升级,借助明星代言人、广告大片、新品首发的多重矩阵,持续为"美"发声。同时积极拥抱新媒体和互联网营销,和年轻人有效沟通和互动。捕捉年轻一代消费者价值观和生活方式,而并非一味简单迎合潮流趋势。

◇ **主要参考资料**

[1] 尺子周. 品牌年轻化:国货老品牌"百雀羚"值得借鉴[EB/OL]. (2020-10-16)[2022-10-29]. https://www.sohu.com/a/425029972_406195.

[2] 杨思欣,陈小慧. 品牌年轻化:百雀羚的重塑与创新[J]. 新丝路(下旬),2020(18):37-39.

[3] 简小周. 深度解析:传统品牌如何年轻化,重获年轻人喜爱[EB/OL]. (2020-12-27)[2022-10-29]. https://zhuanlan.zhihu.com/p/339843655.

◇ **思考与讨论**

1. 百雀羚的年轻化策略属于哪种品牌策略?
2. 为了实现品牌年轻化,百雀羚采取了哪些策略?
3. 进一步搜集资料,分析百雀羚品牌年轻化的实施效果。
4. 结合案例思考老字号品牌如何尽量避免品牌老化?
5. 近年来,国潮品牌受到年轻人的喜爱,这也给许多国货老品牌带来了发展机遇,有研究认为,国潮的流行体现的是国民的文化自信,你如何看待这一现象?

# 第十二章

## 12

# 定价策略

◎ **学习目标：**

1. 了解影响定价的因素；
2. 了解影响定价的方法；
3. 掌握定价的主要策略；
4. 了解感知价值的内涵；
5. 掌握价格竞争的利弊。

◎ **案例分析：**

案例1主要介绍了春秋航空如何通过低成本定价策略获得差异化竞争优势并取得稳定发展。通过分析深化学生对定价策略及价格竞争手段的认识。

案例2主要介绍了波司登羽绒服的价格现状、高定价的原因及消费反馈，深化学生对定价影响因素、定价目标及定价措施的理解，同时引导学生进一步思考如何在品牌进化中实现价格与价值的协调以及获得顾客认同。

案例3则分析了蜜雪冰城的定价策略，通过分析深化学生对定价影响因素、定价方法以及价格调整的理解。

结合本章案例，同时引导学生思考如何在求职过程中实现工资待遇与个人价值创造的平衡。

## 一、知识要点

1. 影响定价的因素主要有定价目标、产品成本、市场需求、市场竞争、国家政策法规。定价方法主要有三种:成本导向定价法、需求导向定价法、竞争导向定价法。

2. 定价策略主要有以下几种:

(1) 折扣定价策略,如:数量折扣,购买越多价格越低;季节折扣,对于过季的商品采取降价策略。

(2) 心理定价策略,如:声望定价策略,利用消费者仰慕名牌商品或名店的心理把价格定成整数或高价;尾数定价策略,利用消费者求廉的心理,定价时保留零头尾数;招徕定价策略,又称特价商品定价,是一种有意将少数商品降到市价或成本价以下以吸引顾客的定价策略。

(3) 差别定价策略,主要有顾客差别定价、产品地点差别定价、销售时间差别定价等。

(4) 新产品定价策略,主要有撇脂定价策略,即在新产品上市之初,将价格定得较高,在短期内获取厚利,尽快收回投资;渗透定价策略,即在新产品投放市场时价格定得尽可能低一些,以促进销量和提高市场占有率。

3. 感知价值定价法是一种需求导向定价,这种定价方法认为,某一产品的性能、质量、服务、品牌、包装和价格等,在消费者心中都有一定的认识和评价。消费者往往根据他们对产品的认识、感受或理解的价值水平,综合购物经验、市场行情和对同类产品的了解而对价格作出评判。当商品价格水平与消费者对商品价值的理解水平大体一致时,消费者就会接受这种价格;反之,消费者就不会接受这个价格,商品就卖不出去。因此,企业应该利用市场营销组合中的非价格因素来影响购买者,提升产品的感知价值。

4. 价格竞争是市场竞争的重要手段,但价格竞争是一把双刃剑,很容易招致竞争对手的报复以致两败俱伤。企业更多应通过技术创新、产品差异化、品牌形象塑造、服务特色等非价格手段来开展市场竞争。

## 二、案例分析

### 案例1 春秋航空的定价策略

◇ **案例介绍**

春秋航空是中国首个民营资本独资经营的低成本航空公司,前身为春秋旅行社。2004年春秋旅行社发展成为春秋航空,成了国内首家低成本航空公司,它也是中国首批民营航空公司之硕果仅存者。成立之初春秋航空只有3架租赁的飞机,到2005年才有了首架自己的飞机,型号是空客A320。2009年开始,春秋航空开设了国际航线,使得其成为中国大陆第二家可飞行国际航线的民航公司。至2022年8月,春秋航空已拥有116架空客A320系列飞机,平均机龄6.3年。航点覆盖了中国、东南亚、东北亚的主要商务和旅游城市,经营航线

230余条,年运输旅客2000万人次。通过有效的成本控制及良好的运营管理,春秋航空自创立以来连续多年保持着十分高的客座率,在同类航空公司中排名前列。同时由于其前身是旅行社,因此借助母公司的旅游资源,春秋航空也发展出多条旅游航线,受到消费者的喜爱。同时春秋航空在低成本航空领域也一直处于领先地位。

春秋航空在借鉴美国西南航空公司和亚洲航空公司成功运营经验的基础上,采用单一机型、短途服务等方式,将目标市场定位于对价格较为敏感的中低收入群体,为旅客提供较低的票价。另外通过取消商务舱、头等舱等方式提高客座率,在结合中国实际情况的基础上最大限度减少各项不必要的开支以降低运营成本,并且根据时代发展不断创新改进。从2007年以后便开始实现盈利,平均客座率达到了90%以上。而2018年的春秋航空更是实现营业收入131亿元左右,净利润15亿。2019年春秋航空净利润18.41亿元,同比增长22.5%。即使在2021年在国内疫情反复的情况下,公司也实现净利润3911万元,为2021年唯一盈利的上市航司。根据近几年春秋航空公司的发展情况来看,其盈利得益于有效地实施了低成本运营方法,因此到目前为止春秋航空也是国内最成功的低成本航空公司。

春秋航空抓住了我国航空业发展的浪潮,在借鉴国际低成本航空公司的成功经验后,开创出了一条中国特有的低成本航空之路,在春秋航空的运营之中把低成本管理运用到极致,一度打破外界对于中国不能够很好地实行低成本航空的观点。春秋航空有着良好的运营模式,而将其低成本战略归纳起来也就"四个两":两高、两低、两单及两控。

1. 高飞机日利用率和高客座率

根据有关测算,一般只有当飞机的客座率达到60%以上,航空公司才有盈利的空间。国内航空公司一般客座率都只有80%左右,而在这种情况下春秋航空的客座率曾连续几年高达90%以上。能够达到这种效果正是因为实施低成本战略,取消了昂贵的商务舱,机票直接销售,这样机票价格相对较低。飞机日利用率就是一架飞机每天飞行的总时间,其他民航飞机飞行的总时间一般都是9小时左右,但春秋航空却可以高达11小时,这样高的日利用率不仅提高了飞机周转率,并且还能够降低单位成本。

2. 低管理费用和低营销费用

春秋航空在内部管理制度上也极具优势。对内部员工进行管理和培训,不仅提高了其服务质量和员工效率,而且管理制度的完善也节省了管理费用;另外由于春秋航空有自己的售票系统,也没有给予其他代理商售票权,因此大幅度降低了销售费用与人工成本。

3. 单一客舱和单一机型

春秋航空的机队采用的都是A320机型,客舱内座位都是180座,没有商务舱和头等舱。这样最大化可承载的旅客人数,增加了收入。另外,春秋航空始终坚持单一机型,不仅可以降低采购飞机成本,而且当飞机出现问题时各个飞机的零件还可以共用,有效降低了维修费用;而在机组成员方面,由于是单一机型,也就省去了其他航空公司对不同机型飞行员及空乘等的专业培训费用,大大减少了人力成本。所以综合下来,春秋航空的整体运营成本也就大大下降了。

4. 控制可控成本和控制日常经营费用

春秋航空在选择机场时一般都选择二、三类机场,这两类机场不仅能够有效节省周转时间,而且机场的各项收费也没有大型机场收费高,很好地减少了可控成本;同时春秋航空也没有提供传统航空的一些行李免费额等机场服务,同步减少了这些服务,很好地降低了成本开支;而在日常经营中,春秋航空始终秉持着节省、低成本的原则,强化内部管理,建立各项管理制度和运营模式,把成本控制贯彻到了整个经营过程之中。

随着社会经济的不断发展,人们的航空消费需求不断多样化及个性化,航空业发展体现出巨大的潜力。为了促进航空业发展,我国也制定了不少政策以支持民航企业,而大多数的民航企业进入航空领域,由于自身实力有限等原因,一般都会选择低成本运营模式,春秋航空就是一个很好的例子。通过借鉴其他航空公司的成功经验以及结合自身实际,春秋航空公司成功找到了适合自己的运营模式,并且在多年的运营实践中获得了成功。

◇ 主要参考资料

[1] 林智杰. 低票价如何带来高利润:解密春秋航空经营模式[N]. 中国民航报,2014-06-23.
[2] 许可. 春秋航空深度研究:中国低成本航空龙头,尽享航空大众化红利[EB/OL]. (2021-11-19)[2022-08-26]. https://baijiahao.baidu.com/s?id=1716838497635602887&wfr=spider&for=pc.

◇ 思考与讨论

1. 春秋航空采用的是何种定价策略?
2. 春秋航空通过哪些措施来实施其定价策略?
3. 分析春秋航空定价策略的实施效果。
4. 面对航空市场日益激烈的竞争以及各大航空公司的营销策略调整,春秋航空如何长期保持低价竞争优势?请对此进行讨论。

## 案例2  越来越贵的波司登羽绒服

◇ 案例介绍

波司登创始于1976年,专注羽绒服生产,是全国最大、生产设备最为先进的品牌羽绒服生产商。羽绒服作为冬天御寒的重要保障,一直是消费者冬季购买的重要对象,但一个显而易见的事实是,近几年,市场上羽绒服的价格越来越贵,一件羽绒服动辄几千元,贵的要上万元。这也引发了众多消费者的吐槽,其中对波司登的吐槽尤为典型:波司登羽绒服真是越来越贵了。业内人士认为,波司登在提价之路上不能"为高而高",而是需要向消费者传达涨价的原因,毕竟波司登现在还没达到拥有很高的品牌溢价的程度。

1. 价格现状

2023年年初,国产羽绒服品牌波司登因"使用了'航空材料技术'的高科技奢侈羽绒服,标价超过一万元"而引发网友热议。网友纷纷表示波司登已经不是当年的波司登了。随着网络舆论的热度持续上升,其使用的所谓的"航空材料技术"被进一步深扒。其中便有相关纺织专家指出,该技术业内使用已十分普遍,且价格低廉,网友更是质疑其打着黑科技的幌子来包装产品,实则是盲目定价。对此,波司登方面在接受媒体采访时回应,对波司登来说,产品价格的提升不是单纯地由于羽绒服面料以及人工成本等直接成本的上升,而是建立在产品本身设计研发升级、科技功能升级、产品品质升级、品牌价值提升等综合因素叠加基础上的。

事实上这并不是波司登第一次推出万元羽绒服。2017年,多元化转型折戟后,波司登砍掉大部分非羽绒服品类,以羽绒服业务撬开了高端化的大门,并凭借亮相时装周、找明星代言、与知名设计师合作、IP联名和多渠道布局等方式重塑了品牌形象,一举撕下了"中老年品牌"的标签,摇身一变,成了"高端时尚"的代名词。2019年,波司登推出"登峰系列"羽绒服,并成功跻身万元级别羽绒服行列。随着价格的不断飙升,波司登的毛利率也在不断上涨。国盛证券统计,2022财年,在线上的销售中,波司登有46.9%的产品定价达到1 800元以上,毛利率也顺势提高到60.1%,创历史新高。

然而,在国产羽绒服品牌中,波司登或只是走高端路线的代表品牌之一。一向走亲民路线的鸭鸭在谋求高端化布局的路上,推出了对标国际大牌的"GOOSE系列";主打性价比的高梵推出"黑金鹅绒系列",走轻奢精致风;羽绒服新秀、由北京看云控股投资的SKYPEOPLE(天空人)的定价也在3 200~7 200元之间。也因此,"羽绒服涨价""羽绒服越来越贵"等话题,已经连续3年在冬季登上社交平台的热搜。面对动辄上千元甚至上万元的羽绒服,消费者直言"高攀不起"。

对此,业内人士认为国内用户市场两极分化尤其严重,羽绒服企业需要平衡消费升级和消费降级博弈加剧的市场现状,不能单纯追求规模化和毛利最大化,需要遵循"价格高,性价比更高"的商品价值体现,价格策略、产品策略需要满足大众化圈层用户价格敏感度和性价比衡量比较。

对于国产羽绒服品牌的高端化探索,业内专家表示,未来5年我国羽绒服品牌在全球市场与国际主流品牌同台竞技,在中高端市场追赶甚至领先国际主流品牌将成为可能。但显然,在高端领域仍然有比较长的路需要走。在高端角逐过程中,产品品质是关键,其中包括商品的设计研发能力和对行业的了解程度,如对新材料的使用、面辅料的研发创新和渠道新科技能力等等。而随着价格的不断攀升,企业也需要满足市场分层的不同消费者需求,进行品类全覆盖发展,让企业和品牌有持续的成长价值。

2. 高价影响因素

据中华全国商业信息中心的数据,2014—2020年,我国羽绒服的平均单价已经由452.6元涨到656元,大型防寒服的成交价突破1 000元,其中2 000元以上的占比已经接近70%。据北京市某购物中心的时尚服装品牌ONLY的店员介绍,店内羽绒服均价在1 500元左右,并且其将近两年羽绒服价格上涨的原因归结为成本上涨、科技感提升、羽绒服可机洗以及款式更加时尚。位于同一家购物中心的波司登品牌的店员表示,店内羽绒服的平均单价在

1 500 元左右,部分系列的填充物也从鸭绒变为鹅绒,更加轻盈保暖。在进口羽绒服品牌的影响下,消费者对国产中高端产品的接纳度越来越高,这也是国产羽绒服的价格上涨的原因之一。不过该店员也承认,确实也有很多年轻消费者在试穿满意后被价格劝退。

正如上述两位销售人员所提到的,近年来,国产羽绒服越来越贵的原因有两个方面。一方面与不断上涨的成本有关。羽绒原料作为羽绒服的重要组成部分,很大程度决定了羽绒服的成本与品质。近年来,受疫情等多重因素影响,羽绒原料产需失衡,这也进一步推高了羽绒的价格。羽绒供应商表示,2021 年羽绒平均单价由 15 万元/吨涨至了 30 万元/吨,翻了一倍。公司每年有能力产出超过 10 万吨羽绒,但 2021 年全年羽绒产量较去年下降了 10%。另一方面,随着加拿大鹅、Moncler 等国外高端羽绒服品牌进入中国市场,消费者对中高端品牌的接受度也有所提升,但同时也对商品的款式、面料、质量、时尚、美感等有了更加多元和优质化的要求。

当然,这也为国内羽绒服品牌的高端化之路奠定了基础,众品牌也纷纷走向高端化。据不完全统计,除已经推出万元级别羽绒服的波司登外,SKYPEOPLE 的羽绒服价格也普遍在 3 200~7 200 元之间;鸭鸭推出的"95 鹅绒服 Goose 系列",价格也提升至 2 599 元一件;原本主打性价比定位的高梵,其推出的"黑金鹅绒系列",售价也高达 2 899 元。我国羽绒服的价格,在过去很长的一段时间里,都停留在 1 000 元以内。如今,随着国民生活水平的提高,消费水平也提升了。同时,在海外品牌进入国内市场的拉动下,我国羽绒服也开始提价,走上中高端路线。业内人士认为,国外奢侈品牌羽绒服催生出国内 2 000~5 000 元价位的中高端羽绒服市场。从产品质量本身来讲,我国的生产能力、制造能力和工艺水平与其他国家没有明显差别。而一些国内企业为海外品牌做代工,也为国内部分主流品牌价格上扬提供了溢价空间。除此以外,时尚设计、质量提升、科技创新和季节限制等因素也是不断推高羽绒服单品价格的原因。

一位服装行业从业者表示,实际上一件羽绒服制作成本大概在 100 元,服装品牌按照成本的 10 倍以上定价是非常普遍的现象。为了提升时尚感,服装品牌可能会选择 IP 联名,或者与知名设计师合作,之后再进行品牌营销,这些方面的花销都不少。但与其他服饰不同,羽绒服受节气和天气影响很大,一年只能卖一季,稍有不慎就压货,价格自然也会越来越高。

3. 品牌高端化路径

中国是全球最大的羽绒服生产基地,预计 2024 年我国羽绒服行业市场规模将会达到 1 950 亿元,并将继续保持高速增长。也因此,中国羽绒服产品消费以国产品牌为主。但问题是,国产品牌长期分布在中低端产品市场,高端市场主要被进口羽绒服品牌占有,这就导致国产羽绒服品牌毛利润低,品牌发展空间小。

为了改变这一现状,国产羽绒服品牌从研发设计到生产工艺,再到营销手法,一改过往低价促销的惯用营销策略,通过参加国际时装周,找明星代言,携手知名设计师,IP 联名,以及直播带货等多种营销手段提升品牌知名度,为高端化路线铺路。与营销多样化相伴的,是营销费用高企。以波司登为例,根据其财报,2020—2022 年,波司登销售分销开支分别为 42.76 亿元、48.07 亿元和 61.71 亿元,占集团总营收分别为 39.4%、29.7% 和 38.1%,营业收入增速分别为 22.7%、18.9%以及 16.3%,逐年放缓。当然,产品价格也随之水涨船高。

同样以波司登为例,2017 年波司登品牌转型前,其产品的吊牌均价在 1 000~1 100 元;2018 年后价格开始持续上涨,当年提价幅度达 30%~40%,而单价 1 000~1 800 元的羽绒服比例上升至 63.8%,单价 1 800 元以上的羽绒服占比则从 4.8%上涨至 24.1%,千元以下的羽绒服从原来的占比超一半下滑至不到两成。从财报数据上看,波司登的高端化战略似乎取得了成功。2021—2022 财年,波司登录得收入 162.14 亿元,从收入构成来看,品牌羽绒服业务仍是该公司最大收入来源,期内贡献 132.23 亿元收入,占比 81.6%。

不过单从销量来看,高端产品尤其是超高端系列,显然无法代替中低端产品,成为波司登营收的主要收入来源。波司登财报显示,截至 2022 年 3 月 31 日,波司登品牌羽绒服的在线销售中,1800 元/件以下的产品占比达为 53.1%。除此之外,在波司登某线上旗舰店的销量中看到,羽绒服品类中销量前十的产品价格均在千元以下,月均销量达千件以上的羽绒服的价格区间在 600~1 500 元。相较之下,其万元款羽绒服,比如登峰 2.0 航空科技创新羽绒服仅有 5 人付款。

4. 品牌高端化的未来挑战

就目前国内羽绒服市场而言,从行业的加价倍率、生产成本来看,3 000 元以上的国产羽绒服,很少会有消费者买单。更多消费者在消费时,还是集中于千元及千元以下的羽绒服。目前,国内羽绒服行业并没有真正的高端化品牌,因为高端品牌都有着自己的品牌故事和渊源,且原创性和差异性较显著,加价倍率也更高,有着卓越的品牌形象和质量上乘的产品来和自身文化有效融合,具备高端生活场景和一定的消费基础。

从波司登来说,其品牌高端化探索虽然带来了业绩增长,但仍然是一个略显尴尬的定位。在用户的认知里波司登还是一个大众羽绒服品牌,波司登在提价之路上不能"为高而高",产品价格需要回归到市场需要的位置上,并不是价格提高了,品牌力就能够提升。除此以外,需要注意的是,高端化也绝非一劳永逸,高价的背后是消费者更高的要求和市场更严格的监督。

在羽绒服行业,品牌朝向中高端化方向转型是正确且必需的,这会带动行业进步。目前,中国羽绒服行业的品牌是处于转型中高端化的培育阶段,该阶段需要在包括研发、销售、广告等方面进行大量的投入。而中国羽绒服品牌真的要向中高端化发展,还需要在品牌力、产品力、服务力等方面持续发力。

◇ **主要参考资料**

[1] 张琳,曹杨. 绝了,一件价格过万,羽绒服价格为什么猛涨?[EB/OL]. (2023-01-16)[2023-03-10]. https://finance.sina.com.cn/wm/2023-01-16/doc-imyaktuk5889841.shtml.

[2] 于斌. 冲击高端只是靠涨价,波司登难被年轻人买单[EB/OL]. (2022-12-19)[2023-03-10]. https://baijiahao.baidu.com/s?id=1752584101716797620.

[3] 佚名. 一件羽绒服上万块,波司登为什么越来越贵?[EB/OL]. (2022-02-28)[2023-

03-10]. https://new.qq.com/rain/a/20220228A03MLD00.

### ◆ 思考与讨论

1. 谈谈波司登采取的定价策略及定价方法。
2. 结合案例分析波司登采取该定价策略的原因。
3. 波司登如何确保其定价目标的实现?
4. 分析波司登该定价策略的利弊。
5. 波司登应如何实现从高价格到高价值的顾客认同?

## 案例3 "低价为王"的蜜雪冰城

### ◆ 案例介绍

蜜雪冰城创立于1997年,创立以来,蜜雪冰城服务于国民茶饮消费需求,始终坚持"高质平价"的产品理念,建成了覆盖全国的超2万家门店销售网络,成为广受消费者喜爱与加盟商认可的连锁茶饮品牌,并正式冲刺"国民连锁茶饮第一股"。探寻蜜雪冰城持续火爆的秘诀,不难发现,"低价为王"的定价策略是其重要的成功之道。

1. 制造爆款,坚持低价

"让全球每个人享受高质平价的美味",这句话被蜜雪冰城写进了品牌故事里,极低的客单价是蜜雪冰城一直以来坚持的定价策略。一支冰激凌仅2元,一杯柠檬水4元,单人消费基本保持在10元左右。而同在行业中拥有较大知名度的茶饮品牌喜茶与奈雪的茶,单杯售价高达30元左右。比起喜茶、奈雪等"后起之秀",蜜雪冰城在消费升级的浪潮抵达之前,便已经靠爆款与低价在饮品市场占据了一席之地。

为了获得更多消费者的喜欢,在对产品定价时,蜜雪冰城遵循了自己的一套商业原则:通过对产品成本的精准核算与控制,加上微量的毛利润,倒推出产品的定价,并赚取更多的品牌溢价。比如,通过对鸡蛋、牛奶和白糖等原料成本的核算与控制,即便在当年将冰激凌的售价降为1元/支时,依然有低利润存在。

这种主打"高性价比"的定价原则,成为蜜雪冰城重要的品牌基因之一。此后的发展中,蜜雪冰城还将"高品质平价产品"作为产品定位,融入品牌文化当中。即使是在疫情防控期间,当头部茶饮品牌喜茶、奈雪涨价,加速了奶茶迈入"30元时代"的进程时,蜜雪冰城也依然坚持"不涨价",成为当时一众茶饮品牌中的一股清流。

相比于喜茶、奈雪、CoCo等均价20~30元/杯茶饮的价格,蜜雪冰城的产品的确满足了多数消费能力并不高的学生群体、年轻白领们的口腹之欲,以至于许多网友戏称其为"贫民窟男孩、女孩的奶茶救星"。

2. 定位明晰,主攻下沉市场

除了低价策略,多年以来,总部位于郑州的蜜雪冰城,一直将品牌的开店重心放在消费潜力更大的下沉市场。蜜雪冰城的门店主要遍布河南、河北、山东、四川等多个省份的三四线及以下城市,基本达到了"承包"的地步。这些地方的学生党、初入社会的年轻群体,就是品牌的目标消费者。

三、四线及以下城市,人工、房租成本都相对较低,且主要依靠"熟人营销",很大程度上节省了蜜雪冰城开店的成本,这其实与创始人张红超所遵循的商业原则是相符的。

除此之外,比起格调、品位等产品的附加价值,下沉市场的消费者更关注价格。蜜雪冰城在选址时,往往会把门店开在学校周边、商业步行街、城中村、车站附近等客流量较大的区域,这些地方不仅利于品牌曝光,更重要的是有大量学生、社会年轻人等目标消费者聚集,易形成稳定的复购率。

单价不超过8元/杯的奶茶、3元/支的冰激凌,再配合店内的优惠促销活动,让消费需求高但消费能力弱的主要消费群体,在一定程度上"忽视"了价格,能消费得起但不会太"肉疼"。

因此,往下沉市场走,主打高性价比的蜜雪冰城则比其他茶饮品牌更有优势。

蜜雪冰城所采取的"农村包围城市"路线,在避开了网红茶饮品牌在一、二线城市的激烈厮杀的同时,还让品牌的经营规模如滚雪球般不断扩大。与拼多多不谋而合的商业模式,也是大众称其为奶茶界"拼多多"的主要原因。

而当下,正在进驻一、二线城市的蜜雪冰城,在开店选址上,依然坚持自己的商业策略,仍以学校周边、步行街旁、城中村等地为重心,避开了地价贵、成本高的中心商业区,不断地扩大着自己的门店版图。

3. 自建供应链体系支撑可持续运营

那么,坚持低价,定位下沉市场,蜜雪冰城是如何做到年营收超百亿(2021年营业收入103.51亿元)的呢?

随着企业规模扩大,门店数量的增多,原料成本和运营成本都在不断攀升。那么,如何控制成本?蜜雪冰城的做法是,自建供应链体系。

蜜雪冰城拥有独立的研发中心和中央工厂,实现核心原料自产,从源头控制了原料的成本,掌握了议价权。而终端的门店越多,议价的空间就越大。据业内人士介绍,蜜雪冰城某品类的原料拿货成本,比同类型非规模化的品牌要低20%。

除了控制上游成本,蜜雪冰城还搭建了高效的物流配送体系。而密集开店的策略,使门店之间的距离缩短,也降低了门店的配送成本,提高了配送效率。

此外,在门店管理上,蜜雪冰城建立了标准化的工作流程,提供系统经营培训、店面设计装修、开业指导、营销活动方案等,进一步降低隐性的运营管理成本。随后蜜雪冰城的上海研发中心、深圳研究院相继成立。从研发生产,到仓储物流,再到运营管理,蜜雪冰城拥有了完整的产业链闭环。

伴随着成熟的商业模式的建立,接下来做的,就是由点到面的持续扩张。门店开得越多,规模化效应越明显,对原料的需求量也就越大,蜜雪冰城的盈利能力就越强。

自此以后,蜜雪冰城的门店版图扩张速度更快,开店数量突破2万家,甚至还将门店开到了国外。截至目前,蜜雪冰城在海外市场已拥有超300家门店。规模化降低了成本,低成本支撑了低价,蜜雪冰城高质平价的基因得以延续,给加盟商也留下了利润空间。

4. 多管齐下,寻求突破

尽管发展向好,但是奶茶市场天花板已至。《2021新茶饮研究报告》中指出,我国新茶饮市场预计到2023年增速将下滑至20%左右。行业周期效应下,存量市场被挖掘到一定程度,蜜雪冰城的同行业竞争对手纷纷寻求转型。部分中高端现制茶饮品牌开始布局三、四线城市市场,开发低价产品,实行"以价换量"的阶段性策略,蜜雪冰城的下沉市场优势将受到冲击。

与此同时,同价位竞争品牌,如冰醇、甜啦啦等,开始降低单店投资额,试图在蜜雪冰城最擅长的加盟路径中狙击对手。行业发展瓶颈期之下,蜜雪冰城开始寻求发展第二曲线。

动作一是布局新品牌,不断扩大经营范围。2020年,蜜雪冰城升级并重新推出了现磨咖啡品牌"幸运咖"。幸运咖的市场价格策略延续了蜜雪冰城奶茶的低价策略,基本不超过10元/杯。并在此基础上进一步延伸出了冰激凌咖啡、鲜煮咖啡、路易波士茶等品类。幸运咖门店整体盈利良好,在2022年门店数量突破500家;2021年,蜜雪冰城在郑州推出"雪王城堡"体验店,售卖奶茶、炸串等零食,在店里的其他分区内,还有DIY冰激凌和各种周边产品售卖。

动作二是蜜雪冰城不断深入相关供应链体系,并开发供应链体系的新可能。企查查显示,2021年8月31日,重庆雪王农业有限公司成立,注册资本1亿元,由蜜雪冰城100%控股。经营范围包含饮料生产、食品生产、初级农产品收购、新鲜水果批发等。同年先后投资控股的企业有海南鲜易达供应链有限公司、河南雪王科技有限公司、大咖国际企业管理有限公司、重庆雪王农业有限公司、雪王投资有限责任公司、蜜雪国际企业管理有限公司。不断拓展的上游产业链和业务范围,或将为蜜雪冰城带来新的盈利增长点。

动作三是进军一、二线城市及海外市场。截至2021年,其在北京的门店数量已经超过100家,以通州、昌平、怀柔等五环外区域为主,此外,在朝阳大悦城、簋街等地也设有门店;从2018年在越南开设首家海外门店以来,蜜雪冰城已经进入了越南、印尼、新加坡、菲律宾和马来西亚五个东南亚国家。东南亚市场因消费者生活习性更需要茶饮,且经济情况与国内三、四线城市近似,成为蜜雪冰城海外扩张的重点。

◇ **主要参考资料**

[1] 咨询人 Claire. 案例研究|蜜雪冰城65亿背后的差异化商业模式创新?[EB/OL].(2022-05-06)[2023-01-22.]https://zhuanlan.zhihu.com/p/510254506.

[2] 方宇. 蜜雪冰城,低价为王[J]. 经理人,2022(05):66-68.

◇ **思考与讨论**

1. 分析蜜雪冰城采取低价策略的影响因素。
2. 指出蜜雪冰城的定价方法。
3. 蜜雪冰城是如何确保其低价策略实现的?
4. 随着市场的发展,蜜雪冰城的低价策略在将来面临哪些挑战?

5. 目前，大学生在求职时都希望能有较好的工资待遇，而企业则希望大学生能给公司创造较高的价值。结合本章三个案例，谈谈你对"价格与价值"这一问题的看法，并思考为获得较高工资待遇，大学生在提高自身价值创造能力上应做出哪些努力。

# 第十三章

# 13

## 分销策略

◎ **学习目标：**

1. 了解分销渠道的含义及模式；
2. 了解中间商的类型；
3. 掌握分销渠道设计及中间商选择应考虑的因素；
4. 掌握分销渠道管理的内容；
5. 了解渠道冲突的含义及解决途径。

◎ **案例分析：**

案例1主要介绍了海天味业的分销渠道管理模式，包括经销商的开发、评估及日常管理，通过分析深化学生对分销渠道模式、中间商类型以及管理对策的理解。

案例2主要介绍了格力空调渠道变革的原因、过程以及成效，分析了格力空调不同渠道体系的特点，详细阐述了格力空调选择、激励、控制分销渠道成员的条件及措施，并通过分析进一步深化学生对分销渠道管理特别是渠道成员选择、激励和控制的理解，同时引导学生思考企业如何在渠道管理中围绕共同的目标实现"合作共赢"，强化学生的合作意识。

## 一、知识要点

1. 分销渠道是指产品或服务从制造商流向消费者（用户）所经过的各个中间商联结起来的整个通道。分销渠道依据其包含的中间商购销环节即渠道层级的多少，可以分为直接渠道和间接渠道、短渠道和长渠道等类型。

2. 中间商主要分为代理商、批发商、零售商以及制造公司的销售分支机构。

3. 企业设计分销渠道应考虑产品特性、企业特征、市场状况和环境因素。分销渠道的设计首先应确定渠道模式，是采用直销还是分销，如果决定采用中间商分销，还要进一步决定选用什么类型和规模的中间商。其次再确定中间商的数目（即渠道的宽度），渠道宽度结构有三种类型可以选择，分别是密集性分销渠道、选择性分销渠道、独家分销渠道。最后是规定渠道成员彼此的权利和责任。

4. 企业选择中间商应考虑的因素主要包括：中间商市场覆盖范围、中间商的声誉、中间商的历史经验、中间商的合作意愿、中间商产品组合情况、中间商的财务状况、中间商的区位优势、中间商的促销能力。

5. 渠道管理是指制造商为实现公司分销的目标而对现有渠道进行管理，以确保渠道成员间、公司和渠道成员间相互协调和通力合作的一种活动，其意义在于共同谋求最大化的长远利益。进行渠道管理需要做的工作包括：选择具体的渠道成员、激励渠道成员、评价渠道成员、调整分销渠道、管理渠道冲突。

6. 渠道冲突是组成营销渠道的各组织间敌对或者不和谐的状态。当一个渠道成员的行为与其渠道合作者的期望相反时，便会产生渠道冲突。其包括水平渠道冲突、垂直渠道冲突和多渠道冲突三种类型。产生渠道冲突的原因主要在于渠道成员间不相容的目标，对现实的不同理解，以及各自的领域冲突等。缓解和解决渠道冲突的途径主要有：(1) 明确界定各渠道成员的权利、责任和活动范围；(2) 建立信息强化机制，通过各种方式和手段密切加强渠道成员之间的沟通；(3) 寻求外部力量，通过第三方调解和仲裁等方式解决；(4) 建立关系规范，当出现渠道冲突时，可以根据预先设定的规范和程序进行解决。

## 二、案例分析

### 案例1 海天味业分销渠道管理

◇ **案例介绍**

海天是中国调味品行业的优秀企业、专业的调味品生产和营销企业，历史悠久，是中华人民共和国商务部公布的首批"中华老字号"企业之一。目前生产的产品涵盖酱油、蚝油、酱、醋、料酒、调味汁、鸡精、鸡粉、腐乳、火锅底料等十几大系列百余品种500多种规格，年产值达200亿元。海天能取得如今的成绩，其高效的分销渠道管理功不可没。海天分销渠道建设的一个指导原则就是要让每一个家庭都能便捷地买到海天产品。

1. 海天的销售模式

调味品是与人民生活密切相关的快速消费品,普通个人消费者会通过 KA 超市(即国内外大型连锁超市)、BC 店(即区域性的中型超市、便利连锁)、社区超市、农贸市场购买,而批发市场则满足餐饮企业、二级批发商等大采购量客户的需求。公司采取经销商销售的模式,公司集中精力做好销售管理和销售支持,本身基本不面对终端直接销售。公司对经销商的销售均为买断式销售,不存在销售退回的情形。公司经过多年的营销实践,已建立了适合自身发展的销售模式和销售体系,主要特点是:

第一,公司按不同销售渠道分别设立经销商,以更有效发挥经销商的专长,使经销商将其负责的渠道做深做透。

第二,公司设立经销商时会根据其市场覆盖能力和市场需求情况来划定经销区域,而并非按城市来简单划定,这样可以使经销商更有效地管理和开发市场。

第三,公司采取经销商、分销商/联盟商两级架构的销售体系,尽量减少经销层级,且公司将分销商/联盟商也纳入公司的管理体系,便于全面掌握终端销售情况。公司的经销商是公司的直接客户,享有公司某类产品在特定市场或特定通路的直接销售权。分销商/联盟商是经过公司与经销商共同筛选考核确定的具有单独运作并覆盖一定市场能力的客户,由公司驻各地的销售机构与经销商一起为分销商/联盟商提供市场拓展及促销等服务。分销商/联盟商销售的海天产品统一向其对应的经销商发送订单,并由经销商提供配送;分销商/联盟商与经销商之间的交货、货款结算事宜皆由双方协商。公司与经销商共同对分销商/联盟商进行管理,同时公司通过经销商对销售目标完成率达到标准且未违反经销协议相关规定的分销商/联盟商进行奖励。

海天公司产品销售网络覆盖了全国 31 个省、自治区、直辖市,在全国各省已建成了 7 000 多家经销商、逾 12 000 家分销商/联盟商的销售网络,覆盖了 50 多万个直控终端销售网点。海天公司通过密集的经销和分销网络,使产品能够快速达到消费终端。线上,在 B2C、B2B 及新零售等各个版块,已分别与天猫、京东、苏宁、盒马鲜生、宾果盒子、零售通、新通路等主流电商平台建立了良好合作。公司在全国设有 5 个营销中心、20 多个销售大区、110 多个销售部、350 多个销售组或销售办事处,配备了超千人的专业团队对区域内的经销商进行指导和管理,协助经销商与分销商/联盟商开拓本地的销售渠道。公司对经销商、分销商/联盟商的精细化管理,也构成了同业难以模仿的竞争优势。

2. 经销商管理

经销商是公司经销网络的核心,公司根据市场发展的状况通过不断变革和完善对经销网络的管理,有力推动了公司产品的销售,增强了公司的市场影响力。公司在建立经销网络的过程中坚持分渠道发展和向县级市场发展的原则,建立起独特的对经销商的管理体系,涵盖经销商的开发、目标设定、渠道等方面的管理。

(1) 经销商的开发

① 地级市经销商开发

在全国地级市中,公司市场开发率达到 90%。地市级的市场开发已趋于成熟,且经销商的密集度逐步提高。公司对地级市经销商的进一步开发主要是将销售渠道进一步细分,设置经销商的基本原则是立足于开发市区批发、KA、农贸市场、BC店和周边乡镇五大板块的空白点,以及对板块内市场的精细化开发。

为确保经销网络的稳定,公司规定在规模以上地级市场按不同渠道设置经销商数量总共不少于2家,规模以下市场的经销商数量总数一般不少于1家,有效化解了经销商变动给公司产品销售带来的不良影响。此外,按渠道来开发经销商,能够将市场进一步细化,有助于发现公司销售网络的空白点以及薄弱渠道;按渠道、行政区域明确每个经销商的销售范围也有效避免了经销商的重叠设置和重复开发,同时保证了经销商经营的毛利,提高了经销网络的稳定性。

② 县级经销商开发

随着我国农村经济的快速发展和农村居民生活水平的不断提高,农村及乡镇居民在调味品消费方面越来越多地倾向于购买质量有保障的品牌产品。公司凭借在地市级市场成熟的开发及运营经验,近年来也逐步加大了对县级市场的开拓力度,专门设置了独立的县级经销商开发县级市场。在全国行政区域县中,公司市场开发率约为50%。

为提高经销网络管理效率和稳定性,公司原则上优先开发有一定规模的县级市场,对年销售额较大的县级市场按渠道设置的经销商数量总共不少于2家。目前,公司对县级市场的开发还处于不断深化阶段,将来随着县级市场开发的逐步成熟,公司将进一步细化县级甚至乡镇级市场的开发和营销,拓展公司产品在广大农村市场的销售渠道。

③ 分销商/联盟商开发

公司目前共有经销商7 000多家,经销商下属的分销商/联盟商全国约有12 000多家。近年来,公司逐步将网络优势强、实力基础好的分销商/联盟商纳入公司的管理范围,明确分销商/联盟商负责的渠道及销售范围、年度销售目标、价格、货款、订单、促销等,同时对分销商/联盟商的销售目标设置奖励措施,并为分销商/联盟商的产品销售提供建议及技术支持。通过将部分分销商/联盟商纳入公司的销售管理体系,公司逐步掌握分销商/联盟商订单频率、销售量等网络数据,提高了公司对整个销售网络的控制力度,带动了整个销售网络的发展,加速了对市场终端以及对空白网络点的开发速度。

④ 经销商开发的评估

在经销体系建立的过程中,公司逐步完善了经销商的选择标准及资质评估体系,确保了新开发经销商的市场开拓能力。公司高度注重对新开发经销商的经营品牌、硬件配置、终端网络资源等资质的评估。比如经营品牌方面,优先选择经营全国知名快速消费品品牌的经销商,硬件配置方面明确要求其具备开展业务必需的专款、仓库、专人、专车等。通过对经销商经营品牌、配置要求的评估,保证了新开发经销商的素质。经销商队伍的不断发展与完善,强有力地支撑了公司业务的快速发展。

(2) 经销商的经销范围及经营目标管理

公司与经销商在经营合作过程中,通过与经销商签订的年度合同确定各经销商的经销范围及经营目标,并根据合同的规定对经销商的执行情况进行奖惩。对于连续三个月达不到合同中约定的销售目标或者是在特定销售渠道上营销力度达不到标准的经销商,公司将向经销商发出书面整改通知。经过整改若仍不达标或改善效果不明显,公司将会减小其经销范围或更换经销商。对于一些经销实力较强且持续合作时间较长的经销商,公司会根据实际情况扩大经销商的经销范围。

(3) 销售渠道管理

公司对重点渠道投入较多的资源成立专门的管理部门,协助经销商进行重点突破,做细做专。以KA渠道为例,公司在重要的一类城市设置了KA销售组,培养专业的人员专门管理KA渠道业务,重点发展具备KA网络优势的专业经销商。经过数年的发展,公司在全国范围内拥有200多家KA专业经销商,形成一支竞争力较强的经销商团队,大大提高了经销商专业化程度。

(4) 经销商日常管理

① 经销商订单管理

公司对经销商的营销实行周订单制度,公司以周为单位协调采购、生产、仓储各环节,每周预付款制度的实施也加快了公司资金的回笼速度。

② 经销商库存、实销量管理

公司在经销体系中建立库存申报制度,即每月末各地销售部门核对经销商的库存额后向公司申报,当实际销售量连续大于进货量导致库存小于规定的安全库存时,销售部根据签订的协议要求经销商增加采购补充至安全库存的水平;相反,则暂缓已签订采购订单的产品发运,降低经销商库存过大引致的经营风险。公司通过库存、实销量的管理,协助经销商提高资金及库存的利用效率,同时根据实销量情况及时调整促销及生产政策,也确保了公司产品在全国范围内不会因为经销商库存管理上的失误而造成公司产品断货。为了加快对终端需求信息的反应速度,近年来公司高度重视对经销商的信息化管理,通过互联网将经销商的库存、实时的销售情况及时反馈到公司的销售部门,便于公司把握市场的动态;同时对市场变化情况进行分析并尽快制定相应的市场促销政策或提前安排采购及生产备货,实现对市场的动态管理。

③ 经销商专职业务人员管理

经销商同时也可销售其他品牌的产品,但公司要求经销商必须成立海天品牌事业部专门负责海天产品的销售,并在经销协议中明确事业部具体的人数、车辆、办公场所、信息系统等,海天品牌事业部由经销商专职业务经理与公司客户经理、区域经理共同负责管理。公司通过这种方式强化了对经销商的管理,提高了经销商的市场开拓能力,同时也协助经销商实现其销售目标。公司各销售部、销售组安排人员每天对辖区内的经销商进行现场检核,了解市场情况,并对辖区内产品销售出现的问题及时处理。

④ 销售计划的制订

营销总监每年根据年度实际销售情况制定未来一年各省份月度销售目标;省级经理根据市场销售状况和库存情况,每月提交下月月度销售预测;区域经理审核月度计划与区域目标相符后,由数据组主管运用历史销售数据模型预测审核并制订月度销售计划;营业部经理根据订单情况和生产能力调整并确认月度销售计划后由营运总经理确定最终的月度销售计划并安排生产部门、采供部门组织包材的采购及产品包装,数据组主管负责月度销售预测的考核和评估。

### ◇ 主要参考资料

[1] 杨现华.海天味业:渠道天花板来临?[EB/OL].(2021-08-03)[2023-04-08].https://www.sohu.com/a/481127909_498715.

[2] 止定斋.海天味业的经销方式[EB/OL].(2021-06-14)[2023-04-08].https://xueqiu.com/6455660273/182931301.

### ◇ 思考与讨论

1. 指出海天味业的分销渠道模式。
2. 海天味业的分销渠道管理包含哪些方面?
3. 海天味业是如何有效管理经销商的?
4. 结合案例讨论如何在分销渠道管理中实现"互利互惠、合作共赢"。

## 案例2 格力空调的渠道改革

### ◇ 案例介绍

在早期线下渠道为王的时代,伴随着空调需求的迅速增长,格力推出返利政策并通过联合代理模式绑定大型经销商;此后,格力又通过整合全国区域性销售渠道,进一步加强对渠道的控制权。彼时格力的渠道网络覆盖度广且深,叠加公司的品牌溢价,使格力在空调销售市场上极具竞争力。但随着电商渠道的高速增长,线下随着物流基础设施完备而出现的扁平化趋势,以及空调市场增速逐渐进入成熟阶段,使得现有盛世兴欣体系及返利经销模式遇到瓶颈,公司渠道变革势在必行。公司通过精简渠道层级,提升渠道效率,将销售模式由返利激励导向部分转为终端价差激励;大力推动新零售模式三种方式从多方面入手对公司进行渠道改革。从2021年总销量市占率和销量同比数据来看,格力竞争力逐步恢复。

1. 格力空调渠道搭建历史

20世纪80年代末—1996年:专业经销商诞生。国家空调产业政策由限制发展、消费转为放开市场;空调产能迅速扩大,产品销售供不应求。专业经销商逐步成长为销售渠道的主力军。

1995—1996年:格力返利与贴息机制形成。以家庭消费为主的需求开始急剧增长,市场竞争加剧,空调销售进入区域大经销商模式,1995年格力推出"淡季返利"政策吸引大经销商;1996年推出"年度返利"政策,以提高经销商资金周转率来应对凉夏背景下经销商的库存压力,进一步深化经销商的黏合度。

1996—1998年:销售公司体制初步建立。区域销售网络扩张,部分大经销商的规模进一步扩大,大经销商为争夺区域份额,压价窜货,扰乱市场秩序。格力为协调统一区域中多个经销商间利益,推出联合代理模式。1997年,在湖北试点成立湖北销售公司,由销售公司出货,大经销商享受公司分红。之后培育出20多个格力的区域销售公司,覆盖全国30多个省(区、市),格力全面进入专业代理阶段。区域销售公司能够防止压价、窜货,从而强化渠道管理,并在省范围内帮助拓展渠道。1996年格力的营收增速在10.8%,2000年格力营收增速达到42.8%。

2003—2007年:全面自建渠道。空调行业竞争进一步加剧,品牌集中度迅速提高,品牌数量急剧减少。渠道呈现出专业经销商、大型连锁家电卖场、百货商场等多种业态并存的格局。2004年2月,由于国美在没有提前通知厂家的情况下,突然对所售的格力空调大幅降价,引发了成都国美和成都格力之间的争端。2004年3月11日,国美总部向全国分公司下达通知,要求各门店清理格力空调库存。对此,格力公司表示,国美的这种行为已经严重损害了格力在当地制定的价格体系,同时还导致格力其他众多经销商的强烈不满。"国美之争"使得格力开始全面自建渠道,依托各省份销售公司在全国范围内搭建格力专卖店体系。2007年,格力核心经销商持股平台京海担保承接格力集团持有的格力电器10%的股份,京海担保对格力的持股,进一步深化了上市公司与渠道的捆绑关系。2003—2007年格力的营收增速在31.9%～44.4%之间波动,营业总收入持续增长。

2007—2013年:盛世兴欣体系定型。在地产、家电政策等催化下,空调渗透率不断提升,行业双寡头格局基本稳固。2009年北京盛世恒兴成立,2011年开始对全国渠道收编整合,经过近两年时间完成对格力全国区域性销售渠道的整合,成为格力电器唯一的全国代理商,格力进一步加强对渠道的控制权。格力家用空调销量增速在2010年和2011年分别达到42.2%和30.5%,并且在之后3年内为正增长。格力的营收增速在2009年为1%,2010年提高到42.6%,营业总收入在2015年之前保持增长。

2013—2018年:盛世兴欣体系与行业高增速共振。空调行业规模在人均可支配收入提升以及棚改政策的催化下快速扩大,行业年出货CAGR(年均复合增长率)达6.4%,盛世兴欣体系与行业高增速共振,格力销售规模快速扩大,年收入CAGR达5.0%。

2019年至今:线上线下融合时期。地产政策调控叠加较高的保有量,行业逐渐步入成熟期,未来增速将降低。同时,电商渠道的高速增长,以及线下随着物流基础设施完备而出现的扁平化趋势,使得现有盛世兴欣体系及返利经销模式遇到瓶颈,格力渠道变革势在必行。2019年格力相比于其他品牌,线上销量占比偏低,经历渠道变革后,2020年开始回升,2021年接近行业水平。

2. 格力空调渠道管理政策

(1) 渠道成员的选择

有效的渠道设计以确定企业所要达到的市场为起点。格力自创的厂商股份制合作渠道既有效地避免了经销商之间窜货行为的发生,又能够使产品有效、快速地到达消费者手中。在渠道设计完成之后,生产者还要重视对渠道成员的管理,主要是对中间商进行选择、激励与定期评估。

一般来讲,生产者要评估中间商经营时间的长短及成长记录、清偿能力、合作态度、声望等。当中间商是销售代理商时，还需要评估其经销的其他产品大类的数量与性质、推销人员的素质与数量等。

选择了好的经销商，销售工作也就成功了一半。格力公司对经销商的要求很高，即使是市级的经销商都要求是分销能力很强、专业素养很高，并且有着强烈的销售格力空调意愿以及高品牌忠诚度。要成为格力批发商则不仅需要下线资源，还被要求不能经营其他空调品牌。

(2) 渠道成员的激励

生产者不仅要选择中间商，而且要经常激励中间商，使之尽责。促使中间商进入渠道的因素和条件已构成部分激励因素，但仍需生产者不断监督、指导与鼓励。生产者还可以借助强制力、奖赏力、法定力、专长力、感召力等来赢得中间商的合作。格力从政策激励以及利益奖励等方面激励经销商，其中包括格力首创的淡季预付款政策以及模糊返利政策。

政策激励。在每年度的销售协议里，格力销售公司明确规定每一个代理商的出货范围、发货对象，严禁批发给范围外的经销商，严禁代理商向非指定经销商或没有格力经销资格的经销商发货。同时，严格规定各指定经销商的进货渠道。

格力还十分重视品牌建设，每年在中央级媒体投入巨资进行形象宣传，"好空调，格力造"的品牌形象已经深入人心。

年终模糊返利政策。格力的年终返利政策始于1996年，也是在那一年格力在全国确立了空调行业龙头老大的地位。1996年格力拿出1亿元补贴返还经销商，这是在没有任何承诺的情况下对经销商的返利。通过这次返利，格力传递给所有经销商一个信息，即格力和所有经销商是利益共同体，格力会和所有经销商共赢。采用感召力使中间商对生产者深怀敬意，并希望与之长期合作。返利政策得到了经销商的拥护，经销商都仿佛吃了定心丸，认定选择经销格力空调就等于进了保险箱，不会有亏本的风险。

淡季预付款政策。空调销售有着明显的季节区分，一般而言，每年的9月到第二年的4月为空调的淡季，市场销量很少，而每年的5—8月，又会出现卖断货的现象。格力首创的淡季预付款政策，即在旺季来临之前打款的经销商可以有贴息的返利。因为贴息率大于银行的存款利率，所以该政策得到了经销商的大力响应和支持。这项政策既解决了制造商淡季生产的资金问题，又缓解了制造商旺季供货的压力。

相关费用补贴。为了不断提高格力的知名度，吸引消费者的眼球，提高市场占有率，格力在各个区域的广告投放力度很大。格力鼓励每个经销商积极宣传、加大广告投入以及举办各种有利销售的促销宣传活动。经销商凭借宣传横幅的照片、户外广告照片或电视台广告发票领取销售公司的费用补贴。

(3) 自建渠道的控制

自建渠道作为格力公司的法宝，其最大的特点就是格力电器股份有限公司以厂商股份制的形式在每个省和当地经销商合资建立了销售公司。这就是所谓的使经销商之间化敌为友，"以控价为主线，坚持区域自治原则，确保各级经销商有合理的利润"。各地市级的经销商也成立了合资销售分公司,由这些合资企业负责格力空调的销售工作。

各地区的销售公司严禁跨区窜货,厂家以统一价格对各区域销售公司发货,当地所有一级经销商必须从当地销售公司进货,严禁跨省市拿货。同时,格力总部还给产品价格划定一条标准线,各销售公司在批发给下一级经销商时结合当地实际情况"有节制地上下浮动",但浮动不得过于悬殊。

格力自建渠道这种销售模式根本性的变化在于,格力公司与经销商组织起来建立一个地区性的、格力为大股东的合资销售公司,以这个公司来充当格力空调的分公司管理当地市场,有效地遏制了窜货行为的发生。

一般区域销售公司董事长由格力方出任,总经理按参股经销商的出资数目共同推举产生,年终股东按股本结构分红,入股经销商形成了一个利益联盟。格力对入股经销商的基本要求是:当地空调大户,并且格力占其经营业务的70%以上。

格力空调这种销售渠道主要在于格力电器与各地经销商成立销售分公司,实现"工商分离"。除了"工商分离"以外,格力还表现在强大的市场控制力上:对自己的每一台空调都实行"明码标记",所有销售出去的产品和库存产品全部实现电脑控制,鼠标轻轻一点,立刻就可知道每台空调的详细情况,这样有效地避免了市场混乱。

3. 格力空调渠道变革原因

(1) 混改之后管理层与上市公司利益绑定加深

格力电器曾长期受限于控股股东格力集团的国资身份,对核心管理层和员工激励不足,公司治理存在短板。2019年12月2日,在格力集团与珠海明骏签署的《股份转让协议》中,约定珠海明骏以46.17元/股的价格受让格力集团持有的格力电器902 359 632股股份(占格力电器总股本的15%)。本次股权变动后,格力电器将从实际控制人为珠海市人民政府国有资产监督管理委员会变更为无实际控制人。珠海明骏实际控制人珠海高瓴、HH Mansion、Pearl Brilliance和格臻投资一致同意,应在本次交易完成交割后,推进上市公司层面给予管理层实体认可的管理层和骨干员工总额不超过4%上市公司股份的股权激励计划。混改完成后,管理层与上市公司利益绑定更为紧密。

格力发布的员工持股计划增强了管理层与公司的利益绑定,也对员工起到激励作用。2021年6月21日,格力电器发布第一期员工持股计划。此员工持股计划的持有人范围包括公司董事(不含独立董事)、监事、高级管理人员,以及公司及控股子公司经董事会认定对公司整体业绩和中长期发展具有重要作用的中层干部和核心员工。员工持股计划为了体现激励与约束对等,有效绑定公司与员工利益,设定公司层面和个人层面的业绩考核指标,以达到业绩考核指标作为员工持股计划权益归属的条件,从而使员工长期关注公司发展以更好地实现激励效果。随着格力电器持续推进员工持股计划,其管理层将会大大增强对格力电器的话语权。因此,这实际上也是格力电器混改的后续。

随着公司进一步完善治理结构,有效地将股东、公司和员工三方利益结合在一起,同时在稳步推进公司渠道改革的背景下,公司有望更顺应大家电行业渠道模式变化而发展,高效享有空调行业增长。

(2) 高效渠道发展使得原有模式下经销商现金流出现问题

由于格力特殊的高返利政策以及高渠道库存的存在,格力在经销商渠道获得的利润率以及现金回报率均最高,并且经销商的利润率也显著高于其他渠道商。

在经销商利润率显著高于其他渠道商的情况下,经销商的现金回报率却较低。我们认为格力经销商体系能保持较强稳定性有两个前提:① 行业不会出现较长时间的衰退。根据我们的估算,如果零售量下降,在没有特殊的返利政策支持下,经销商在经历 2~3 年的零售量下降后会因资金不足导致退出市场。② 在行业衰退的年份,格力给予经销商额外的支持。格力针对经销商的返利政策较为灵活,格力自身庞大的蓄水池(接近 620 亿元的销售返利)使得格力可以在出货量下滑的年份给予经销商更大的支持。

行业增速放缓时,原有模式经销商现金流压力凸显。在行业整体增速放缓的背景下,叠加行业零售渠道结构发生明显变化,零售渠道向线上切换,线下经销商体系的零售量、出货量将面临相比行业更大的压力。对于格力经销商体系而言,不断增加的出货量是其持续发展的基础。当线下出货量增速放缓甚至下滑时,线下经销商的现金流压力将变得更大。因此,当空调行业增速放缓时,或经销商零售增速慢于提货增长要求时,货款返利无法顺利兑现,经销商现金流压力变大。

(3) 原有模式下,加价率过高失去竞争力

格力因层层分销体系导致加价率过高,终端价格较高;相比之下,美的大力发展线上,同时精简渠道结构、推动 T+3 模式,最终致使格力与美的产品价差较大,价格端不具有优势。

因此,在当下以消费者需求为导向的市场中,且格力自身产品的价格不具显著优势的情况下,若经销商仍按照以往模式提货,将面临产品难以卖出,而自身库存高企的状况。与此同时,当下终端价格变化较快,经销商若库存较高,又将存在较大的经营风险。基于此,经销商的积极性有所减弱,市场竞争力也进一步下滑,对应可以看到,2020 年开始格力线下市占率第一的地位多次被美的抢占。

4. 渠道改革成效

(1) 线下精简渠道,价差激励,线上开拓新零售模式

变革之一:精简渠道层级,提升渠道效率。格力进行的渠道改革使其销售体系向扁平化发展。一方面,弱化销售公司蓄水池及政策调节功能,使其逐步转为区域服务商;另一方面,取消或大幅缩减二级代理商,仓储物流等职能由总部接管,代理商向服务职能转变。通过促使销售公司与代理商职能转化,推动其向服务商与运营商转变,从而缩减渠道层级,推动渠道扁平化发展,提升渠道效率。

当下格力开启渠道变革、提高渠道效率,在终端价差上有所体现:截至 2021 年,格力与美的的线下价差收窄至 8%~25%(2018 冷年价差在 10%~32%)。

变革之二：销售模式由返利激励导向部分转为终端价差激励，经销商盈利能力更具确定性，也增强其对终端消费者需求的敏感度。此次渠道变革中，总部减少了过往的销售返利，而是允许终端经销商通过有价差的销售来获取其自身主要利润。该模式使得经销商能够及时明确自身的盈利水平；而以往返利模式下，压货较多，在终端价格变化情况下，对应经销商存货价值存在波动，也增加了其对自身盈利能力判断的难度。与此同时，终端需求主导带来的经销商盈利使得其对消费者的需求反应更灵敏，良性促进其产品的销售。基于此，经销商积极性提升，对应2021年Q1（第一季度）合同负债占营业总收入比例显著上行。

变革之三：大力推动新零售模式，公司在渠道的选择上更加多元化与灵活。格力目前除建立"格力董明珠店"这一直销平台外，还开启与天猫、京东合作，推动新零售模式。随着渠道改革下加价率逐步降低，各渠道模式下产品价格更为统一，公司在产品销售渠道的选择上也将更多元化与灵活。从2019年底格力渠道变革开始，其空调线上销售占总销量的比例有所提高，由2019年占比10.87%到2020年、2021年占比17%以上，格力渠道改革效果初显。

(2) 渠道变革后竞争力有望恢复

2019年一季度以来，由于价格差异拉大，格力相对美的开始丢失份额。业内人士认为背后的主要原因有两个：一是过高的渠道加价传递至终端后使得可比机型价格与美的的差距过大；二是传统的冷年（从前一年的8月份开始到当年的7月份为止称为一个冷年）"计划任务"模式灵活性较低，同时营销公司为了追求自身高利润，对于产品结构要求不断提高，与市场情况不匹配。以上两点结合在一起时，2019—2020冷年，格力库存高企、渠道库存成本高，从而导致竞争力降低。因此，格力渠道变革主要的目的是改善以上两点，恢复终端竞争力。

从线下数据来看，2019年中前，格力相对美的品牌溢价不断上行，其中均价存在差异但较小，彼时格力市场份额亦处于领先。进入2019年，格力与美的价差明显扩大，这使得格力开始丢失零售份额，损失品牌溢价。

从线上数据来看，格力均价在大部分时候领先美的，而销售份额始终落后美的较多。业内人士认为这是格力为了照顾线下经销体系的定价策略决定的。但随着渠道改革持续推进，线下份额差逐步收窄，品牌竞争力逐步恢复。

在经历渠道变革后，从2021年总销量市占率和销量同比数据来看，格力竞争力逐步恢复。2019年至今，美的在终端零售上依靠灵活的价格机制、多元化的渠道布局，市占率由2019年Q4的30.3%至2022年Q1上升到34%，增幅较大。而格力在2019年底经历渠道变革后，2019年Q4至2022年Q1其总销量市占率呈波动趋势，2021年分季度来看相对2020年稳中有升。对比格力与空调市场的销量同比变化情况，2021年之前，格力销量增速同比在大体上低于行业水平。2021年以来格力销量增速在上半年开始领先行业整体水平，相比行业格力竞争优势稍有显现。随着未来格力的渠道模式愈加顺应行业发展的趋势，格力的竞争力也将逐步恢复。

◈ **主要参考资料**

[1] 格力电器:渠道改革初见成效,多元布局着力景气赛道[EB/OL].(2022-07-20)[2023-02-10]. https://finance.sina.com.cn/stock/relnews/cn/2022-07-20/doc-imizirav4592720.shtml.

[2] 佚名.渠道策略案例分析:格力空调能否借渠道再创巅峰[EB/OL].(2020-09-01)[2023-02-10]. http://www.iqinshuo.com/998.html.

◈ **思考与讨论**

1. 简述格力空调的渠道模式。
2. 格力空调是如何有效管理渠道成员的?
3. 格力空调为什么要进行渠道变革?变革的成效如何?
4. 讨论企业在分销渠道改革中如何做到"拥抱时代变化,与时俱进"?

# 第十四章 14

## 促销策略

◎ **学习目标：**

1. 了解促销策略的主要形式；
2. 了解人员推销的特点及技巧；
3. 掌握销售促进的主要方式；
4. 了解广告的主要方式及媒体选择的影响因素；
5. 掌握公共关系的主要处理方式及危机公关的方法；
6. 掌握人员推销的主要方式。

◎ **案例分析：**

案例1主要介绍了花西子如何在短短几年内通过"线上＋线下"的推广模式打造一个深受年轻人喜欢的美妆品牌，通过分析深化学生对促销方式的认识与理解。

案例2以某电动车的节日促销为例，详细介绍了其国庆中秋双节促销方案，通过分析重点深化学生对销售促进方式及促销方案制定的理解。

案例3则从胖东来的经营逻辑和危机处理中探寻其公共关系营造的特点，重点加深学生对公共关系对象、方式以及危机公关处理方法的认识。

案例4则详细介绍了一次成功的热水器推销过程，强化学生对人员推销特点及推销技巧的认识和掌握。

# 一、知识要点

1. 随着市场竞争的日益加剧,促销已经成为企业拓展市场的重要方式,也是实现企业经营价值和利润的关键因素。对制造商而言,其促销的对象有三个——批发商、零售商、消费者;对批发商而言,其促销的对象有两个——零售商、消费者;对零售商而言,其促销的对象只有一个——消费者。不同企业应根据不同的实际情况,选择和制定不同的促销策略。促销策略主要有四种,即人员推销策略、销售促进(营业推广)策略、广告策略和公共关系策略。

(1) 人员推销策略,指企业派出推销人员直接与顾客接触、洽谈、宣传商品,以达到促进销售目的的一种策略。它既是一种渠道方式,也是一种促销方式。人员推销往往因其针对性强、灵活性高、能传递复杂信息、有效激发顾客购买欲望以及及时获取市场反馈等优点而成为营销中不可或缺的促销手段,尤其是工业品的销售,人员推销更为重要。人员推销的基本形式有上门推销、柜台推销和会议推销。其推销对象有消费者、生产用户和中间商。人员推销的基本策略有试探性策略、针对性策略和诱导性策略。推销过程中,推销人员要注意语言沟通技巧,包括陈述技巧、提问技巧、倾听技巧。FABE推销法则是推销过程中的常用技巧,所谓FABE即指Features(特征)、Advantages(优点)、Benefits(好处)、Evidence(证据)。

(2) 销售促进(营业推广)策略,指人员推销、广告和公共关系以外的,能迅速刺激需求、鼓励购买的各种形式的促销策略。营业推广是一种强烈刺激需求、扩大销售的活动,一般与其他促销方式配合使用,适合于特定时期或特定任务的短期性促销活动。面向消费者的销售促进形式主要有打折、特价、送券、抽奖、试用、赠品、会员促销、换购、买送、满减、秒杀、折上折等。

(3) 广告策略,指广告策划者在广告信息传播过程中,为实现广告战略目标所采取的对策和应用的方法、手段。广告策略包括为配合产品策略而采取的广告产品策略,为配合市场目标采取的广告市场策略,为配合营销时机而采取的广告发布时机策略,为配合营销区域而采取的广告媒体策略,为配合广告表现而采取的广告表现策略等。广告策略的选择必须围绕广告目标,基于广告定位,充分考虑商品、消费者、市场、竞争、媒体等因素。

(4) 公共关系策略,指企业为获得公众信赖、加深顾客印象而用非付费方式进行的一系列促销活动的总称,简称"公关"策略。公共关系的主要方式包括宣传性公关、交际性公关、赞助性公关、服务性公关、征询性公关等。

2. 企业在发展过程中难免会经历各类危机事件,如质量危机、品牌危机、丑闻危机等等,各类危机事件如果处理不好,不仅会给企业带来极大经济损失,还会使企业形象受损,社会声誉下降,最终影响到企业的发展,因此,危机公关十分重要。所谓危机公关是指机构或企业为避免或者减轻危机所带来的严重损害和威胁,从而有组织、有计划地学习、制定和实施一系列管理措施和应对策略,包括危机的规避、控制、解决以及危机解决后的复兴等不断学习和适应的动态过程。危机公关5S原则是指危机发生后为解决危机所采用的5大原则,包括承担责任原则(Shouldering the matter)、真诚沟通原则(Sincerity)、速度第一原则

(Speed)、系统运行原则(System)、权威证实原则(Standard)。

3. 随着人类步入互联网社会,互联网成了企业实施促销策略的重要平台。互联网促销借助互联网技术和平台来传递商品和劳务的性能、功效及特征等信息,在时空观念、信息传播和沟通模式、消费群体、消费行为、促销观念和手段等方面相比传统促销都发生了较大变化。互联网促销的灵活性、时效性、针对性等特征在互联网环境中可以得到更好地体现,这也为促销方式的创新带来了更多可能。互联网促销的常见形式有官网自营、微博营销、微信营销、搜索引擎营销、视频营销等。

## 二、案例分析

### 案例1　花西子的"线上+线下"品牌推广

◇ **案例介绍**

花西子于2017年诞生于中国杭州,是一个以"东方彩妆,以花养妆"为理念的彩妆品牌,以蜜粉、气垫CC等产品切入,2019年全年销售额已位列天猫彩妆TOP10,突破10亿元大关,空气蜜粉、眉笔、雕花口红等产品陆续成为爆款。2020年花西子销售额突破30亿元,2021年全年销售额达到54亿元,位列2021—2022年度天猫TOP品牌力的美容美妆榜单国货品牌第一位。花西子的品牌定位紧紧扣住"东方美学彩妆",精确瞄准年轻人的兴趣点,把中国风与彩妆融合到极致。作为崛起于互联网时代的新国货、新零售品牌,花西子在市场推广上把握时代趋势,线上线下紧密结合:线上阵地以微博、小红书、B站和抖音为主;线下则以大量投放新潮传媒——电梯媒体、城市大屏以及组建用户俱乐部等为主。

1. 线上营销矩阵布局

现如今,越来越多的品牌开始重视线上销售和运营。和公域流量相比,私域流量凭借其封闭性、客群的精准度以及广袤的社交土壤,成为当下品牌竞相耕耘的领域。而作为现象级的国货新锐品牌,花西子紧密依靠KOL投放、全渠道营销来收割注重生活品质的目标人群。

(1) 通过私域流量池沉淀口碑和服务

营销逻辑类似小米自建小米论坛,通过创办粉丝社区收集粉丝反馈、派送样品维系粉丝关系等,这类私域流量其实并不是为了转化。花西子在几大主要内容营销平台开设官方账号,持续输出定制化种草内容,对不同平台的圈层用户形成影响力。具体方法包括:

① 首先要打造一个人格IP

花西子有一个人格IP叫花小西,主要运营企业微信和个人微信,其主要功能就是做好产品客服和维系粉丝关系。

② 与粉丝互动:送福利、内容互动

花小西会邀请流量转化过来的用户用淘宝ID注册体验官,提供新产品试用体验服务,长期为粉丝送福利,做粉丝维系。根据花西子的官方数据,截至2022年4月初,花西子在全国已经累积了28万体验官,这些用户就是花西子新品的关键意见消费者,可以影响自己的家人、朋友、粉丝,产生消费行为。

除此之外,花西子还在视频号与粉丝分享化妆技巧、产品介绍、品牌广告等;在公众号发布产品的文化理念、品牌故事、品牌的最新活动等。花西子通过多个渠道维系粉丝,加强互动。

③ 充分利用微信公众号的功能

作为私域最大的流量池,微信公众号不应该只是作为内容展示平台,还应该具备品牌官方网站的功能,承担起会员注册、品牌推广活动、售后、粉丝活动等作用,还要具备交易功能,方便用户在活动驱使下直接完成下单购买行为。

(2) 利用公域流量收获年轻消费者关注

花西子的公域流量主要策略是娱乐营销,其选择了与一部分具有发展潜力和上升空间的流量明星合作,比如杜鹃、周深,以及一部分非热点型的综艺,如《新生日记》《少年之名》——这类综艺节目相对而言刊例价格不算贵,但受众非常年轻。花西子选择明星代言深化品牌认知,头部KOL制造话题、种草和背书,腰尾部KOL承接头部KOL热度,做长尾效应传播,腰部KOL主要分布在小红书(45.3%)和抖音(30.1%),尾部KOL主要在微博(70%),日常营销以中腰尾部KOL垂直内容为主,形成可循环的美妆垂类形态。这种通过平台、人群、投放比例、精细化投放的营销方式,成功助力花西子从国货彩妆中异军突起。

① 公域流量布局法则

深度捆绑头部KOL,依靠头部KOL打响品牌名声,多平台布局内容种草,扩大品牌声量。花西子打响品牌名声的第一炮是在头部主播李佳琦的直播间。不同于其他品牌进直播间都是"给产品、给库存、给低价"三板斧操作,花西子另辟蹊径,从展示环节和直播内容上下功夫,依靠顶流主播的影响力,将品牌的产品内核、文化故事传递出去,这是花西子打造的直播"带品牌模式"。

② 多平台布局内容搜索营销

通过李佳琦走红的花西子,并不只将宝押在头部KOL上,还进行了非常精细的全渠道营销布局。花西子抓住种草经济的风口,在小红书、微博、抖音、B站等年轻人聚集的社交平台布局内容搜索营销,再将流量转入电商直播间,链接产品体验,最后导入旗舰店完成交易。

花西子在多个平台进行内容营销的时候,从头部KOL和腰尾部KOL、KOC(关键消费者)全面布局。头部KOL主要从制造话题、专业测评、美妆教程等方面引爆种草,提高品牌的认可度和可信度。腰尾部和素人种草主要是扩大头部KOL传递出的品牌影响力,持续放大品牌声量,引发长尾效应。

③ 品牌布局线上营销的平台选择

抖音和淘宝上的带货主播是最合适的头部KOL选择,流量大,传播度广。腰部KOL的最好选择在小红书,因为小红书的种草属性最强,腰部博主分享的种草内容更容易被平台用户接受,小红书的素人种草笔记也是品牌需要布局的环节,可提高流量转化率。花西子在小红书、抖音合作了大量腰部KOL,微博则大量投放尾部KOL。在直播行业通过与头部明星李佳琦、毛光光等人合作种草,虽然这类头部KOL并不算多。

可以看出,在线上营销的投入上花西子异常谨慎,注重长尾效应。那些价格高昂,但上升空间有限的明星艺人/KOL都不在其考虑范围内,大量预算被投放在腰部和尾部有发展潜力的明星艺人/KOL之上。而且,花西子注重利用私域活动打造口碑和提升服务,这种玩法可以称得上口碑营销玩法的新典范。

2. 线下媒体广告渗透,打通全链路营销闭环

线上流量通常具有时效性,每一个线上互联网美妆品牌做到一定体量后,再通过传统的线上渠道拓展市场,势必面临着流量成本倒挂的危机。且通过转战线下提高天花板也并非易事,新兴的互联网品牌很难替代传统老品牌在线下终端的地位,毕竟欧莱雅、OLAY等老牌美妆企业早已划分城池,构建渠道,占据了绝大多数零售门店的有限空间,新兴互联网品牌很难拥有合适的发挥空间。

在线下营销板块,花西子也很注重粉丝服务,不过线上以口碑和转化为主,线下则是以体验和品牌服务为主,玩法相对于线上而言并不算多,但投入力度并不小。

在品牌服务板块内,花西子在线下多次推出过类似"万人体验计划"的活动。值得一提的玩法是,在活动中,只要某款产品有90%的消费者认同,就可以被投入进生产当中。说是万人体验,实际上可能噱头居多,有点类似传统化妆品牌的市场测试,只是在花西子的操作下变成了粉丝共创的玩法。

另外则是花西子线下聚会活动。在杭州本部,花西子经常举办用户的线下聚会活动,一方面让他们了解花西子的品牌设计理念,另一方面通过邀请他们制作口红、雕刻等方式,搜集建议和反馈。这种玩法也属于利基市场的玩法,主要是维护品牌与社区意见领袖的关系。大部分用户应该没有兴趣参与花西子的线下聚会活动,但乐于听见周边的意见领袖们分享他们参会的经验和体验。

这属于口碑营销、粉丝关系维护的一部分,包括参与中国国际时装周、花西子×盖娅传说等都属于口碑的宣传。

值得一提的是,在完成网络环境的布设后,花西子开始在新潮传媒大量投放电梯媒体广告,通过借力楼宇广告将品牌与口碑打进社区群体。纵观当前市场上的国潮品牌,除了通过明星、网红直播、小红书等平台进行线上营销种草外,还配合线下电梯广告渠道来打造品牌力。

3. "线上种草+线下投放"的品牌推广效果

作为一家以"东方彩妆、以花养妆"为定位的美妆品牌,花西子的成长总是离不开大趋势,可以说既是李佳琦等带货主播成就了花西子,也是花西子看准了眼下的销售契机,并且没有因为中高端的品牌定位而选择孤芳自赏。但除了李佳琦这样线上的"顶流"直播带货KOL,花西子同步狠抓线下流量入口,通过与新潮传媒的合作,覆盖全国范围内的新潮电梯智慧屏,深入多个层次的城市消费者生活场景——稳住一、二线城市消费者的品牌感知,下沉到三、四线城市曝光品牌。

从用户画像上看,新潮传媒投放的覆盖人群多以城市的新中产阶级,无论是在消费观、文化内涵还是在购买力上,都与花西子的受众高度契合。结合新潮传媒庞大的线下流量优

势,通过电梯智慧屏的高频强制曝光,抢占消费者在生活场景中的注意力。更重要的是这种多层次的消费覆盖面,弥补了李佳琦在线上"直播促销"场景,即通过价格优势打市场的不足。线下场景足够声量的曝光空间以及精准的新中产人群定位,让花西子能直击 Z 世代独特的消费痛点,有效塑造自身品牌。

总的来说,花西子深知自身定位,无论是价格还是广告投放等营销策略上都没有选择和头部品牌硬杠,而是通过中长尾的方式,在利基市场"缓慢"发力,取得了不错的品牌推广效果。

### ◇ 主要参考资料

[1] 佚名.4 年营收超 54 亿,花西子为何会成功? 这套全渠道营销模式值得借鉴[EB/OL].(2022-04-02)[2023-03-22]. https://m.163.com/dy/article/H3VCM2EB05389N3K.html.

[2] 佚名."花西子们"为什么要"线上+线下"营销结合?[EB/OL].(2021-03-29)[2023-03-22]. https://www.sohu.com/a/457808195_120807251.

### ◇ 思考与讨论

1. 花西子的市场推广采用了哪些促销策略?
2. 花西子的线上推广策略有何特点?
3. 作为一个主要定位为年轻人的美妆品牌,花西子为什么要"线上+线下"推广结合?
4. 花西子特别重视 KOL 的投放推广,请从市场环境、品牌定位、消费心理、品牌未来发展等多个角度谈谈你对该推广方式的认识。

## 案例 2　立马电动车国庆、中秋双节促销

对于商家来说,节日是重要的促销机会,特别是国庆、中秋这种重大节日,更是商家必须充分利用的好时机。商家往往都需要提前策划,周密准备,确保实现预期的促销目标。下面便是立马电动车的国庆、中秋双节促销方案。

1. 促销目的

(1) 以国庆节、中秋节为契机,通过策划一系列活动,进一步宣传企业的整体形象,提高企业的知名度和美誉度。

(2) 通过中秋、国庆 8 天长假,最大限度地提高人流量,提升人气,扩大专卖店的销售业绩。

2. 促销主题

举国欢庆七十年,"立马"派送九重礼。

3. 促销时间

2019 年 9 月 29 日—2019 年 10 月 8 日。

4. 促销活动内容设计

（1）一重礼：进店免费礼

无需购物，进店就有礼。活动期间内所有顾客凭宣传单页进店登记后均可免费领取精美礼品一份。促销说明：活动期间礼品发放数量限前30名进店的消费者（预计10天300个）。商家可自行选择礼物，商家在中秋前可用月饼代替礼物。

（2）二重礼：国庆特价礼

惊爆价，立马优悦车型2 000元/辆，立马200车型2 100元/辆（推出两款特价车，不参与其他礼品及服务活动），每天限购10辆。本数量仅供参考，商家可以根据自身情况自行申请。

（3）三重礼：中秋团圆礼（特价车除外）

月饼是中国人过中秋不可或缺的象征团圆的礼物，又因中秋在国庆之后，可以用月饼作为礼品，更显得贴近时节和氛围。立马商户可和一些超市和商店协商，购车时以月饼为礼物送出，到活动结束后再结账。也可由商户自己视情况而定。月饼档次不能太低，在利润范围内尽量保证月饼的档次。

（4）四重礼：购车豪华礼（特价车除外）

根据不同价位段的车型设置不同的礼品。售价越高，利润相对越大。针对购买高端车型的客户，在保证利润的范围内，送豪华大礼包。可由沙滩椅、购物篮、打气筒、防盗锁、头盔、电磁炉（商家自己购买）等自由组合成多个不同的大礼包。

① 高端价位车型，如公主马八代、立马喜运、追风马、劲悦、立马鸿运等，赠送豪华大礼包一份。礼品建议：沙滩椅、购物篮、打气筒、防盗锁、头盔、电磁炉。

② 中高端价位车型，如立马追梦、立马劲驰、公主马五代、双喜马、立马风锐、立马300、立马700等，赠送大礼包一份。礼品建议：沙滩椅、购物篮、打气筒、防盗锁、头盔。

③ 中端价位车型，如立马风行、立马A梦、阳光马三代、好运马二代、金鹰马等，礼品建议：购物篮、打气筒、防盗锁、头盔。

④ 中低端价位车型的礼品建议：打气筒、防盗锁、头盔。

（5）五重礼：中秋红包礼（代金券后附）

活动期间的每天上午10点和下午4点，准时派发中秋红包礼，红包面额50～200元不等，先到先得。

（6）六重礼：国庆现金礼（特价车除外）

活动期间凡购买正价车型的消费者凭购车收据即可领取现金单据一张。抓现金单据当日有效，已参与过抓现金活动的客户的单据由抓奖负责人注明"已抓奖，此单作废"字样。

（7）七重礼：折旧千元礼（特价车除外）

所有的电动车用户（不管是否为立马电动车用户），在活动期间凭身份证及旧车到专卖店购车享受以旧换新的优惠：旧电动车、旧摩托车均可以折成一定的金额，冲抵购车的费用，最高折扣可以无差额地直接换取一辆电动车（指定车型）。在利润范围内，也可为其赠送一些精美小礼品。

备注:消费者提供的旧车来源为正规渠道,否则不享受以旧换新优惠活动。

(8) 八重礼:抽奖惊喜礼

为庆祝新中国成立70周年,同时也为回馈广大消费者多年来对立马电动车的厚爱和支持,特地在国庆、中秋之际举行此次大型购车抽奖活动。

① 活动期间凡购车的消费者均可参加一次抽奖活动。

② 抽奖细则:

将编号1~6的乒乓球放在不透明的箱子里,抽完一个编号以后,再将此编号的球放入箱子里再抽,抽满6个为一组,即一次抽奖完成;每人只限抽一次;顾客抽奖时不得观看箱内,否则无效,不予兑换。

③ 本次抽奖活动共设置6个等级的奖励,具体设置如下所示:

Ⅰ. 特等奖为抽中6个6,共3个名额,可获得免费电动车一辆(指定车型)。

Ⅱ. 一等奖为抽中6个1,或6个2,或6个3,或6个4,或6个5,共9个名额,返还购车款75%。

Ⅲ. 二等奖为抽中5个相同数字,共15个名额,返还购车款60%。

Ⅳ. 三等奖为抽中4个相同数字,共30个名额,返还购车款40%。

Ⅴ. 四等奖为抽中3个相同数字,不限名额,沙滩椅一把。

Ⅵ. 五等奖为抽中2个相同数字,不限名额,购物篮一只。

(9) 九重礼:阳光服务礼(售后优惠服务卡后附)

凡是立马电动车的新老用户,在"双节"促销活动期间都可以来专卖店免费享受清洗、打蜡等维修保养服务,并可以收到价值50元的立马售后维修服务卡。活动期间,购车的消费者可享受:购车一个月内,出现任何非人为问题,商家无条件退还10%购车款。商家需登记购车日期、金额、车型、有效期等内容。

建议商户也可以根据需要做其他的服务项目,如凡在活动期间购车的消费者,可免费换一次大灯,终身免费换刹车线等在骑行过程中不易损坏的零部件的服务活动,以积聚人气和树立形象。

5. 前期活动宣传

(1) 发放彩页:可从活动前6~7天开始发放,一直延续到活动结束。先确定发放人员,对其进行必要的培训,使其能够正确理解活动的各项事宜,包括时间、地点、主题、优惠活动、有关促销礼品如何发放等信息。为使其宣传覆盖面广,信息传达精准有效,有条件的可进入小区、社区进行发放宣传。

(2) 海报宣传:在活动前7~8天,在人流量比较大的广场、街道、社区旁边张贴海报。海报内容应包括时间、地点,以及能够吸引消费者前往的促销礼品和活动内容。

(3) 电视媒体的滚动字幕预告:在活动前6~7天开始宣传至活动结束。这个宣传方式具有临时性和集中性,应在当地主流电视台和收视率较高的电视台做滚动字幕,以保证最广泛地传播信息。

(4) 演出宣传:活动期间,有条件的专卖店可组织路演,邀请演艺公司在专卖店门口组织文艺演出活动,以吸引人气,也可以自行组织演出。

(5) 电视广告:在活动前 6~7 天开始宣传,到活动结束。有条件的商户可以选择。它具有受众广、影响大、传播快等优势,也易于阐述活动内容。

(6) 新媒体宣传:充分利用微信公众号、短视频、短信等平台进行活动宣传。给老客户发送国庆、中秋相关活动信息,活动期间免费给老客户保养电动车,同时挖掘潜在的消费者。

(7) 结合当地的实际情况,也可以采取其他行之有效的方法来进行宣传。比如在活动期间可以播放露天电影,邀请腰鼓队、锣鼓队、卡通人模游街,电动车游街宣传,只要可以烘托国庆、中秋喜庆的气氛和达到广而告之的目的均可。

6. 终端布置

(1) 拱门、彩旗、地毯、吊旗、气球、易拉宝、花篮等传统方式都可以采用。气势一定要大,譬如多个拱门,一字排开等,才能够真正做出气氛。同时礼品的摆放也要有气势,堆头要大,给人感觉礼品很多,很值钱等。目的之一是吸引前来参观的顾客的注意,能够准确找到位置,另外对现场氛围的营造也是一个补充。

① 周边街区:邻近街道和市区主干道布标宣传。吊旗、条幅等设计制作以传统佳节中秋节及国庆节为主题,烘托喜庆的节日气氛。

② 店外:大门口上方悬挂大红灯笼。设计制作中秋节及国庆节的主题橱窗广告,增加节日的喜庆气氛。

③ 门外陈列标示企业 logo 的刀旗,门外设置大型拱门,店前设立大型主题展板一块,发布活动主题或张贴海报,门口用气球及花束装饰。海报由策划部提供设计模板,商家在做活动的时候自行组织填写和张贴。

④ 精心布置卖场环境,活动期间人流量比较大,应当针对此次活动做出相应调整,以整洁、宽敞为宜。尤其柜台必须醒目干净,布置大方得体。

⑤ 店内布置:门口设立明显标示企业 logo 的接待处,条件允许的话可以设立迎宾和导购小姐。设立导示系统,设立明显标示企业 logo 的指示牌。十一期间人员流动量大,店内相关区域应设立休息处,配备服务人员并进行礼品和宣传品的发放。店内相关位置设立业务宣传台,摆设相关礼品、宣传展示品,并提供咨询服务。

(2) 具体细节

① 礼品发放处放好笔及打印的表格,登记购买顾客的一些个人资料(姓名、工作单位、家庭住址、联系电话(发放礼物后邀请顾客填写),利于回访。

② 立马电动车的宣传资料,此次活动内容的单页等相关资料要准备充分。

③ 工作人员要求统一着装,避免较大人流时找不见自己人,造成不便。

④ 店内建议配备音响设施,但声音不宜过大,以免产生噪声。

7. 宣传费用预算

(1) 电视的广告费用:××元。

(2) 条幅的设计制作费用:××元。

(3) 吊旗和海报印刷费用：××元。
(4) 促销传单印刷费用：××元。
(5) 促销礼品费用：××元。
(6) 舞台租赁和搭建费用：××元。
(7) 报纸宣传费用：××元。
(8) 售后维修服务卡的制作费用：××元。
(9) 购物抓现金：××元。
(10) 代金券印刷费用：××元。
(11) 其他应急费用：××元。

8. 安全控制

促销活动中，安全是第一位的，一定要注意消费者和店面的安全。有一些活动容易引发消费者之间的争执，如送红包时，有的人很早就来排队，但是有的人来得晚却要插队，这种情况事前要有所安排，要有人维持秩序，保证活动井然有序进行。

### ◇ 主要参考资料

[1] 佚名. 中秋国庆双节促销活动方案[EB/OL]. (2022-10-24)[2023-03-05]. https://www.diyifanwen.com/fanwen/cehuashu/8840278.html.

### ◇ 思考与讨论

1. 案例中包含了哪些促销方式？
2. 案例中应用了哪些销售促进方式？
3. 案例中的企业应如何进行销售促进的控制？
4. 以"元旦"为促销时机，请为某中型超市制定一份促销方案，要求内容完整，措施具体，操作性强。

## 案例3　胖东来的公共关系营造

### ◇ 案例介绍

胖东来于1995年创立于河南许昌，经过20余年的发展，胖东来已成为国内零售界具有很高知名度和美誉度的商业标杆。其创始人于东来更是以"爱的布道者"的身份成为业界顶礼膜拜的人物。无论是业内人士还是行业外人员，第一次去胖东来都产生震撼之感，无法想象在中原小城能有一个在一线城市也不多见的这么好的超市，去过胖东来的人都会对它留下深刻印象。

胖东来在业界一直是像神一样的存在，小米董事长雷军2018年前往胖东来参观后在社交平台发文：胖东来是中国零售业神一般的存在，因此我特意来到胖东来时代广场，朝圣学习。马云对胖东来的评价是：胖东来是一面镜子，可以照出其他企业的不足。中国连锁经营协会专职会长郭戈平参观完胖东来后说：这绝对是中国最好的店！

公共关系的目的是使公众与企业建立良好的关系,为企业长远发展建立良好的外部环境。毫无疑问,胖东来在这方面做得非常不错,胖东来到底是如何获得业内外交口称赞和高度评价的?也许,我们可以从其经营逻辑及危机处理等方面获得一些启示。

1. 胖东来的经营逻辑

(1) "爱"在胖东来——对员工尊重与关爱

胖东来的商业精髓就是把最高的工资给最优秀的员工,然后最优秀的员工才能创造出最大的价值。胖东来给员工的工资是同行的三倍水平,这样员工就可以过上体面的生活。胖东来对员工的健康关注也是细致入微的,允许员工上班时间坐着休息,这在业内也是不多见的,这样做可以避免员工静脉曲张,而每周二闭店的行为更是让员工得到充分的休息。

作为城市的商业中心,我们通常认为那里必定寸土寸金,而在胖东来商场顶楼却预留出整整一层空间给员工作为娱乐中心使用,方便员工在工作之余来这里休闲放松。同时公司规定,所有中高层干部每周上班40小时,无论商场有多忙,抑或是节假日都不例外。他又规定,公司中高层以上干部下班以后在商场被逮到罚款5 000元,手机接通一次罚款200元。而在绝大部分企业中都规定员工手机全天待机,并做出一次未接通罚款50元的规定,这样的规定着实伤害员工的工作积极性。

另外还有充满人文关怀的规定,每周员工要和父母一块吃一次饭,每月还得和家人一块出去旅游,员工每年还能有20天的调休假期,让员工除了工作,有更多的闲暇时间玩乐,这样的好处就是让员工工作更高效,生活丰富多彩,让员工真正感到快乐的真谛!

(2) "舍"在胖东来——对客户用"吃亏"换真心

胖东来创始人于东来在创业之初带着"比别人价格便宜点,比别人服务态度好一点"的朴素经营理念开启了自己的创业之路。胖东来的优质服务则可以看作一种变相的补贴,既是对广大消费者的感恩和回馈,同时也成了吸引消费者的强大武器。它的优质服务可以归为以下6类。

① 不满意就退货

在胖东来所有的服务里,"不满意就退货"是胖东来服务营销的一大特色。早在1995年企业成立之初,在假货充斥、市场竞争激烈的情况下,胖东来就提出"用真品换真心"的经营理念,1999年提出"不满意就退货",自此形成了完整的"用真品换真心、不满意就退货"的服务营销理念。

秉承一切以顾客为中心、以顾客满意为出发点的原则,胖东来的"不满意就退货"就是无理由退货、无条件退货。不管消费者是对在胖东来购买的商品的颜色、款式、质地、价格等商品特征不满意,还是仅仅出于自身原因,商品售出三天内退货,胖东来不问原因马上办理。

② 理性消费

胖东来不鼓励顾客大手大脚地花钱,而是倡导理性消费。近年来,它减少甚至几乎停止了各种促销活动,以免顾客盲目购买打折物品。在胖东来的珠宝柜台上方有一则温馨提示:"理性消费更幸福。"下方用小字注明:"胖东来提醒大家根据自己的经济情况,理性选择,不要承担不必要的经济负担,把钱用在更实用的地方。"

③ 补退差价

胖东来另外一项深得民心的承诺是"7日内商品正常调价,给予退差价"。之前,由于国际金价暴跌,在胖东来购买黄金饰品的顾客就享受了这个政策,纷纷前来补领差价。

④ 免费服务

胖东来建立了较为完善的售前、售中、售后服务体系,服务项目多达上百项,而售后服务就有18项免费,如免费存车、免费打气、免费提供修车工具、免费存包、免费给手机充电、免费送货、免费维修、免费干洗、免费熨烫、免费锁边、免费修鞋等。不管顾客在哪里购物,车子可以免费存在胖东来;不管顾客在哪里买的衣服鞋子,拿到胖东来免费熨烫、锁边、修补,一律来者不拒。

⑤ 投诉奖励

对于顾客的投诉,胖东来不仅不反感,而且还鼓励和奖励,为此专门设立一个500元的顾客投诉奖:经当天的值班经理核实确认,发给顾客500元投诉奖励。

⑥ 缺货登记

凡是顾客在胖东来有买不到的商品或者紧急需要,可以拨打急购热线。胖东来负责在全国进行信息查询,尽快采购货品,哪怕去对手店里买,也不要让顾客失望。曾有一位顾客为家中病人急购四两荞麦面做药引子,在各处没有买到,就在胖东来进行了缺货登记,后来胖东来派专人采购了荞麦面,交到顾客手里,解了顾客之急。

(3)"赢"在胖东来——对供应商诚信共赢

胖东来商品销售量大,供应商对其非常重视,而且胖东来从来不以自己的销量为筹码来压榨供应商,如此一来,供应商则更加乐意与之建立长期稳定的关系。胖东来商品流通速度提升给供应商创造了大量市场需求,让供应商有稳定的订单,能够合理地组织生产,其生产成本也会相应下降,并适当有条件地向胖东来让利。

胖东来与供应商建立了有明确规则的财务结算体系,使供应商彻底清除了被拖欠货款的隐忧,和供应商互利共赢,形成了良性、互信的购销体系,从而让胖东来的供应链极为稳固。

胖东来不仅与商品供应商形成紧密的互惠共赢的关系,与新店装修的工程、设备等供应商也形成了良好的共赢关系。每个新店的门口都会悬挂一个供应商名录,在名录中既有每个模块装修设备对应的厂家,也有厂家的联系人及联系电话。这样,胖东来既帮助厂家进行了推广宣传,无形中也让厂家有意愿将该店的设备装修做得更好以成为样板。对于一般的企业也许不会轻易将使用的设备厂家公开给同行和竞争对手,这从另一个侧面也体现了胖东来的开放、分享精神以及引领整个行业的自信。

(4)"美"在胖东来——用工匠精神打造"美学生活馆"

在零售行业内,胖东来是第一家把零售业当作一种美学来经营,并把商品当作艺术品来对待的企业。与其他竞争对手开疆拓土不同,胖东来把主要精力放在对顾客购物环境的升级改造上。出于对顾客购物更加轻松便捷的人性化方面的考虑,在收银台、生鲜水果区和存包区增设了大量新型设备。胖东来还对商品摆放层列进行了全方位的重新审视和充分完善,极大地迎合了不同消费者的需求和习惯。胖东来努力把商场做成商品的博物馆和商业的卢浮宫,每一处场景都经过精心设计和匠心打造,让每一位顾客都享受到这里浓郁的艺术之美和商业之美。

2. 胖东来的危机公关

2023年6月30日,胖东来登上热搜榜。原因是前不久一名顾客在店内与员工发生争执的视频引发舆论,舆论发生后,胖东来立即组织相关人员对该事件进行调查,并发布了一份长达8页的调查报告,就是这8页的调查报告登上了热搜榜第一。原来是这名顾客在河南许昌的胖东来内与员工发生争执,准确地说是顾客斥责员工,员工并没有与顾客争吵。

就在6月29日晚,胖东来官方发布了一份长达8页的调查报告,详细交代了事情经过,并公布了处理结果。重点就是这8页的调查报告,放在整个国内公关界都几乎是独一份的。据悉,报告分为六大部分,主要包括两次调查结果、问题分析及整改、处理结果,以及对两次调查出现偏差的分析与处理。该事件中,胖东来的处理方式也值得品味,对涉事员工有奖有惩,维护了顾客的权益,也保护了员工的人格与尊严。

报告显示,胖东来给顾客发放了500元的服务投诉奖(顾客坚决拒绝了),客服负责人和门店店长携带礼品上门道歉;给予涉事员工5 000元的精神补偿;现场劝解员工奖励500元礼品;两次调查出现较大偏差,对全部管理人员降级3个月。

这份报告内容极其详尽,处理又充满人性化,这在企业公关史上也是少有的案例,堪称公关届的"天花板"。起因是一件小事,胖东来却看成了大事。

6月19日,胖东来员工在称重时遭到顾客的指责。后来有人录了视频发到了短视频平台,20日早上胖东来客服负责人恰好看到了这条短视频。从短视频的内容看,顾客全程在呵斥一名男员工,言辞激烈,包含伤人话语以及手部直指动作。期间该员工低头没有发声,旁边有其他员工劝阻。20日当天,胖东来就对此事展开了调查。调查参与人员包括超市客服负责人、超市管理层和相关员工。

其实这个视频的内容就埋下了一个隐患,导致第一次调查结果出现了偏差。

第一次调查结果将争执的起因归结于顾客,通过视频以及现场沟通,胖东来形成了第一次调查结果。

据涉事员工陈述,当天有顾客拿着自选商品要求该员工进行折价,该员工解释:"自行挑选的商品不做折价,可到称重台正常称重。"后来该员工要对折价商品封装后进行称重,但还未称重就被哄抢,该员工称无法制止,所以只能选择离开称重台(离开了大概6分钟)。而就是这一次离开,引发了当事顾客的呵斥指责。胖东来认为顾客生气是因为等待时间过长。当事顾客在该员工返回称重台时,情绪十分激动,再次要求将其挑选的商品折价称重。

这就是第一次的调查结果,可以看出将争执的起因归结于顾客。但这其实是与事实有所出入的。

鉴于第一次调查结果,当时对涉事员工是从轻处理的。其实也很容易理解,从看到员工被顾客指责、谩骂的视频,再加上员工的表述,管理层的判断也合乎常理。最终的处理结果是给涉事员工发了500元委屈奖,惩罚上只是扣了50分的员工积分。值得注意的是,第一次处理结果中并没有提及顾客,更没有道歉。由此可以看出,当时管理层判断:员工更多是受害者,顾客对员工造成了伤害。

但很快事情就出现了转折。第二次调查结果,争吵的主因不再是顾客,变成了员工。6月24日,胖东来公开了第二次的调查结果。

这次调查结果的最大差异就是员工返回称重台时,顾客没有要求再次对商品折价。第一次调查认为是顾客被两次拒绝折价加等待时间过长而生气,其中很明显,顾客要求正品商品折价是不合理的,这也是当时管理层偏向员工的原因。而事实上,顾客并没有再次要求折价,仅仅是因为员工自行离开、等待时间过长而引发情绪。这样事情的起因就变成了员工服务的不到位,胖东来对顾客遭遇的不快购物经历显然是有责任的。

所以,胖东来调整了处理结果,其中增加了对顾客的现金补偿以及管理层的登门道歉。此外,第一次处理结果中给涉事员工的500元委屈奖也上涨到5 000元。胖东来表示,虽然员工服务违纪,但顾客可以通过投诉渠道反馈,理性解决问题,不能当众大声呵斥指责,这是伤害人格以及尊严的严重行为。另外,由于管理层在处理中没能做到严谨,胖东来也对其做出惩罚:经投票决定,对管理层人员全部降级3个月。

3. 胖东来的爱心奉献

胖东来相信:爱心是最好的品牌。作为一个只在河南许昌市和新乡市营业的零售企业,胖东来以行动一直践行着高度的社会责任感,截至2021年,胖东来累计捐款7 800余万元:2003年非典时期,捐款800万元。2008年组织员工前往汶川地震灾区救援,捐款捐物近1 000万元;2020年,新冠疫情发生后,胖东来第一时间联系政府捐赠5 000万元。2021年为河南灾情捐款1 000万元,并组织200多名员工前往前线参与救灾。在这些爱心奉献中,特别值得一提的是2020年的新冠疫情捐款,在当时一些捐款的企业当中,不乏阿里巴巴、贵州茅台、腾讯、百度、恒大等知名企业。相对于这些知名企业,胖东来显得无名,但就是这样一个在河南许昌四线城市的零售企业,捐款竟然达到了5 000万元,在国家和人民需要的时候,毫不犹豫地挺身而出,奉献自己的力量,让人们不禁为之点赞。另外,疫情防控期间,为了稳定员工,让员工安心上班,消除后顾之忧,胖东来承诺:凡是参与本次抗击疫情、坚守岗位、造成牺牲的人员,只要公司存在,公司至少补偿200万元;对于因疫情暂时歇业的部门员工,正常发放生活工资。

◇ **主要参考资料**

[1] 佚名. 胖东来:经营背后的逻辑[EB/OL]. (2020-04-04)[2023-08-01]. https://www.sohu.com/a/385533902_120644411.

[2] 佚名. 胖东来成功背后的五大秘诀[EB/OL]. (2020-03-29)[2023-08-01]. https://zhuanlan.zhihu.com/p/120314511.

[3] 雨辰. 胖东来的8页顾客员工争执调查报告,堪称公关回应天花板[EB/OL]. (2023-07-01)[2023-08-01]. https://finance.sina.com.cn/stock/roll/2023-07-01/doc-imyzeqqh9915058.shtml.

[4] 最人物.捐款7800万的于东来,活该发财[EB/OL].(2021-08-03)[2023-08-01]. https://www.thepaper.cn/newsDetail_forward_13852911.

## ◇ 思考与讨论

1. 请指出案例中胖东来公共关系的对象包含哪些公众。
2. 结合案例分析胖东来分别采取了哪些方式来建立与各类公众的良好关系。
3. 结合"5S"原则对胖东来的危机公关处理进行分析和评价。
4. 结合个人形象塑造和职业发展,谈谈你从该案例中获得的启示。

## 案例4 一次成功的热水器推销

### ◇ 案例介绍

这是一个关于热水器的推销成功案例,卖方为海信热水器贵阳某专卖店销售导购,顾客是一名40岁左右的女士,购买时间为"双十一",以下是推销全过程:

(中午,一位40岁左右的女士刚从隔壁厨卫店出来,我便赶紧迎上去。)

我:女士,您好,今天想看什么电器?

女顾客:想看看热水器。

我:哦,家里是新装修呢还是换装?

女顾客:新装修。

我:我们海信热水器有电热水器和燃气热水器(手势示意,女士顺着我的手势看过去)。

女顾客:海信?海信也有热水器啊?

我:是的,海信是专业做家电51年的品牌,不仅有油烟机、燃气灶、消毒柜、热水器,还有这边您看,整机欧洲原装进口的洗碗机和蒸烤一体机等,就连现在贵阳地铁后台控制系统也是海信的,很多大超市的收银系统也是海信的。您这套新房是一厨一卫还是一厨两卫呢?

女顾客:一厨两卫。

我:我想请问下通天然气了吗?

女顾客:通了。

我:那我就推荐您这款16 L的零冷水燃气热水器,只需要买一台,家里所有的热水都解决了。

这是即热式的,不用等烧水,不限人数不限时间,没有冷水段,想洗澡打开花洒就可以洗。像您家一厨两卫,多个用水点同时开启都有热水使用,不会像电热水器,如果厨房用水,这边洗澡水就会变凉,特别是大冬天的,使用感受很差。

而且今天又是"双十一",线上线下同款同价,全国活动到晚上12点前,您可以享受这个秒杀价,这是今年最优惠的价格,限时限量的,先定先得。

女顾客:有朋友说这种有时候用着用着水会变烫。

我:是的,以前的热水器恒温技术没有现在的先进,关水后再开,水会变烫,有时候又会忽冷忽热的。像我们这款零冷水的恒温效果就很好，我卖出去很多台，反馈都说好，洗澡很给力，长时间洗澡水温也没有变化，非常舒服。它的技术原理就是通过对进水、进气、风的精准控制来实现水温的恒定，控水方面用了水流量传感器和记忆合金这两种装置，而普通低端的热水器为了节约成本只会用水流量传感器，不会用记忆合金。控气用的是燃气比例阀，燃气比例阀可以根据需要的水温精准地分配需要的燃气量。同时里面还有一个转速为4050转的直流变频风机，和低端机用的定速风机相比，变频风机的动力强劲，可以充分地供给燃烧需要的空气。

另外，这款还带有旁通混水技术，可以保证出水温度恒定，不会忽冷忽热。所以出水温差可以做到±0.3 ℃，一般人体能够轻微感知的温度变化是5 ℃左右，所以±0.3 ℃这个恒温效果是非常优秀的。

女顾客：质量怎么样？

我：您可以看到，外面的面板工艺非常的考究，质地非常的精良，钛空金的颜色也有档次。内部的水箱是无氧铜的，纯度99.96%，目前市面上水箱的主流材质都是无氧铜，因为它的导热性好，导热性好出热水速度才更快，而市面上有些品牌水箱用的是不锈钢，不锈钢导热性没有无氧铜好，无氧铜导热性是不锈钢的23倍。不是这些品牌不愿用无氧铜，而是他们没有长期合作稳定的供应商可以提供高纯度的无氧铜，无氧铜纯度不够就容易被腐蚀，使用寿命就会受影响，所以只能被动选择不锈钢。另外这款还带磁净化吸附、银离子杀菌和铜质进水口防垢等五重净水技术，出水非常的卫生健康，不会堵塞皮肤毛孔。

女顾客看了看机身显示面板，于是我就把电源插上简单地进行演示。

我：洗澡前，可以先打开零冷水这个功能，里面的循环泵就会抽取水管中的冷水进行加热，大约2~3分钟，打开花洒就有热水用了，不会像以前的机器，打开花洒还要放掉很多冷水才有热水出来，非常的费水。当然，如果不想用这个功能也可以不开启。另外这款还带智能变升的功能，它可以根据季节变化、水压变化、用水习惯不同，自动设置水流量大小，实现出水升数的变化，不需手动操作，非常贴心，低端的机器就需要手动操作才能调节升数。

女顾客：机器一般安装在哪里？

我：厨房和生活阳台，通风好点的地方，像浴室和地下室等密闭空间是严禁安装的。

女顾客：安装的管路怎么走呢？

我：这个您不用担心，产品包装箱里有一个H阀，不需要修改水管线路就可以安装，我们在很多小区都安装过，安装师傅会根据您家的具体情况去安装。

女顾客：这个价格我还是觉得有点高。

我：姐，今天是"双十一"的活动价，已经是全年最低，而原价比这个高好几百。您想，您买一台燃热就可以解决家里所有用水问题，买电热还得买两台，使用效果还没这个好，而且烧气的费用比用电低得多。一般来说，一立方天然气产生的热量大约为10度电产生的热量，按照目前的平均气价3元，平均电价0.6元来算，烧气的钱只为用电的一半，虽然先期投入高点，但后期使用费用低啊。

女顾客：售后是怎样的？

我：这款机器包修3年，注意我们是包修不是保修，也就是后期有任何问题都是免费维修的，有些品牌是保修，也就是免上门维修费不免材料费。

女顾客：包安装吗？

我：当然，您是现金还是刷卡？

女顾客：刷卡吧。

到此，该顾客交付货款完成了交易，该导购完成了一次成功的推销。

◇ **主要参考资料**

［1］杨路总，万霞. 海信热水器销售案例：没有完美产品，只有完美销售！［Z］. 微信公众号"洗碗机知识能量卡"，2020－11－11.

◇ **思考与讨论**

1. 案例中的推销是属于哪种形式的推销？
2. 案例中导购运用了哪些推销技巧？
3. 案例中反映出推销方式的哪些特点？
4. 结合案例讨论推销人员在推销实践中如何消除顾客异议。

# 第十五章 15

## 市场营销管理

◎ **学习目标：**

1. 了解营销管理的含义及内容；
2. 了解市场营销计划的内容；
3. 了解市场营销组织的方式；
4. 了解市场营销控制的方法。

◎ **案例分析：**

案例1先介绍了永辉超市适应新时代的"科技永辉、数字赋能"十年规划，接着阐述了永辉超市为实现这一规划围绕商品品质、客户服务、商业效率所采取的具体措施，然后通过分析深化学生对市场营销计划的认识和理解。

案例2主要阐述了海底捞的员工管理模式，通过分析加深学生对营销管理内容及具体方式的理解。

案例3主要阐述了娃哈哈对分销渠道管理中"窜货"这一顽疾的控制方法，详细介绍了其控制市场的"十把利剑"，通过分析强化学生对市场营销控制方法的理解与掌握。

## 一、知识要点

1. 营销管理是指企业为实现经营目标,对建立、发展、完善与目标顾客的交换关系的营销方案所进行的分析、设计、实施与控制。营销管理是企业规划和实施营销理念,制定市场营销方案以满足目标顾客需求和企业利益而创造交换机会的动态、系统的管理过程。

2. 市场营销计划是指在对企业市场营销环境进行调研分析的基础上,制定企业及各业务单位的营销目标以及实现这一目标所应采取的策略、措施和步骤的明确规定和详细说明。市场营销计划一般包含六方面的内容:(1) 提要或概述;(2) 现状与分析,包含项目背景、优势、劣势、机会和威胁、问题与战略方向;(3) 确定目标;(4) 选择营销战略,包括确定目标市场、定位、营销组合;(5) 制定执行方案;(6) 过程控制。

3. 市场营销组织是企业为了实现经营目标,发挥市场营销职能,由从事市场营销活动的各个部门及其人员所构成的一个有机体系,是制订、实施营销计划的职能部门。健全有效的营销组织是实现企业营销目标的可靠保证。由于互联网产生而带来的速度、效率和不确定性,使得传统的营销组织必须变革,才能适应新的市场营销环境。

4. 市场营销控制是指市场营销管理者经常检查市场营销计划的执行情况,看看计划与实际是否一致,如果不一致或没有完成计划,就要找出原因所在,并采取适当措施和正确行动,以保证市场营销计划的完成。市场营销控制通常采用4种方法:年度计划控制、盈利能力控制、效率控制和战略控制。

5. 企业在营销管理过程中应重视人性要素,建立以充分挖掘人的潜能为己任的管理模式。具体内容可以包含很多要素,如对员工的尊重,给予员工充分的物质激励和精神激励,给员工提供各种成长与发展机会,注重企业与个人的双赢战略,帮助员工制订生涯规划,等等。

## 二、案例分析

### 案例1 永辉超市新十年规划

◇ 案例介绍

永辉超市成立于2001年,2010年在A股上市,是中国企业500强之一,是国家级"流通"及"农业产业化"双龙头企业。永辉超市是中国首批将生鲜农产品引进现代超市的流通企业之一,被国家七部委誉为中国"农改超"推广的典范,通过农超对接,以生鲜特色经营及物美价廉的商品受到百姓认可,被誉为"民生超市、百姓永辉"。

1. 新十年规划背景

2021年8月27日,永辉超市发布2021年半年报。上半年,永辉营业收入为468.27亿元,相较2020年同期疫情影响下的高基数下降7.3%,而归母净利润则同比由盈转亏。在激烈的市场竞争下,永辉经营层面正呈现逐季好转,稳步恢复态势。据财报显示,2021年第二季度,永辉营收下降速度已经趋缓。2021年7月,永辉营收同比增速已回升至9.4%。尤其在福州地区,永辉7月营收同店同比增长16.8%,日均客流同比增长28.4%,正重新走上稳健增长的轨道。

与此同时,永辉线上业务表现亮眼,全渠道转型推进顺利。2021年上半年,永辉线上销售额达68.1亿元,同比增长49.3%,在主营收入中占比增至14.1%。截至2021年6月底,"永辉生活"app已覆盖近千家门店,会员数达7 220万户。

面对高度竞争的市场环境,永辉也在积极进行业态升级改造,在存量中做增量。2021年5月,永辉超市在福州开设了全国首家定位民生的仓储店。截至2021年6月底,永辉在全国改店开业的仓储店为20家。报告期内,仓储店销售额同比增长139%,单店日均客流同比增长136%,仓储店的亮眼表现正是永辉在新的市场环境下,以供应链建设及科技中台打造为核心驱动力,推进"科技永辉、数字赋能"战略的一大注脚。

永辉方面表示,下一个十年公司将全面推进"科技永辉、数字赋能"战略落地。今年下半年,公司将继续推进全渠道业务的战略转型,重点布局供应链的数字化、门店的数字化发展。同时,永辉将继续围绕商品品质、客户服务、商业效率三要素,加大科技投入,努力实现"坪效、人效、品效"三大提升,成为一个更受消费者喜爱的科技零售企业。

2. "科技永辉"棋至中盘,加速推进全渠道战略转型

在线上线下新业态兴起,人口结构和消费习惯变化等多重因素影响下,实体零售走到了机遇和挑战并存的十字路口。市场环境倒逼之下,零售企业如何突围?作为国内领先的科技零售企业,永辉很早便开始发力建设"科技永辉"。在高度竞争的市场环境下,永辉更是以"科技永辉、数字赋能"为战略指引,开展了一系列变革创新,谋求新增长。

据透露,2021年上半年,永辉科技投入近3亿元。截至2021年6月底,永辉科技人员已超千名。作为"科技永辉"的排头兵,永辉科技秉承"科技紧贴业务,关注价值产出"的原则,全力通过科技永辉中台系统建设赋能业务系统智能化,为公司的全渠道数字化经营夯实底层基础。科技助力之下,永辉线上业务增长迅速。

2021年上半年,永辉线上业务亮眼的表现,前文已述及,此处不再重复。

同时,得益于科技永辉中台系统的赋能,永辉仓储店"三仓合一"的快速试验也得以顺利展开。据悉,永辉仓储店通过"卖场、仓库、到家仓"的三仓合一,有效简化了内部运营成本,极大提升了到家业务的商品丰富度、拣货效率,降低了缺货率,同时把后场用工释放到前场,实现工作效率最大化。"三仓合一"的方式,有效实现了卖场"人货场"的升级重塑,也带动了永辉仓储店客流的爆发式增长。事实上,伴随着永辉对仓储店这一新业态探索的逐步深入,永辉仓储店所蕴含的势能也在加速释放。

3. 以供应链、科技为基点,深挖食品安全护城河

值得注意的是,在关乎百姓民生的食品安全方面,永辉也在持续发力。2021年上半年,得益于"供应链食安、门店端食安、数字化食安"的稳定运行与发展,永辉食品安全体系建设持续深化。

目前，永辉已建立起覆盖采购、生产、加工、运输、销售等各个环节的全维度食品安全管理闭环。譬如，在采购端，永辉通过源头直采的方式，深入田间地头，实现了对产品种植生产及采买运输的全程管控。以生鲜为例，永辉通过加强长半径商品的属地化运作、搭建生鲜自有平台"富平供应链"，有效提高了源头直采渗透率，推动了农副产品源头的标准化发展，有效提高了对商品品质及安全的把控能力。

在运输端，永辉则建立起覆盖全国29个省市的物流中心。财报显示，2021年上半年，永辉物流中心配送作业额达279.81亿元。食品安全检测方面，永辉下设检测站254个，2021年上半年，永辉累计检测食用农产品超48万批次，农药残留、兽药残留问题得到有效控制。

近年来，在"科技永辉、数字赋能"的战略指导下，永辉也在积极运用数字技术保障"舌尖上的安全"。据悉，通过自主研发的食品安全云网，永辉打造了一套"全程以信息化云技术系统为基础，以供应链食品安全管控为优先，以商品安全溯源为目标"的食品安全云网系统。该系统在产地端、流通端、销售端等多个端口均设置了食品安全监控体系，能够在各个环节进行商品抽检并同步数据，实现食品安全检测追溯体系的全程可视化。此外，永辉还打造了"一品一码"商品溯源系统。消费者仅需扫描商品外包装上的二维码，即可了解商品的生产信息、物流信息、销售信息等。

4."科技永辉，数字赋能"战略成效

通过源头直采、供应链护航、科技赋能多管齐下，永辉食品安全的底盘愈发牢固。而与此同时，永辉的全国化布局也加速展开。财报显示，2021年上半年，永辉新开超市门店28家。截至2021年6月底，永辉全国门店数达1 026家，覆盖全国29个省份、585个城市，经营面积超过800万平方米，位居行业前列。

2021年8月初，永辉发布了一则高管聘任公告——聘任原首席技术官(CTO)李松峰为公司首席执行官(CEO)，以更好地牵头建立技术驱动运营的组织体系，带领公司迈向科技永辉。据悉，新任CEO上任以来，永辉正以福州为试点重点推进"三个30%"的落地，即：通过数据治理结合业务治理，为用户提供更精简、更匹配、价格更实惠的SKU，更优质的服务，引入及积攒流量，提高转化和复购，实现坪效提升30%；通过店仓的融合、精细化及智能化的采购、交易、履约等各环节运作，实现人效提升30%；以达成端到端可视化、依托大数据和物联网，持续打造智能供应链，优化品类结构、降低库存缺货率、降低库存周转天数，实现品效提升30%。

一个提质增效的科技永辉正浮出水面。

◇ 主要参考资料

[1] 佚名.永辉新十年规划：全面推进"科技永辉、数字赋能"战略[EB/OL].(2021-08-27)[2023-04-22].https://www.yonghui.com.cn/show? Id=75713.

[2] 佚名.走进永辉[EB/OL].(2022-08-22)[2023-04-22].https://www.yonghui.com.cn/about/gsjj/.

◇ 思考与讨论

1. 永辉的"十年规划"体现了营销管理的哪些内容？

2. 永辉的营销计划有何特点？
3. 永辉采取了哪些措施以确保营销计划的实现？

## 案例 2　海底捞的员工管理

◇ **案例介绍**

海底捞成立于1994年，以四川麻辣火锅起步，通过不断扩张，在北京、上海、郑州、西安、天津、杭州、简阳等城市都有连锁门店，现已成为中国第一大火锅餐饮品牌，还享有中国最为人称道的服务口碑。海底捞始终秉承"服务至上、顾客至上"的理念，以创新为核心，改变传统的标准化、单一化的服务，提倡个性化的特色服务，将用心服务作为基本理念，致力于为顾客提供"贴心、温心、舒心"的服务；在管理上，倡导"双手改变命运"的价值观，为员工创建公平公正的工作环境，实施人性化和亲情化的管理模式，提升员工价值。

1. 员工管理理念

海底捞贯彻"以员工幸福度为核心"的管理理念。首先，给员工的孩子提供免费入学机会，每月提供一定的补助费给员工家里的老人。这样使员工不再操心家事，让员工能静心工作，极大地提高了员工的满意度，减少了员工流失率。其次，提供廉价的且离上班较近的公寓楼及免费的集体食堂等。这样使得员工的幸福度得到了大大的提高，员工在工作上的热情度也随之提高了。

2. 员工招聘、激励与考核

(1) 注重员工的招聘条件和技能培训

对服务意识、客户导向、头脑敏锐的人才非常重视，并采取一系列行之有效的行动和措施培训新来员工，使其快速了解公司章程和制度规定。如在工作之前，便妥善安排好培训时间，联系好培训老师，确定好培训人员。井然有序地展开工作技能训练，还会安排一些简单测验来考核实际培训的效果。

(2) 无处不在的激励措施

薪酬福利计划、公平晋升机制、奖励表彰措施等等，这些无处不在的激励措施，让员工们乐于投入工作中，也情愿为了自己未来长久的发展而去争取一些机会。员工看到自己的努力得到了回报，同时也得到了大家的认可，幸福感逐渐增强，积极主动的进取信心也随之增加。

(3) 较高的薪酬发放，优厚的福利待遇，额外的奖金制度

海底捞薪酬在行业中处于领先水平，在同行中属于中等偏上水平，员工的平均工资高出同行业平均水平10%～20%。在基本薪酬的基础上，还会为所有表现良好的员工发放特殊的奖励工资，以此来保持长久稳定的雇佣关系。员工强烈的归属感不仅源于此，更源于良好的福利待遇，比如还实行带薪休假、为员工购买保险及节假日发放礼品等制度。

(4) 绩效考核管理体系的规范化

公司不是直接对经理人员的营业额进行考核,而首先是对所有工作人员的相应工作进行量化检查。这种特殊又间接的考核方式,大大加强了员工们和管理者的意见交流。此外,员工们的幸福度以及消费者的满意度也是考核工作的重中之重。只有员工们感到幸福的前提下,才会赢得越来越多的客流量;也只有顾客满意了,生意才会越来越好。

(5) 公平公正的晋升制度,真切的职业关怀

海底捞只有财务和采购人员是从外部招聘,其他员工都是从服务员等最底层的工作做起。公司实行了一套公平公正的晋升制度,让每个员工都有机会得到提拔。这也激发了员工在工作上的激情和信心,只要实习管理者在其各方面考核都比较优秀,赢得大多数员工的赞同与肯定,实习合格之后便可以晋升并正式任职。

3. 员工工作环境营造

(1) 适度的授权,充分的信任,积极的主观能动性

海底捞对员工实行了授权制度。每一个员工都可以自行决定一些在顾客需求方面的问题,员工认为有必要时,甚至有免单权,而这种权力在其他餐饮企业只有门店经理才享有。适度的授权是对员工充分信任的表现。员工得到重视,自然也会在工作中积极表现,充分调动主观能动性,使企业的不足之处得到改善,服务也变得更加优质。

(2) 舒适宽松的工作环境,自我价值易实现

海底捞倡导人生而平等的价值观。海底捞鼓励员工在工作中的创新,充分调动主人翁意识。若员工所提出来的意见,通过会议讨论之后,得到一致肯定与赞同时,员工所创造出来的价值,不仅可以其名字命名,还会得到奖金和技术研究费用的支持。如包丹袋事例,是一个名叫包丹的员工在服务时,发现并向公司提出为顾客准备装手机的小塑料的意见,以免手机被溅湿。得到采纳之后,此项服务产品便以她的名字命名了。

企业通常量化考核管理层的指标是利润、收入等,而海底捞则是考核顾客满意度和员工幸福度两个指标。普通餐饮店的服务往往变现为顾客就餐时的主动续接饮品,提供制作精美的菜单,及时更换干净的餐具等形式,而海底捞的服务更加注重顾客情感上的满足和用餐体验上的愉悦,还注重对员工的培养呵护。海底捞的服务脱离了那种最低层次的服务范畴,带来了情感上的服务延伸,给企业创造了更高的价值。海底捞的人性化管理模式给其他餐饮业树立了很好的榜样,带来了很多启示。

## ◇ 主要参考资料

[1] 佚名.品牌故事[EB/OL].[2023-04-01]. https://www.haidilao.com/about/culture.

[2] 佚名.海底捞的逆天管理模式是什么样的[EB/OL].(2018-08-20)[2023-04-08]. https://www.163.com/dy/article/DPLAK7II0518W7O9.html.

[3] 吴在群.从"海底捞"的服务营销与经营管理中获得的经验启示[J].东方企业文化,2015(16):52,54.

## ◇ 思考与讨论

1. 总结海底捞员工管理的主要内容。

2. 海底捞的员工管理模式对其"极致服务"的打造起到何种作用？

3. 目前餐饮企业中"90后"以及"00后"年轻人的比例越来越高，你认为这种员工结构给海底捞等餐饮企业的员工管理带来哪些挑战？

## 案例3　娃哈哈的分销渠道控制

◇ **案例介绍**

杭州娃哈哈集团有限公司创建于1987年，是中国最大、全球第五的食品饮料生产企业。在销售收入、利润、利税等指标上已连续11年位居中国饮料行业首位，是中国最大、效益最好、最具发展潜力的食品饮料企业。娃哈哈的每一个产品都没有高的技术含量，不存在技术壁垒，但娃哈哈却步步领先，一枝独秀，为何？这与其牢不可破的分销网络是密切相关的，而分销是企业最难控制和管理的内容，特别是其中的窜货问题。这是所有企业面临的共同难题，被称为分销渠道的一个"顽疾"。娃哈哈曾经出现过严重的窜货现象，现在却基本上控制了窜货。那么，娃哈哈是怎样整治分销渠道的这个"顽疾"的呢？其实，从娃哈哈的管理制度上和实际操作中我们可以看出娃哈哈手握着对窜货极具杀伤力的"十把利剑"。

1. 实行双赢的联销体制度

娃哈哈在全国31个省（区、市）选择了1 000多家能控制一方的经销商，组成了几乎覆盖中国每一个乡镇的联合销售体系，形成了强大的销售网络。娃哈哈采用保证金的方式，要求经销商先打预付款。打了保证金的经销商，与娃哈哈的距离大大拉近，极大地改变了娃哈哈的交易组织。娃哈哈公司董事长兼总经理宗庆后称这种组织形式为"联销体"。经销商交的保证金也很特别，按时结清货款的经销商，公司偿还保证金并支付高于银行同期存款利率的利息。宗庆后说："经销商打款的意义是次要的，更重要的是维护一种厂、商之间独特的信用关系。我们要经销商先付款再发货，但我给他利息，让他的利益不受损失，每年还返利给他们。这样，我的流动资金十分充裕，没有坏账，双方都得了利，实现了双赢。"娃哈哈的"联销体"以资金实力、经营能力为保证，以互信、互助为前提，以共同受益为目标指向，具有持久的市场渗透力和控制力，并能大大激发经销商的积极性和责任感，这些对防止窜货具有重要意义。

2. 实行级差价格体系

娃哈哈现在的销售网络构成是公司—特约一级经销商—特约二级经销商—二级经销商—三级经销商—零售终端。由于每个梯度都存在价格空间，如果娃哈哈不实行严格的价格管理体系，就为重利不重量的经销商窜货提供了条件，特别是如果特约经销商自己做终端，就可获得丰厚的利润。为了从价格体系上控制窜货，保护经销商的利益，娃哈哈实行级差价格体系管理制度。娃哈哈为每一级经销商制定了灵活而又严明的价格，根据区域的不同情况，分别制定了总经销价、一批价、二批价、三批价和零售价，在销售的各个环节上形成严格合理的价差梯度，使每一层次、每一环节的经销商都能通过销售产品取得相应的利润，保证各个环节有序的利益分配,从而在价格上堵住了窜货的源头。

3. 建立科学稳固的经销商制度

选取合适的经销商,规范经销商的市场行为,为经销商营造一个平等、公正的经营环境,对于防止窜货是十分重要的。娃哈哈对经销商的选取和管理十分严格。近年来,娃哈哈放弃了以往广招经销商、来者不拒的策略,开始精选合作对象,筛除了那些缺乏诚意、职业操守差、经营能力弱的经销商,为防止窜货上了第一道保险。娃哈哈虽然执行的是联销体制度,但企业与经销商之间是独立法人关系,所以娃哈哈和联销体的其他成员签订了严明的合同。在合同中明确加入了"禁止跨区销售"的条款,将经销商的销售活动严格限定在自己的市场区域范围之内,并将年终给各地经销商的返利与是否发生窜货结合起来。由此,经销商变被动为主动,积极配合企业的营销政策,不敢贸然窜货。娃哈哈的政策使他们意识到:市场是大家的,品牌是厂商共有的,利益是共同的,窜货会损害双方的利益。

4. 全面的激励措施

很多厂家将销量作为返利的唯一标准,销量越多,返利就越高,导致那些以做量为根本,只赚取年终返利就够的经销商,不择手段地向外"侵略"。娃哈哈也有返利激励,但并不是单一的销量返利这样的直接激励,而是采取包括间接激励在内的全面激励措施。间接激励,就是通过帮助经销商进行销售管理,以提高销售的效率和效果来激发经销商的积极性。比如,娃哈哈各区域分公司都有专业人员指导经销商,参与具体销售工作;各分公司派人帮助经销商管理铺货、理货以及广告促销等。与别的企业往往把促销措施直接针对终端消费者不同,娃哈哈的促销重点是经销商,公司会根据一定阶段内的市场变动和自身产品的配备,经常推出各种各样针对经销商的促销政策,以激发其积极性。对一个成熟的经销商而言,他更希望长期稳定的合作同盟和收益来源,因此,在娃哈哈"无偿"地全力配合销售,总部的各项优惠政策可以不打折扣地到位的情况下,有哪个经销商愿意用窜货来破坏这种和谐难得的合作关系呢?

5. 产品包装区域差别化

在不同的区域市场上,相同的产品包装采取不同标识是常用的防窜货措施。娃哈哈和经销商签订的合同中给特约经销商限定了严格的销售区域,实行区域责任制。发往每一个区域的产品都在包装上打上了一个编号,编号和出厂日期印在一起,根本不能被撕掉或更改,除非更换包装。比如,娃哈哈 AD 钙奶有 3 款包装在广州的编号是 A51216、A51315、A51207。这种产品包装差异化能较准确地监控产品的去向。企业营销人员一旦发现了窜货,可以迅速追踪产品的来源,为企业处理窜货事件提供真凭实据。

6. 企业控制促销费用

有的企业是按销量的百分比给经销商提取促销费用的,销量越大,可供经销商支配的促销费用也就越多;有的企业让营销人员控制促销费用。经销商和营销人员是否将厂家拨给的促销费用全部用以推广,其实厂家难以掌控,因而一些经销商和企业的营销人员往往从促销费用中拿出一部分钱用于低价窜货,把销量做上去。因此,促销费用由经销商和营销人员掌握,可能会变相为低价位,造成新的价格空间,给经销商和营销人员窜货创造了机会。娃哈哈经常开展促销活动,但促销费用完全由娃哈哈自己掌控,从不让经销商和公司营销人员经手操作。因此。在促销费用管理上,娃哈哈杜绝了窜货。

### 7. 与经销商建立深厚的感情

厂、商之间的感情对防止经销商窜货也非常重要。经销商为了自身的利益,会维系这种已建立好的关系,不会轻易因为窜货来破坏这份感情。娃哈哈和经销商的关系是融洽的,感情是深厚的,有许多经销商都是与娃哈哈一起成长起来的。娃哈哈以下的一些制度和做法无疑能维持和加深与经销商的感情:(1)对经销商信守诺言。为什么每年经销商都踊跃地向娃哈哈预交保证金,很重要的一点就是娃哈哈的承诺能够兑现,赢得了经销商的信任。这样可以防止厂家没有向经销商履行承诺或是企业没有完全按照合约执行而引起经销商不满甚至愤怒导致的"报复性"窜货。(2)为经销商提供销售支持。公司常年派出一到若干位销售经理和理货员帮助经销商开展各种铺货、理货和促销工作。甚至在某些县区,当地的一批经销商仅仅提供了资金、仓库和一些搬运工,其余的所有营销工作都由娃哈哈派出的营销人员具体完成。(3)每年举行全国联销体会议。娃哈哈总是借此热情款待每一位合作伙伴,以加强感情、巩固合作关系。(4)把经销商当朋友。工作上是很好的合作伙伴,在生活上把经销商当朋友。2002年的春节联欢晚会,央视给了娃哈哈20张入场券,公司把这难得的机会给了经销商,17位与娃哈哈长期友好合作的经销商成了中央电视台春节联欢晚会的嘉宾,在之后的央视元宵晚会上,有80位经销商目睹了节目颁奖晚会的盛况。

### 8. 注重营销队伍的培养

企业内部的销售人员参与窜货的现象也并不鲜见,有些营销人员,由于缺乏职业道德、操守不正,置企业的销售政策和利益于不顾,参与窜货。所以娃哈哈十分注重营销队伍的建设和培养,其主要表现为:(1)严格人员招聘、选拔和培训制度,挑选真正符合要求的最佳人选。有敬业精神、政治素质和业务能力的,不论资历均可破格提升担任一定职务;对能力弱、素质差或不受欢迎的员工,重新培训后仍达不到要求的实行淘汰。(2)在企业中营造一种有利于人才发挥所长的文化氛围。娃哈哈的发展史,是一部不断尊重员工、尊重人才,不断提高凝聚力的历史。(3)制定合理的绩效评估和奖罚制度,真正做到奖勤罚懒,奖优罚劣。定期对营销人员进行考核,一经发现违纪行为,进行严肃处理。(4)实施关心人、理解人、体贴人的情感管理。公司不但注重人尽其用,还非常注重对员工生活的关心。如娃哈哈不定期举办"千人演唱会""职工运动会""千人大旅游"等活动,体现企业"大家庭"氛围,增强员工的归属感。

### 9. 制定严明的奖罚制度

面对窜货行为,娃哈哈有严明的奖罚制度,并将相关条款写入合同。很多企业窜货之所以控制不了,一个很重要的原因就是厂家对经销商心慈手软,因为有许多经销商是多年的老客户,所以就算发现了有窜货行为也一时下不了狠心。可娃哈哈不理这一套,对越区销售行为,严惩不贷,绝不讲任何情面,而且,娃哈哈在处理窜货上之严格,为业界之罕见。年底时,对于没有遵守协议的销售商,公司将扣除经销商的保证金用以支付违约损失,情节严重的甚至取消经销资格。在保证金的约束和公司严厉的处罚下,经销商绝不敢轻举妄动。

10. 成立反窜货机构

娃哈哈专门成立了一个反窜货机构,巡回全国,严厉稽查经销商的窜货和市场价格,严格保护各地经销商的利益。娃哈哈把制止窜货行为作为日常工作常抓不懈,反窜货人员经常检查巡视各地市场,以便及时发现问题并会同企业各相关部门及时解决。有时宗庆后及其各地的营销经理也经常到市场检查,第一要看的便是商品上的编号,一旦发现编号与地区不符,便严令要彻底追查,一律按合同条款严肃处理。

娃哈哈的"十把利剑"规范了市场,提高了分销效率,也为娃哈哈市场占有率的提高提供了良好保障。

### ◆ 主要参考资料

[1] 佚名. 娃哈哈是怎样控制分销渠道[EB/OL]. [2023-03-01]. https://www.100ksw.com/news/zg/wls/7/133468.shtml.

[2] 佚名. 杭州娃哈哈集团有限公司[EB/OL]. [2023-03-01]. https://baike.baidu.com/item/杭州娃哈哈集团有限公司/8778740?fr=ge_ala.

### ◆ 思考与讨论

1. 案例中娃哈哈的市场管理手段属于何种营销管理类型?
2. 总结案例中娃哈哈市场管理手段的特点。
3. 案例中娃哈哈采取了哪些措施以确保市场管理的成效?
4. 随着网络渠道的拓展,娃哈哈的市场管理面临哪些新的挑战?请对此进行讨论。

# 第十六章 16

## 数字化营销

◎ 学习目标：

1. 了解数字化营销的含义及必要性；
2. 了解数字化营销的内容；
3. 掌握数字化营销的手段；
4. 掌握数字化营销的操作流程；
5. 了解私域流量的建立方法。

◎ 案例分析：

案例1以安踏的数字化转型为例，重点介绍了安踏通过搭建数字化平台实现用户的数据化以及分层管理和精细化运营的过程，并通过分析深化学生对数字化营销含义及内容的理解。

案例2主要介绍了快时尚品牌"热风"的数字化营销过程及内容，特别是在私域流量积累方面所采取的数字化措施，通过分析深化学生对数字化营销手段、操作流程以及私域流量建立方法等的掌握。同时引导学生思考如何在当今的数字化时代提升自己的数字化营销能力。

## 一、知识要点

1. 数字化营销是借助互联网络、电脑通信技术和数字交互式媒体来实现营销目标的一种营销方式。数字化营销以"数据+技术"为驱动,融通多源数据,依托智能技术,促进营销智能化,全面实现更广域的数据采集、更精准的用户触达、更敏捷的闭环营销。

2. 数字化营销基于明确分析及洞察筛选出来的数据库对象,通过数字化多媒体传播、社交及交易渠道,如电话、短信、电子邮件、网站网页、线上商城、微信、小程序、app 等,来推广产品和服务,从而以一种及时、相关、定制化的方式与消费者进行沟通,在具体内容上包含客户数据洞察、内容创意管理、营销智能投放、客户互动管理和营销效果分析等多个方面,贯穿营销全流程,全面助力营销精准化、智能化。

3. 数字化营销有众多优势:(1) 降低营销成本;(2) 快速传播信息;(3) 精准营销;(4) 个性化营销;(5) 高营销转化率;(6) 产品信息丰富;(7) 用户参与度高。

4. 数字化营销手段包括搜索引擎优化(Search Engine Optimization,SEO)、搜索引擎营销(Search Engine Marketing,SEM)、网络广告、新媒体营销(微博、微信、短视频、各类直播、各类音频、知乎、百科等)、数据营销等。

5. 数字化营销的基本操作流程为:首先是通过全渠道采集消费者数据,然后建立起企业或品牌的客户资产,让企业或品牌可以直连消费者,从而进行个性化的沟通互动。其次,在获得客户数据之后,可以基于数据进行分析和洞察,对消费者进行画像,为之后精准营销做准备。最后,在对消费者画像后,就可以基于营销目标去选择符合定位的客户群体及营销渠道,来推送直击消费者痛点或需求的营销活动内容,进一步加强与消费者的沟通和互动,提升用户转化效率。

6. 在企业数字化过程中,应该特别重视建立自己的私域领地,将众多平台的私域流量进行引导和承接,最终紧紧掌握在企业自己的手中,完成数字化营销转型。私域流量是指企业可以自由利用,无需付费,又能随时触达,被沉淀在自有 app、公众号、个人微信、微信群等相对私密渠道的用户集群。私域流量是可以进行二次以上链接、触达、发售等市场营销活动的客户数据。相对于淘宝、京东、百度、微博、抖音这些公域流量平台,私域流量和域名、商标、商誉一样属于企业私有的经营数字化资产。

7. 移动互联的高速发展与 5G 时代的到来为数字经济腾飞插上了翅膀,也加快了企业数字化转型的步伐。数字化营销是数字经济时代实现传统企业数字化转型的重要组成部分,也是数字经济时代企业的主要营销方式和发展趋势。

## 二、案例分析

### 案例 1　安踏数字化营销样本

◇ 案例介绍

"不做中国的耐克,要做世界的安踏",是安踏创始人丁世忠给自己定下的目标。现如今,安踏已经连续赞助八届奥运会,为29支中国国家队打造奥运装备,在2019年成为国际奥委会官方体育服饰供应商的首个中国运动品牌。安踏是在科技研发上投入最大的中国运动品牌之一。2021年年初,安踏的市值超4 100亿港元,创历史新高。早在2009年,安踏开始取代李宁,成为中国奥委会体育服装合作伙伴。2012年,安踏营收超过李宁,成为国内体育品牌第一。2015年,安踏营收突破百亿元,成为中国第一家跨入百亿俱乐部的运动品企业。2020年,安踏体育以505亿美元的市值在全球鞋服品牌中排名第三,仅次于耐克和阿迪。随着数字化时代的到来,安踏也开始数字化转型。安踏从2015年开始布局数字化转型,2020年安踏宣布全面推进集团的数字化转型战略,通过精细化运营管控、数字驱动决策的能力深化以及DTC(Direct to Consumer,直面消费者)模式的全面推进,安踏在供应链、生产制造、商品企划、会员管理及零售渠道等各个环节均实现了效率提升,到现在已经打造了以新一代SAP S/4HANA平台、数字中台为根基的数字化体系。

1. 新一代SAP S/4HANA平台

2012年运动服饰业的"存货危机"显然是众多体育品牌挥之不去的"心理阴影",彼时李宁仍坐着国内运动品牌的头把交椅。当普遍采用批发模式的运动服饰行业与"存货危机"不期而遇后,最早回过神来的安踏,开始对供应链进行调整,将批发模式转为零售模式,安踏也因而最早从危机中走出。

由此可以看出,安踏对于供应链的看重是有历史渊源的。但具体来看,数字化是如何解决供应链问题的呢?2019年,安踏与IBM(国际商业机器公司)、SAP(思爱普)开始合作,构建最新一代SAP S/4HANA平台,帮助安踏做到了以下的事情:

(1) 流程贯通,供应链高效运转。通过自动运算销售交期、供应链交期以及在线反馈机制,快速协助供应链下单,令系统效率提升了80%以上。

(2) 通过精细化运营,支持零售升级。以安踏儿童为例,将原来按照4个时间波段供货,改为按照不同品类、不同区域、不同年龄段等各种因素制定的8~12个波段,基于波段灵活进行销售、采购、生产、入库、发货等功能,形成柔性的供应链条。

(3) 数据洞察,开启智能化决策。通过梳理来自不同品牌商品、不同渠道、不同客户和供应商、财务科目和利润中心等的各种数据,对数据进行连通与整合后,形成企业级数据后台,对集团业务财务一体化管理。

2. 数字中台

安踏2018年旗下有多个子品牌,线下店铺超12 000家,其实要做到前后端的"舞步"的"同调"是十分困难的,但利用数字化中台,安踏还是实现了前后端的不同品牌和不同渠道的协同合作。

2018年安踏与百胜软件合作建设企业中台系统,通过建立商品中心、库存中心、订单中心、结算中心、营销中心、促销中心六大核心中台服务,将全渠道营销触点的前端与柔性供应链的后端协调同步,实现大象与蚂蚁共舞。

利用数字化中台,安踏可以满足"双十一""618"等节点千万级的日单量处理,可以实现多品牌的整合管理,并且支持国际版、多语言、多币别的信息系统。通过搭建起来的庞大数字化平台,安踏为后续的精准营销打下了基础。安踏通过微信公众号、小程序、微博、各电商平台的旗舰店等渠道,打造了以会员体系为核心的庞大的私域流量池。

事实上,安踏对数字营销的探索并不算晚,早在2010年,安踏就已经进驻淘宝商城。至今安踏的线上店铺不仅遍布在淘宝、天猫、京东、唯品会等各大公域流量池,同时也在安踏商城官网、微信小程序搭建了私域/准私域流量池。

目前安踏的私域流量池中包含安踏、斐乐、迪桑特及其他品牌总计7 000万会员,据了解,安踏计划到2025年实现有效会员数量增至1.2亿,并全面升级私域流量系统。

在大量的用户数据背后,数据的质量也不遑多让,2020年,安踏跟有赞合作打通了包括门店、淘宝、京东、有赞等渠道的会员数据,会员信息可以统一管理。对于用户来说,这自然是个好消息,不用淘宝开会员后,在小程序上再注册一次,到门店再办张会员卡,省去很多麻烦,购物体验好了,复购率自然会上升。而会员数据的统一管理,对安踏则有着更深的意义,在不同平台往往多有重合数据,只是一个个单薄的"数",而所有数据打通之后,数据就可以立体地勾画出一个个不同的"人",帮助安踏进行更加精准的用户画像。

3. 会员管理

安踏在数字营销上如何实现对用户的分层管理和精细化运营呢?以微信端为例,在对新用户的吸引和留存上,匹克的打法比较传统,提供了一系列满200减20、满600减60的满减券,但这类满减券对用户消费时决策起到的影响作用不大,仅起着锦上添花的作用。相比起略显"佛系"的友商,安踏对客户的拉新和留存更类似于"谈恋爱",包含了初识—熟悉—"见家长"三个阶段。

初识——对新人引导。就如相亲的男女初次见面需要一些见面礼拉近距离一样,当用户第一次关注安踏的公众号时,欢迎词会直接给出一张满400减130的新人礼券,礼券作为超链接转到安踏商城小程序。手握大面额的满减券,即使用户不会立即完成购买行为,也会在心中暗念"下次一定"。

熟悉——老用户的留存。两人认识之后,需要加强互动才能增进感情——安踏对老用户使用了互动性较强的方式,用户通过每日签到,最高可以获得满800减280元的优惠券。同时每天分时段提供9.9元购货的抽签活动,用户参与抽签可以9.9元特价购买主力鞋款。

"见家长"——新客户的拉取。感情史好之后,便是"见家长"的阶段。安踏在签到界面会同时引导用户邀请好友组成3人或4人的队伍,组队成功后,队员各能获得一张优惠券,这类以老拉新的方式在拼多多及瑞幸上都证明了相当有效。

4. 智慧门店

2019年安踏首家第九代形象店在重庆开业,立刻变成了网红打卡地,除了店内因使用了大量的克莱·汤普森(Klay Thompson)等运动潮流元素进行装饰外,店铺强烈的科技感给用户提供的更友好的购物体验也是十分重要的原因。

用户能真切体验到的便利,是移动化的收银柜台(POS一体机)免除了排队结账的烦扰,以及"云货架"带来的 O2O 购物体验——即使店内暂时没有合适的码数,也可以通过云货架电子屏下单,相应码数的鞋很快便能快递到家。另外,从顾客走进门,安踏对用户的画像就已经开始了。客户进门时就被摄像头根据性别和年龄区间进行分类,并记录下购物动线,店铺里哪个区域比较吸引人,哪个区域招人嫌,都会形成数据化的评估,成为对店铺产品陈列调整方案的参考。

通过 RFID 技术配合门店内"仪器测鞋区"的感应器,安踏智慧门店内用户的拿鞋和试穿等动作都会感应和捕捉,形成该产品的吸引力评估。比如:哪双鞋被拿起了多少次、被试穿了多少次、试穿几次后出现一次购买等数据都会被记录下来,并形成诸如对外观(试穿次数较多可认为用户对外观认可度高)、舒适度(每一次购买前的试穿次数较多,可认为用户对舒适度认可度低)等参考指标的数据。

这些数据一方面能帮助店铺进行产品陈列调整,形成不同地域、城市、片区的店铺的千铺千面,针对性更强地满足不同地域顾客的胃口;另一方面,还能帮助产品研发迭代,令产品更贴近用户喜好趋势。

5. 安踏与故宫的联名款

有了数字化加持的安踏,在跨界营销、私域流量精细管理上,有了更大的操作性。在跨界营销上,与知名运动员以及知名品牌推出了联名款,如 SEEED×漫威联名款、KT5×七龙珠款、霸道×故宫款。2019 年的安踏与可口可乐联名的霸道鞋,首批在北京三里屯的知名运动潮牌店 SOLESTAGE 发售,在开售 20 分钟内就被抢空。

私域流量与数字化,让安踏变得非常敏捷。即使在疫情防控期间,也能够及时推出在线服务,以 FILA 为例,疫情防控期间通过调动门店导购力量,将线下用户资源引导至线上小程序商城,并利用数据分析产品,在精细化管理小程序商城数据的基础上,不断优化广告投放效果,形成了一个"数据大,类型丰富"的私域流量池,在线上盘活了疫情防控期间线下停滞的用户资源。

6. 员工培训

为了提升员工的数字化认知,安踏设立了相关数字化线上课程,通过安踏企业大学向集团进行数字化转型理念的全员宣贯培训,在内部组织培训的同时积极邀请外部专家分享案例;对于数字化团队和传统业务团队工作文化存在差异的问题,安踏的做法是贯彻"尊重包容"的文化,保持开放的氛围,这为安踏吸引来了诸多来自互联网巨头、国际咨询公司等行业的数字化专业人才。

从 2021 年中期财报来看,安踏上半年营收达到 228 亿元,在大基数的基础上保持 50%以上的高增速。安踏的数字化转型成果已在业务增长层面有所体现。从早年的批发,到批发转零售,再到"直面消费者的直营零售模式",安踏发展史上的每一步关键性突破,都是提前看到了趋势并果断押注,而这一次,数字化转型让安踏再向前一步,业绩增长当然远不是终点,仅仅是开始。

◇ 主要参考资料

[1] 吴鸿键. 数字化转型新样板:安踏跑出方法论[EB/OL]. (2021-09-07)[2023-04-10].

https://new.qq.com/rain/a/20210907A05F7D00.
[2] 佚名.安踏市场营销分析[EB/OL].(2022-05-21)[2023-04-11].https://zhuanlan.zhihu.com/p/517891388.
[3] 佚名.安踏攻守道:这家2200亿市值公司的营销数字化秘密[EB/OL].(2020-08-23)[2023-04-11].https://new.qq.com/rain/a/20200823A02QS300.

◇ 思考与讨论

1. 结合案例分析安踏为什么要进行数字化转型。
2. 安踏的数字化营销体现在哪些方面?
3. 数字化营销为安踏带来了哪些效果?
4. 进一步搜集资料,思考安踏的数字化转型还面临哪些挑战。
5. 结合案例,讨论数字经济时代,作为大学生的我们如何提升自己的数字营销能力。

### 案例 2　热风的数字化营销转型

◇ 案例介绍

Hotwind·热风 1996 年创立于时尚之都上海,是一家国内知名的集设计、精选和销售于一体的"精选时尚零售国民品牌"。相较 ZARA、优衣库等快时尚品牌,热风更为"生活化",不但产品上新快、品类丰富,而且价格亲民。无论从趋势研究到产品研发,还是最终的商品呈现,热风都有一套自己的成熟打法。

1. 用户画像

热风的用户女性居多,占比达 84.45%,年龄多数为 31~40 岁,占比达 40.85%,并且主要在二线城市。她们追求时尚、热爱生活、注重个人风格、讲究品质,同时也看重性价比,这部分人群属于热风的核心消费群。热风专注于贴近生活的时尚鞋服品类,一直以来在品牌塑造上兼顾创意与效率。通过集结全球各地众多富有时尚嗅觉的买手,热风搜罗了很多巴黎、纽约、米兰和伦敦等时装周的热门时尚款式和产品,再紧贴当下年轻时尚消费人群的喜好,对选品进行修改和优化,然后迅速加工成成品传送到门店售卖,让快时尚踩准快节奏。

2. 数字化营销转型背景

近几年受疫情影响,快时尚品牌的线下生意都受到了严重冲击,众多品牌纷纷开始向线上转型。Hotwind·热风作为国内快时尚品牌中的佼佼者,也早早地开始布局线上渠道,并将私域视为品牌增长的新引擎。2020 年 7 月,热风正式搭建品牌私域。到 2021 年私域营收 1.5 亿元,短短 2 年,私域商品交易总额(Gross Merchandise Volume,GMV)突破 2.2 亿元,拥有用户超过 1 000 万,私域导流门店客户创造 GMV 超 10 亿元。

3. 私域布局与运营

(1) 流量矩阵搭建

① 线下门店

热风在全国已累计开设超过 1 000 家直营店,成为其私域流量的重要渠道来源,一年为门店带来超 10 亿元的增收。在顾客进门和结款时,导购以"扫码抽奖"或领取"会员无门槛全品类 10 元优惠券"作为利益点,引导用户添加店长"热小风"企业微信,再引导进入社群。据了解,热风每日加粉速度可达到 2 万~3 万,加粉成本约为行业水平的 40%~50%。

② 公众号

热风官方公众号内设置了引流渠道。在一级菜单"门店穿搭"中,点击"进群兑 100 元券"即可添加企微,添加后根据欢迎语引导回复关键字,即可入群。

通过这一方式,热风 2 年积累了千万私域用户。

③ 小程序

在热风小程序首页,活动下方的海报中或会员中心的福利社区,都能添加企微,添加后回复关键字即可入群。另外小程序中还打造了丰富的内容社区,可以为用户提供穿搭服务,从而提升私域的活跃度和用户黏性。

④ 视频号

热风在视频号主页展现了商城、会员、引导等渠道模块,最大限度地吸引用户。视频主要内容为穿搭技巧、开箱、产品测评、产品种草、活动推广等。

⑤ 抖音

热风在抖音建立了账号矩阵,几个主要官方账号总粉丝超过 200 万。视频内容多以种草产品、测评产品为主,并且每日都会有账号开启直播,以卖货为主。

⑥ 微博

热风微博粉丝数超 119 万,热风每天都保持 1~2 条的发布频率。主要内容以穿搭分享、有奖互动、节日祝福为主。热风很擅长使用当下的营销节点去做有奖互动,且频率很高,1 个月就有 4~6 次,这样不仅能让粉丝完成指定的传播动作,获取流量,也能在互动中加深粉丝对品牌的信任。

⑦ 小红书

热风目前在小红书共有粉丝超 12 万,笔记达到 25 万篇以上,主要笔记内容是节日活动、穿搭技巧、有奖互动等。另外热风在小红书建立店铺,店铺中会引导入社群,点击联系方式即可添加企微。现在很多公域平台都在做闭环,所以想引流到私域,难上加难,一不小心就违规。而如热风在店铺中引流私域,也是一种很好的办法。

(2) 人设 IP

热风通过企业微信建立用户与私域的链接,每一位员工微信都成为对外输出的窗口。

① 人设定位

昵称——热小风-yoyo;头像——拿着红包的动漫女孩;角色定位——福利官。

② 自动欢迎语

通过员工企业微信添加后,会自动发送欢迎语,第一时间发送"新人专享礼",并会告知福利活动,以及社群的链接,让用户第一时间进入社群,提升了社群的进群率。

③ 朋友圈内容

内容频率为 2~3 条/天;发布时间不固定;朋友圈内容主要为活动推广、产品安利、有奖互动、场景式穿搭推荐等。

(3) 社群运营

经过几年的深耕,热风的社群人数已经发展到百万人,社群数量也超过1万个。下面以某社群为例,对热风的社群进行拆解。

① 社群定位

群昵称——Hotwind 热风微商城福利群29;群定位——福利群;社群价值——新人福利、积分活动;社群入群欢迎语及群公告——欢迎语主要引导用户了解新人福利、积分规则、查询积分方式、温馨提醒以及积分规则链接和小程序链接;群公告主要是群价值、品牌服务、群规和服务咨询指引。

② 社群内容

热风社群每日会发布5~10条内容,主要以签到提醒、产品种草、活动推广为主,下面以社群一天的标准作业程序(Standard Operating Procedure,SOP)为例:09:00 签到提醒;10:00 产品种草;12:00 产品种草;14:00 产品活动;16:00 产品活动;20:00 产品种草;22:00 晚市专属活动。

③ 社群分层

热风在不同的渠道,用不同的方式引导用户进入社群,为的就是对用户进行分层,有针对性地做内容和服务。

Ⅰ. 直播群

在小程序直播页面,会有进群利益点和二维码放在右边的中间部分,截图页面,在微信里识别二维码,即可添加 Hotwind·热风直播小助理进入热风直播群。

Ⅱ. 品牌/会员群

热风在企微会不定期进行私聊触达用户,邀请入群,扫海报二维码后,有热风品牌群和专享会员群可选。

(4) 会员体系

热风在微信小程序和电商平台中设置会员体系,两者都是以成长会员+积分体系为主,福利的内容略微会有不同。

① 小程序会员体系

首次在热风小程序注册会员后,可以获得1张指定商品15元抵用券,有效期为30天。热风成长会员分为3个等级,条件较为简单,具体权益为:银卡会员(注册即可)生日券、满减券;金卡会员(1年内消费满999元)95折优惠券、生日券、满减券、新品/限量预定资格;风车卡会员(1年内消费满1 999元)95折优惠券、生日券、多张满减券、新品/限量预定资格、线下VIP活动资格。

积分体系:用户通过消费或签到等方式可以获取积分,积分可兑换优惠券和购物袋(需到指定门店兑换)。

② 淘宝会员体系

热风在天猫的旗舰店粉丝超过 763 万，会员体系同样以成长型会员＋积分体系为主。成长型会员共分为 4 个等级：普通会员（0 元入会）、高级会员（消费 2 笔且累计消费 500 元）、VIP 会员（消费 3 笔且累计消费 1 000 元）、VVIP（消费 6 笔且累计消费 1 500 元）。权益包含入会有礼、专享有礼、购物积分、积分享兑、专属客服、直升铁粉等。

积分体系：用户可以通过消费、完善信息、关注店铺、每日签到、邀请入会和好评获得积分，积分可兑换视频平台会员、生活类产品等。

作为快时尚行业的国民品牌，hotwind·热风在快时尚赛道上积极开展数字化布局与探索，着力推动线下近 800 家门店智慧零售转型，通过数字化升级巩固"直达消费者"的能力，最终实现业绩倍增。

### ◇ 主要参考资料

[1] 晏涛三寿. 2 年积累千万私域用户，GMV 超 2 亿，热风的私域好在哪里？[EB/OL]. (2022-12-12)[2023-04-16]. https://www.sohu.com/a/616428243_121325443.

[2] 佚名. 热风携手微盟智慧零售踩准私域节奏，发力数字化升级盘活 800W 用户[EB/OL]. (2021-09-23)[2023-04-16]. https://www.bilibili.com/read/cv13299593/.

[3] 佚名. 企业营销数字化转型，打造私域流量！[EB/OL]. (2020-07-06)[2023-04-16]. https://zhuanlan.zhihu.com/p/157215909.

### ◇ 思考与讨论

1. 热风的数字化营销采用了哪些措施？
2. 分析热风数字化营销的操作流程。
3. 结合案例思考热风数字化营销的重点。
4. 进一步搜集资料，讨论热风数字化营销转型的亮点和不足。
5. 结合案例思考目前企业营销数字化转型的难点。

# 参考文献

[1] 吴健安,聂元昆.市场营销学[M].2版.北京:高等教育出版社,2017.

[2] 郭国庆,钱明辉.市场营销学通论[M].7版.北京:中国人民大学出版社,2017.

[3] 黄彪虎.市场营销原理与操作[M].北京:北京交通大学出版社,2008.

[4] 陈阳.市场营销学[M].3版.北京:北京大学出版社,2016.

[5] 黄志红,郑少华.市场营销学[M].长沙:湖南人民出版社,2014.

[6] 陈理飞,赵景阳.市场营销学[M].成都:西南交通大学出版社,2013.

[7] 彭于寿.市场营销案例分析教程[M].2版.北京:北京大学出版社,2015.

[8] 朱立.市场营销经典案例[M].2版.北京:高等教育出版社,2012.

[9] 林祖华.市场营销案例分析[M].3版.北京:高等教育出版社,2018.

[10] 陈勇.市场营销案例与分析[M].成都:西南财经大学出版社,2021.